계명교양총서 63

생태로 읽는 **사기열전**

강판권 지음

생태로 읽는

사기열전

찍은날 2017년 2월 13일 – 초판1쇄 인쇄

펴낸날 2017년 2월 17일 – 초판1쇄 발행

지은이 강판권

펴낸이 신일희

펴낸곳 계명대학교출판부

42601 대구광역시 달서구 달구벌대로 1095

전화 053) 580-6233 팩스 053) 580-6235

http://www.kmupress.com

등 록 1970.9.1.(신고번호 제347-1998-1호)

ISBN 978-89-7585-769-0 03150

값 11,000원

이 도서의 국립중앙도서관 출판예정도서목록(CIP)은 서지정보유통지원시스템 홈페이지(http://seoji.nl.go.kr)와 국가자료공동목록시스템(http://www.nl.go.kr/kolisnet)에서 이용하실 수 있습니다.(CIP제어번호: CIP2017003469)

계명교양총서 63

생태로 읽는 **사기열전**

강판권 지음

머리말

사마천의 『사기(史記)』는 중국은 물론 세계의 역사서를 대표하는 작품이다. 『사기』「열전(列傳)」은 『사기』중 핵심이다. 「열전」70권은 『사기』의 「본기(本紀)」12권, 「표(表)」10권, 「서(書)」8권, 「세가(世家)」30권 중 분량이 가장 많을 뿐 아니라 정치, 사회, 문화, 의식 등 사회 전체를 이해하는 데 매우 중요하다. 「열전」은 개인의 삶과 죽음 혹은 국가의 흥망성쇠를 다룬 것을 말한다. 「열전」에서는 문학가 · 학자 · 정치가 · 군인 · 자객 · 협객 · 해학가 · 관리 · 실업가 등 한 시대를 주름잡았던 다양한 인물은 물론 주변 국가까지 다루고 있다. 『사기』중에서도 「열전」은 우리나라에서도 일찍부터 완역되었고, 많은 사람들의 관심을 끌고 있다. 이처럼 「열전」이 큰 관심을 끌고 있는 것은 시대와 세대를 넘어 끊임없이 독자들에게 교훈과 감동을 주기 때문이다. 「열전」과 같은 가치를 지닌 것을 고전이라 부른다. 그러나 고전을 읽는 방법은 아주 다양하다.

『사기』「열전」을 읽는 방법도 다른 고전처럼 아주 다양하다. 그러나 국내의 「열전」관련 저서는 절대다수가 번역이다. 번역은 원문의 내용을 충실하게 전달한다는 점에서 아주 중요한 작업이다. 만약 번역본이 없다면 「열전」의 내용을 이해할 수 있는 사람은 아주 드물 것이다. 그러나 국내의 「열전」번역본은 지명과 인명 등의 내용을 이해하는데 필요한 간단한 보충 설명, 그리고 해당 시대의 지도를 제공하는데 그치고 있다. 「열전」의 번역 방법은 우리나라 번역의 전형과 다르지 않다. 「열전」의 이러한 번역 방법은 기본적으로 역사를 이해하는 방법과 무관하지 않다.

우리나라를 비롯한 역사학자의 역사 이해 혹은 역사 서술은 지극히 인문사회생태적인 방법이다. 인문사회생태적인 방법은 역사를 인문학 혹은 사회학적인 차원에서 이해한다는 뜻이다. 그러나 역사는 결코 인문사회생태적인 차원에서만 이해할 수 있을 정도로 간단하지 않다. 역사에서 가장 기본적인 것은 자연생태다. 자연생태는 땅, 즉 공간을 의미한다. 공간에서 살아가는 생명체 중에서 식물은 인간이 존재하는데 필수다. 인간이 만든 대부분의 인문생태는 식물에서 얻는다. 인간은 생존을 위해서 사람과 사람, 사람과 동물 등 공동체를 만든다. 인간이 만든 공동체가 사회생태다. 생태는 세상의 모든 관계를 의미한다. 생태는 자연생태, 인문생태, 사회생태로 나눌 수 있다. 지금까지 역사학자들은 인문생태와 사회생태에 초점을 맞추어 역사를 서술했다. 평면적인 인문사회생태적인 역사 서술이 아날로그라면, 입체적인 생태의 관점에서 서술하는 방법은 디지털이다. 지금까지 우리나라의 번역도 아날로그에 불과하다. 지금까지 국내에서 번역한 사마천의 『사기』 「열전」도 아날로그 수준에서 벗어나지 못했다.

나는 생태관점에서 역사를 이해하는 방법을 스스로 '생태사학'이라 부른다. 사마천의 『사기』 「열전」도 생태사학 차원에서 읽어야만 내용을 명확하게 이해할 수 있다. 사료에는 다양한 내용이 있지만 역사학자는 자신이 필요한 것만 읽는다. 인문사회생태학적인 차원에서 사료를 읽으면 역사학자의 눈에는 자연생태에 대한 내용이 들어오지 않는다. 「열전」에는 자연생태 차원에서 읽어야 할 내용도 아주 많지만 지금까지 역사학자 혹은 관련 연구자들의 눈에는 포착되지 않았다. 이런 점에서 본서는 「열전」에 대한 새로운 시도이자 창조적인 도전이다. 사마천의 『사기』 편찬도 이전 시대에 없었던 창조적인 도전이었다.

「열전」은 『사기』 130권 중 70권에 달할 만큼 방대한 분량이다. 따라서 본서에서는 지면의 한계로 부득이 선별할 수밖에 없었다. 본서에서는 시대별로 잘 알려진 내용을 선별 기준으로 삼되, 「열전」의 순서에 따르지 않았다. 그 이유는 사료를 읽는 방법은 저자의 편찬 방법만큼 독자의 철학도 아주 중요하기 때문이다. 특히 사료를 읽는 중요한 방법 중 하나는 숨은 뜻을 파악하는 것이다. 나는 이와 관련해서 사마천이 『사기』를 서술할 때 참고한 『춘추』에 주목하고자 한다. 공자는 노나라의 역사인 『춘추』를 편찬하면서 역사 속에 숨은 뜻을 매우 중시했다. 『춘추』를 읽을 때도 공자의 숨은 뜻을 제대로 파악해야 하듯이, 『사기』 「열전」을 읽을 때도 사마천의 숨은 뜻을 파악하는 것이 중요하다.

나는 「열전」에서 가장 중요한 부분이 마지막의 「자서」라 본다. 역사서에 편찬자의 열전을 포함한 것은 매우 이례적이다. 그런데도 사마천이 자신의 열전인 「자서」를 넣은 것은 그만한 이유가 있었다. 사마천이 『사기』를 편찬한 것은 중국의 역사를 정리하고자하는 의도도 있었지만 가장 중요한 목적은 자신의 얘기를 하고 싶었던 것이다. 그렇지 않다면 굳이 「열전」에 가장 많은 공을 들이지 않았을 것이고, 굳이 자신의 얘기를 넣지도 않았을 것이다. 많은 사람들이 「열전」중에서 백미는 「백이열전」이라 평가한다. 나도 많은 사람들의 평가에 동의한다. 사마천이 「백이열전」을 열전의 첫머리에 둔 것만 봐도 충분히 이해할 수 있다. 그러나 「열전」의 최고봉은 마지막의 「태사공자서」다. 「백이열전」이 사마천의 삶을 백이를 통해 전하고자 했다면, 「태사공자서」는 자신의 얘기를 직접 정리한 것이다. 자신의 얘기를 가장 마지막에 넣은 것은 『사기』 전체를 자신의 얘기로 마무리하고 싶었기 때문이다. 그래서 나는 「열전」 전체 내용 중 「태사공자서」를 가장 먼저 읽고, 「백이열전」을 그 다음에 읽었다. 「백이열전」과 「태사공자서」는 동전의 앞뒤처럼 사마천을 이해할 수 있는 두 바퀴다.

「열전」을 비롯해 사료는 어떻게 읽느냐에 따라 얻는 것도 다르다. 따라서 사료는 독자의 수준에 따라 그 가치도 다르다. 나는 생태사학에 따라 읽은 사마천의 『사기』「열전」이 고전을 읽는 방법을 한 단계 높일 수 있길 바란다. 중국의 고전 중 고전의 핵심으로 평가하고 있는 『대학』, 『중용』 『논어』, 『도덕경』, 『맹자』, 『장자』 등은 「열전」처럼 내용의 중심이 책의 앞장에 서술되어 있다. 본서의 핵심도 1부에 있다. 아울러 1부의 내용은 사마천의 「열전」을 이해하는 방법임과 동시에 나의 철학을 담고 있다. 사마천의 「열전」이 자신의 얘기를 담고 있듯이, 본서도 궁극적으로 나의 이야기를 전하는데 목적이 있기 때문이다.

차례

중국 주변 국가의 열전

4부

백이열전과 충신계보

1부

1. 태사공자서와 사마천의 삶
2. 백이열전과 중국 후대의 평가
3. 백이의 절개와 고려 · 조선의 충신

1부 백이열전과 충신계보

1. 태사공자서와 사마천의 삶

사마천의 탄생과 중국 답사 코스

한 존재의 삶에는 뿌리가 있다. 족보는 인간의 뿌리를 이해하는 데 중요한 자료다. 『사기』「열전」의 뿌리는 사마천의 삶이다. 사마천이 어떤 조건에서 살았는지를 이해하기 위해서는 그의 뿌리를 알아야 한다. 사마천은 자신의 뿌리를 「태사공자서」에서 자세하게 정리했다. 그래서 내가 「태사공자서」를 「열전」의 첫머리에서 얘기하는 것이다. 더욱이 「태사공자서」는 전체 「열전」 중에서도 분량이 가장 많다. 분량이 많다는 것은 그만큼 할 얘기 많았다는 뜻이다. 「태사공자서」는 사마천의 일대기일 뿐 아니라 그의 사상을 집약했다. 사마천은 「태사공자서」의 첫머리에서 마치 『성경』「창세기」 첫머리처럼 자신의 족보부터 시작하고 있다.

> "사마씨는 주나라의 혜왕에서 양왕까지 주나라를 떠나 진(晉)나라로 갔다. 그 후 진(晉)나라의 중군(中軍) 수회(隨會)가 진(秦)나라로 달아났을 때 사마씨도 따라서 소량(少梁)으로 들어가 살았다.
> 사마씨는 주나라를 떠나 진(晉)나라로 간 후 일족이 분산되어 위(衛)나라로 가고, 혹은 조(趙)나라로 가고, 혹은 진(秦)나라로 가서 살았다. 진나라로 간 사마조(司馬錯)는 장의(張儀)와 더불어 진나라 혜왕 앞에서 촉(蜀)과 한(韓)중에 어느 쪽을 먼저 공략할 것인가 하는 문제를 놓고 논쟁을 벌였다. 이 때 혜왕은 사마조로 하여금 군사를 이끌고 촉을 공격하게

했다. 사마조는 마침내 촉 땅을 빼앗았고 그곳의 군수로 임명되었다. 사마조의 손자 사마근(司馬靳)은 무안군(武安軍) 백기(白起)를 섬겼다. 이에 앞서 소량은 하양(夏陽)으로 바뀌었다. 사마근과 백기는 장평(長平)에 주둔한 조나라의 군대를 크게 격파하여 모두 생매장시키고 돌아왔다. 그러나 돌아온 후 두 사람은 두우(杜郵)에서 소왕에게 사사되어 화지(華池)에 매장되었다. 사마근의 손자는 사마창(司馬昌)이다. 창은 진(秦)나라 시황제 시절의 주철관(鑄鐵官)을 지냈다. 사마창은 무택(武澤)을 낳았고, 무택은 한(漢)나라의 시장(市長)을 지냈다. 무택은 희(喜)를 낳았고, 희는 오대부(五大夫)를 지냈다. 죽은 뒤 이들은 모두 고문(高門)에 안장되었다. 사마희는 사마담(司馬談)을 낳았다. 사마담은 태사공(太史公)이 되었다."

「태사공자서」의 첫머리에는 사마천이 탄생하기까지의 집안 내력을 자세히 정리했다. 그런데 사마천이 정리한 그의 집안 내력은 중국 고대사의 출발과 맞닿아 있을 뿐 아니라 중국 역사의 흐름과도 밀접한 관계가 있다는 점이 눈에 띈다. 특히 사마천의 족보를 읽다 보면 그가 사가로 살아갈 수밖에 없었던 필연성을 이해할 수 있다. 「태사공자서」의 첫머리에는 사마천의 조상이 살았던 곳과 그가 태어난 곳을 알려주는 정보를 담고 있다.

고향은 사마천을 비롯한 모든 인간의 삶을 이해하는데 필수다. 그래서 한 인물을 이해하기 위해서는 우선 출생지를 파악할 필요가 있다. 사마천의 고향은 진(晉)나라의 중군(中軍) 수회(隨會)가 진(秦)나라로 달아났을 때 사마씨도 따라간 소량(少梁)이다. 소량은 진나라 때 하양으로 바뀌었으며, 하양은 지금의 섬서성 한성(韓城)이다. 섬서성 동부에 위치한 한성은 1983년에 시로 승격되었다. 현재 이곳에는 1993년에 세운 사마천의 전신 동상이 있다. 조상이 묻힌 곳이기도 한 한성은 사마천의 삶을 이해하는 데 매우 중요한 곳이다. 사마천이 태어나서 어떻게 보냈는지에 대해 「태사공자서」에서 확인해보자.

> "태사공 담(談)은 천문을 관장하고 백성을 다스리지는 않았다. 그에게는 이름을 천이라고 부르는 아들이 있었다. 사마천은 용문(龍門)에서 태어나 황하의 서쪽과 용문산의 남쪽에서 농사를 짓고 목축했다. 나이 열 살이 되었을 때 진나라 이전의 고문(古文)을 배웠다. 20세 때에는 남쪽으로 장강(長江)과 회하(淮河)로 돌아다니고 회계산에 올라 우임금이 죽은 곳을 탐방하고, 순임금이 죽은 호남의 구의산을 살펴보고, 호남의 원(沅)과 상(湘) 두 강에서는 배를 탔다. 북쪽으로 산동의 문수(汶水), 사수(泗水)를 건너가서 제(齊)와 노(魯)나라의 수도 임치와 곡부에서는 학술을 강론하고, 공자의 흔적을 관찰했다. 산동의 추(鄒)와 역(嶧)에서는 고을에서 실시하는 활쏘기 의식인 향사(鄕射)를 참관했다. 산동의 파(鄱), 설(薛), 팽성(彭城)에서는 한동안 어려움을 겪다가 하남의 양(梁), 초(楚)를 거쳐 돌아왔다. 이 때 사마천은 수레[車], 기병[騎], 문호(門戶) 등을 관장하는 낭중(郞中)이 되었다. 그는 조정의 사명을 받들어 서쪽으로는 지금의 사천성인 파촉(巴蜀)이남 방면을, 남쪽으로는 사천의 공(邛), 작(筰), 운남의 곤명(昆明) 등의 지방을 공략하고 돌아와 결과를 보고했다."

사마천의 10살에서 20살까지 10년간의 생활은 매우 중요하다. 무엇보다도 돋보이는 것은 10살 때 고문을 배웠다는 점이다. 사마천이 살았던 한나라 무제 때에는 고문보다 금문을 중시했다. 경학에 대한 고문과 금문의 논쟁은 진시황제의 이른바 '분서갱유' 때문에 발생했다. 한나라 때 유학자들은 기억과 구전에 의지해서 시경, 서경, 춘추, 예기, 역경을 배울 수밖에 없었고, 그러한 복원 작업이 한나라의 문자인 예서로 정리되었다. 이 같은 과정을 통해 정리된 경학을 '금문경학'이라 부른다. 그러나 무제 때 분서갱유 이전의 경학이 오래된 가옥의 벽에서 나오기 시작했다. 벽에서 나온 경학은 머리가 둥글고 뒤로 꼬리가 가늘게 붙은 올챙이를 닮은 과두문자(蝌蚪

文字)로 쓰여 있어 '고문경학'이라 불렀다. 사마천은 고문경학을 배웠던 것이다. 이처럼 사마천이 유행하던 금문경학을 읽지 않고 고문경학을 읽었다는 것은 그만큼 당대는 물론 이전시대의 고전에 대해서도 해박한 지식을 쌓았다는 것을 의미한다.

사마천의 성장과정에서 또 하나 주목할 것은 답사다. 사마천이 스스로 밝힌 답사 코스 중 첫 번째는 남쪽의 양자강과 회하다. 사마천이 20살에 양자강과 회하를 직접 봤다는 것은 상당한 의미를 갖는다. 사마천은 고향이 황하와 그렇게 멀지 않았기 때문에 20세 전에 황하를 봤을 것이다. 그러나 양자강과 회하는 사마천의 고향에서 엄청나게 먼 거리다. 그러면 사마천은 왜 고향에서 그렇게도 먼 곳을 찾아갔을까. 사마천이 그곳에 간 것은 양자강과 회하가 황하와 더불어 중국의 역사를 만든 현장이었기 때문이다. 특히 황하와 양자강은 중국 문명을 만든 어머니와 같은 존재다. 그러니 황하와 양자강을 모르면 중국 역사의 탄생을 이해할 수 없다. 그런데 사마천이 양자강과 회하로 간 것은 단순히 강이라는 자연생태만을 보기 위해서가 아니라 그곳에서 잉태한 인문생태를 확인하고 싶었기 때문이다. 사마천이 보고 싶었던 인문생태의 주인공은 바로 순(舜)과 우(禹)였다. 순과 우는 요(堯)와 더불어 중국 역사의 출발을 알리는 인물들이다. 사마천은 『사기』 권1 「오제본기」에는 '황제본기', '전욱본기', '제곡본기', '당요본기', '우순본기'를, 『사기』 권2 「하본기」를 서술했다. 당요와 우순은 요와 순을 일컫는 명칭이다. 당과 우는 땅 이름이다.

사마천은 지금의 절강성 회계산에 올라 우임금의 유적을 답사했다. 절강성 소홍부에 위치한 회계산은 중국사에서 많은 얘기를 낳은 명산이다. 회계산은 지리적으로 항주만과 함께 소홍평야를 만들어 절강성에서도 사람들이 살기 좋은 곳이다. 그래서 우임금은 이곳에서 치수사업을 통해 사람들이 살 수 있는 공간을 만들고자 했다. 『오월춘추』에 따르면 회계산(會

稽山:會計山)은 우임금이 이곳에서 치수사업을 한 후 제후를 모아놓고 업적에 따라 벼슬을 내려서 붙인 이름이다. 기원전 5세기 초 월왕 구천은 이곳에서 오왕 부차에게 포위되어 20년 뒤 와신상담 끝에 부차를 격파했다. 이를 '회계의 치욕'을 설욕했다고 한다. 현재 회계산에는 대우릉(大禹陵)이 있다. 회계산 북쪽에는 동진시대 글씨로 유명한 왕희지가 유명 인사를 모아놓고 곡수의 잔치를 베풀었다는 난정(蘭亭)이 있다.

절강성 회계산 대우릉

절강성 난정

절강성 난정

사마천은 회계에서 다시 양자강으로 가서 호남을 답사했다. 그가 호남을 찾은 것은 구의산 아래 순임금의 무덤이 있었기 때문이다. 『산해경·해내경』에 따르면, 남방에 창오의 언덕과 창오의 연못이 있는데 그 가운데 구의산이 있고, 순임금의 무덤이 장사(長沙) 영릉 경계에 있었다. 따라서 순임금은 호남에 치수사업 중 창오에서 죽었다. 북송 때 이방이 편찬한 『태평어람』에서 인용한 '상중기(湘中記)'에 따르면, 구의산에는 아홉 개의 봉우리가 있었다. 그중 네 번째가 아황봉(娥皇峰)이고, 아황봉 아래에는 순지(舜池)가 있었다. 봄철에 연못 주변에는 온갖 새들이 알을 낳았다. 혹 사람들이 이 알을 가져가면 길을 잃었는데 알을 주운 곳에 도달하면 집으로 돌아갈 수 있었다. 다섯 째 봉우리가 순원봉(舜源峰)이며, 구의산의 최고봉이었다. 여섯 번째가 여영봉(女英峰)이며, 그 아래에 순임금의 묘가 있었다. 일곱 번째가 소소봉(簫韶峰)이며, 그 아래는 순임금이 밭을 갈고 김을 맸던 곳이 있었다. 이처럼 사마천이 찾았던 구의산에는 온통 순임금과 관련된 유적으로 가득했다. 아황과 여영은 순임금의 두 아내이자 요임금의 두 딸이었다.

요임금은 농사짓고 있는 순을 불러 자신의 자리에 앉히고 싶었지만 그가 사양하자 두 딸을 아내로 삼게 했다. 아황과 여영은 남편인 순임금이 창오에 가서 집으로 돌아오지 않자 직접 남편을 찾아갔다. 그러나 아황과 여영은 창오에 도착해서 순임금이 죽었다는 소식을 듣고 바로 남편을 따라 죽었다. 아황과 여영이 남편을 따라 죽은 것을 아내의 정절을 상징하는 '순절(殉節)'이라 부른다. 유교의 정절문화는 바로 여기서 출발한다. 아황과 여영은 죽으면서 피를 토했으며, 그 피는 옆의 대나무에 묻어 무늬대나무, 즉 반죽(斑竹)으로 탄생했다. 현재 호남성 동정호 가운데 군산(君山)에는 아황과 여영의 무덤과 함께 무덤 주변에 반죽이 살고 있다. 아황과 여영의 정절은 우리나라 판소리 '춘향가'에도 등장한다. 우리나라 춘향의 유적지인

남원 광한루를 비롯해 정절을 상징하는 문화유적 공간에서 오죽을 발견할 수 있는 것도 아황과 여영의 정절문화에서 비롯되었다. 호남 형산에는 우왕성(禹王城)이 남아 있다.

호남성 군산의 소상반죽

호남성 군산의 이비 묘소

사마천은 구의산을 답사한 후 호남을 대표하는 원(沅)과 상(湘)에서 배를 타고 북쪽으로 산동의 문수(汶水)와 사수(泗水)로 갔다. 사마천이 호남

호남성 형산의 우왕성

에서 산동으로 간 것은 두 가지 목적이었다. 하나는 제나라의 수도 임치와 노나라의 수도 곡부에서 학술을 강론하는 것이었고, 다른 하나는 공자의 유적지 답사였다. 사마천의 공자 유적 방문은 절강성과 호남성의 방문만큼 중요한 의미를 갖는다. 사마천의 공자 유적 방문은 곧 『사기』의 편찬 정신이 공자의 『춘추』를 계승했다는 것을 보여준다. 사마천은 「태사공자서」에서 상대부 호수가 옛적에 공자가 무슨 까닭으로 『춘추』를 편찬했는지를 묻자 다음과 같이 대답했다. 『춘추』와 관련한 내용만 발췌하면 다음과 같다.

> "나는 동중서에게 다음과 같이 들었다. "주나라의 왕도가 쇠퇴하자 공자는 노나라의 사구(司寇:감옥의 규찰 담당)가 되었다. 그러자 제후들은 공자를 시기하고, 대부들은 공자를 방해했다. 이에 공자는 자기의 좋은 말은 받아들여지지 않고, 선왕의 도를 실행할 수 없다는 것을 알고 242년간의 노나라 역사의 시비를 따져 천하의 본보기로 삼았다. 공자는 천자라도 어질지 못하면 깎아내리고, 무도한 제후는 비판하며, 간악한 대부는 쳐버림으로써 왕사(王事)를 달성하고자 했을 뿐이다"라고 했습니다. 공자도 "나는 추상적인 말로 기록하려 했지만 그보다는 차라리 정치가 행한 치적

을 놓고 포폄(褒貶:올림과 내림, 칭찬과 비판)을 진행하는 것이 일을 훨씬 더 절실하고 명백히 하는 것이라고 여겼다"라고 말했습니다. 『춘추』는 위로는 삼왕(三王:하나라 우왕, 상나라 탕왕, 주나라 문왕)의 도를 밝히고, 밑으로는 인간사의 기강을 분별하며, 혐의를 분별하고, 시비를 판명하며, 사람으로 하여금 유예하며 결정하지 못하는 일을 결정하게 하며, 좋은 사람은 친애하게 하고, 악한 사람은 미워하게 하며, 현능한 사람을 존중하게하고, 못난 사람을 천대하게 하며, 이미 망해버린 나라의 이름을 보존하고, 이미 끊어져버린 세대를 계승시키며, 헐어진 것을 보충하고, 폐기된 것은 다시 일으켜 세웠습니다. 모든 것은 왕도에서 가장 중요한 일입니다. 『춘추』는 시비를 변별했기 때문에 인사 처리에 대한 서술이 뛰어납니다. 그런 까닭에 『춘추』는 정의를 말하고 있습니다. 그래서 어지러운 세상을 수습하여 올바른 세상으로 되돌리는데 『춘추』보다 좋은 책이 없습니다. 『춘추』는 수만 자로 이루어졌고, 나타난 대의(大義)는 수천 가지입니다. 세상 모든 일의 처음과 끝이 모두 『춘추』에 응집되어 있습니다. 『춘추』에는 시해당한 군주가 36명이고, 멸망한 나라가 52개국이며, 여러 나라로 분주하게 유랑하면서 자기의 나라마저 보존하지 못한 제후들이 그 수를 헤아릴 수 없을 만큼 많습니다. 그 이유는 그들이 모두 가장 중요한 근본을 잃어버렸기 때문이었습니다. 그래서 『역경』에는 "머리카락 끝만큼만 어긋나도 결과는 천리만큼 차이가 난다"라고 했으며, "신하가 군주를 시해하고, 아들이 아버지를 죽이는 일은 결코 하루아침의 원인으로 일어나는 사건이 아니고, 오랜 동안 원인이 점차적으로 쌓였다가 일어나는 것이다"라고 했습니다. 그런 까닭에 나라를 가진 자는 반드시 『춘추』를 알아야 합니다. 『춘추』를 모르면 앞에 아첨하는 자가 있어도 깨닫지 못하고, 뒤에 난신적자(亂臣賊子)가 있어도 알지 못합니다. 신하도 『춘추』를 알아야 합니다. 『춘추』를 모르면 늘 있는 일을 처리할 때 선례를 고집할 뿐 적절하게 조처할 줄 모르고, 또 변고를 당해도 거기에 통하는 방법을 알지 못하기 때문입니다. 『춘추』의 대의에 통달하지 못한 군주나 아버지는 반드시 최고의 악명을 뒤집어씁니다. 『춘추』의 대의에 통달하지 못한 신하나 아들은 반드시 찬탈이나 시해한 주벌(誅罰)을 받고, 사죄(死罪)의 악명에서 헤어나지 못합니다. 사실 그들은 반드시 해야 할 일로 여기고 행하지만 대의의 소재를 알지 못하고 행하기 때문에 사관(史官)에게 악명을 뒤집어쓴다 해도 감히 거절하지 못합니다. 대개 예의의 요지를 잘 알지 못하면 군주는 군주답지 못하고, 신하는 신하답지 못하며, 아버지는 아버지 답지 못하고, 자식은 자식답지 못합니다. 군주가 군주답지 못하면 신하에게 휘둘리고, 신하가 신하답지 못하면 군주에게 주살당하고, 아버지가 아버지답지 못하면 도리에 어긋난 아버지가 되고, 자식이 자식답지 못하면 곧 불효자식이 됩니다. 네 가지 행위는 천하의 큰 과실입니다. '천하의 큰 과실'이라는 죄명을 그의 머리에 덮어씌우는데도 그대로 받아쓰면서 감히 거절하지 못하는 것입니다. 그러므로 『춘추』는 예의의 핵심입니다. 대개 예의란 사건이 발생하기 이전에 그것을 막는 것이고, 법률이란 사건이 발생한 후에 거기에 적용하는 것입니다. 그런데 법률이 적용된다는 사실은 쉽게 알면서도 예의가 사건을 미연에 방지할 수 있다는 사실은 잘 알지 못합니다."

사마천은 산동을 떠나 하남의 양(梁), 초(楚)로 갔다. 사마천이 황하의 끝자락 산동에서 양과 초로 갔다는 것은 다시 황하를 거슬러 지금의 하남성으로 옮겼다는 것을 의미한다. 그러나 사마천이 이곳에 들러서 무엇을 했는지는 알 수 없지만 한 가지 분명한 것은 그가 위(魏)나라의 수도와 초나라의 지리와 역사 유적지를 살폈을 것이라는 사실이다. 그 이유는 사마천이 전국을 찾아다닌 목적이 바로 역사 현장을 직접 확인하기 위해서였기 때문이다.

전국 여행을 마치고 돌아온 사마천은 고향으로 돌아오자마자 낭중(郎中)의 벼슬을 맡았다. 낭중은 진시황제 때 설치한 관직이었다. 무제 때는 광록훈으로 이름이 바뀌었다. 설치 처음에는 2천 석의 봉급을 받았으나 무제 때 600석으로 줄었다. 낭중은 궁중의 수비를 맡은 벼슬이었다. 사마천은 수레[車], 기병[騎], 문호(門戶) 등을 담당했다. 사마천은 낭중의 벼슬에

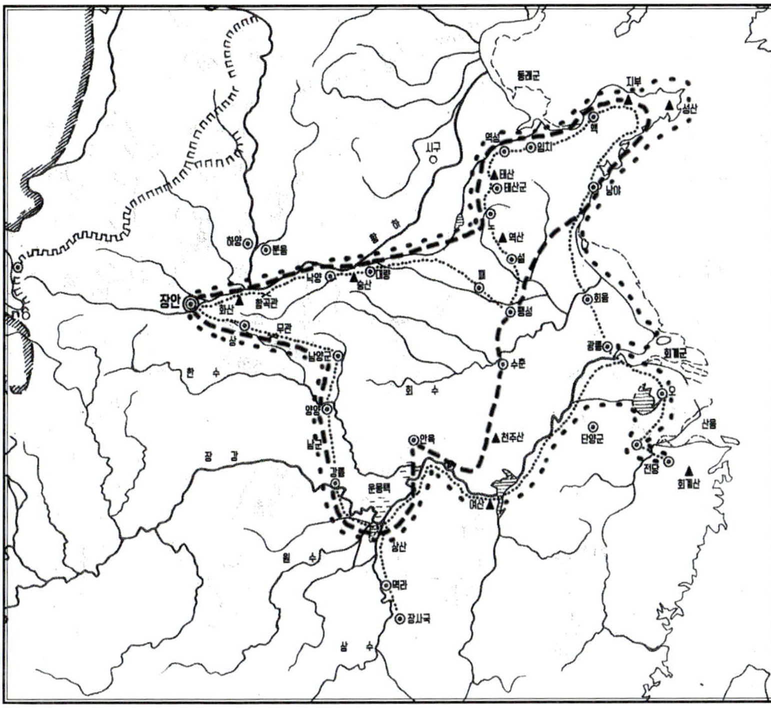

사마천 여행 코스 지도

있을 때 다시 조정의 명을 받아 서쪽으로는 지금의 사천성인 파촉(巴蜀) 이남을, 남쪽으로는 사천의 공(邛), 작(筰), 운남의 곤명(昆明) 등을 살피고 돌아왔다. 이처럼 사마천은 젊은 나이에 중국 전역에 가까운 지역을 답사할 기회를 가졌다. 그의 이러한 경험은 『사기』 집필에 결정적인 도움을 주었다.

사마천이 『사기』는 한무제의 황제 즉위를 계기로 중요한 계기를 맞는다. 경제의 11번째 아들로 태어난 무제는 기원전 140년에 황제의 자리에 올랐다. 무제는 할아버지 문제와 아버지 경제가 이루어놓은 큰 업적을 이어받은 행운아였다. 한무제가 선조들이 이루지 못한 대외정복사업을 이룩한 것도 선조들의 풍족한 유산 덕분이었다. 무제는 중국 고대 황제들이 실

산동성 태산

시한 태산 봉선(封禪)을 준비했다. 태산 봉선은 중국의 황제들이 땅의 신과 하늘의 신에 지내는 제사의식이다. 봉선의식은 황제들이 산신 신앙을 통해 자신의 권위를 유지하기 위한 정치활동이었다. 따라서 황제를 비롯한 신하들은 태산 봉산에 참여하는 것을 큰 영광으로 생각했다. 그러나 당시 태사공의 위치에 있었던 사마천의 아버지 사마담은 태산에서 떨어진 주남(周南), 지금의 하남성 낙양에 있었기 때문에 봉선의식에 참여할 수 없었다. 사마담은 봉선의식에 참여하지 못한 것을 인생 최대의 치욕으로 생각했다. 태사공은 당연히 황제의 활동을 기록해야 할 위치에 있었기 때문이다. 사마담은 결국 봉선의식에 참여하지 못한 일을 비관한 나머지 죽고 말았다. 당시 출장에서 돌아온 사마천은 죽기 직전의 아버지를 황하와 낙수의 중간 지점에서 만났다. 사마담은 아들 사마천을 보자 눈물을 흘리면서 다음과 같이 말했다.

> "우리 조상들은 주나라 왕실의 태사(太史)였다. 우리는 위 세대 하나라 우임금 시대에 공명(功名)을 높이 세운 이래로 천문(天文)에 관한 일을 주관해왔다. 그런데 후세의 중도에 쇠미해지더니 이제 나의 대에서 단절

되는 것일까? 그러나 아들인 네가 만약 다시 태사가 된다면 곧 우리 선조의 유업을 이을 수 있을 것이다. 지금의 천자께서는 천년 이래 황제의 대통을 이어받아 태산에서 봉선(封禪)을 시행했지만 내가 거기에 수행하지 못했으니, 이는 운명이로다! 나의 운명이로다! 내가 죽은 뒤 너는 반드시 태사가 되어야 한다. 태사가 되어서는 내가 하고 싶었던 논저(論著)를 잊어버리지 말고 꼭 이뤄주기 바란다. 효도는 어버이를 섬기는 데서 시작하여 군주를 섬기는 것을 거쳐서 입신양명하는 데서 끝나는 것이다. 후세에 이름을 날려 부모를 영광스럽게 하는 것이야말로 효도 가운데서도 가장 중요한 것이다. 세상에서 주나라 주공(周公)을 칭송하는 것은 그가 문왕(文王)과 무왕(武王)의 덕을 찬송하고, 주나라의 선조 고공단보(古公亶父)가 살았던 주원(周原)과 무왕을 도와 상, 즉 은나라를 멸망시킨 소백(召伯)의 업적을 선양하며, 태왕(太王)인 고공단보와 고공단보의 아들인 왕계(王季)의 사려에 통달하게 해서 마침내 후직의 증손으로 알려진 공류(公劉)의 공적에까지 이름으로써 결국 후직을 추존했기 때문이다. 주나라 말 유(幽)왕과 여(厲)왕 이후 왕도가 사라지고 예약이 쇠퇴해서 공자께서 옛날부터 전해오던 전적을 정리하고, 폐기되었던 예악을 다시 일으켜 『시경』과 『서경』을 저술하고, 『춘추』를 지으니, 학자들이 지금까지 그것을 기준으로 삼고 있는 것이다. 『춘추』의 마지막에 해당하는 '획린(獲麟)'이래로 지금까지 400여 년 동안 제후들은 서로 땅을 넓히는 데만 몰두하여 역사를 기록하는 일은 단절되고 말았다. 이제 한나라가 흥하여 해내(海內)는 통일되었고, 그간 역사상에는 총명한 임금, 어진 임금, 의롭게 죽은 사람이 많았다. 그런데 내가 태사령의 직위에 있으면서도 천하의 역사를 폐기하고 말았구나. 나는 이점에 대해서 매우 두려워하고 있다. 너는 나의 이런 심정을 잘 살펴주기 바란다!"

사마담이 아들 사마천에게 일러준 이상의 얘기는 결국 유언과 같은 것이었다. 사마담은 무제가 시행한 태산의 봉선에 참석하지 못한 것을 보고 자신의 역할이 다했다는 것을 직감했던 것이다. 사마담은 왜 봉선에 참석하지 못한 것을 두고서 자신의 운명을 다한 것이라 생각했을까. 봉선은 고대 중국에서 국가의 가장 중요한 행사다. 더욱이 태사령은 국가에서 가장 중요한 행사를 기록할 의무가 있다. 그러나 한나라 무제는 태사령인 사마담이 없는 상황에서 봉선을 시행해버렸다. 사마담은 무제의 이러한 행동이 자신을 버린 것이라 생각했던 것이다. 그래서 사마담은 끝내 자신의 운명을 수용하고 자식인 사마천에게 자신의 못다 이룬 꿈을 실현시키고자 했던 것이다. 만약 사마담이 이즈음에 태사령의 자리에서 물러나지 않고 계속 남았다면 사마천의 운명은 어떻게 되었을까. 나는 이 때 사마담이 사마천에게 유언한 덕분에 사마천이 아버지의 뜻을 받들어 걸작을 만들 수 있었다고 생각한다. 사마천은 무제의 태도에 울분을 토하던 아버지를 기억하면서 목숨을 걸고 작품에 몰두할 수 있었기 때문이다. 사마천의 각오가 어느 정도였는지는 그가 아버지의 유언에 다음과 같이 대답한 데서 확인할 수 있다.

> "사마천은 고개를 숙이고 눈물을 흘리면서 "소자 비록 불민하오나 선조 대대로 정리한 것을 하나도 빠뜨리지 않도록 하겠습니다."라고 대답했다."

사마천의 가계와 태사령의 계승

사마천의 가계는 그가 『사기』를 편찬할 수밖에 없던 필연성을 보여준다. 사마담은 아들 사마천에게 유언하면서 다음과 같이 「태사공자서」 첫머리에서 자신의 가계부터 언급했다.

> "옛날 전욱제(顓頊帝)는 남정(南正) 중(重)에게는 천문에 관한 일을 맡겼고, 북정(北正) 여(黎)에게는 지리에 관한 일을 맡겼다. 당우(唐虞), 즉 요순시대에 이르러 중과 여의 후손들이 천문과 지리에 관한 일을 담당했으며 하나라와 상나라, 즉 은나라까지 이어졌다. 주나라에 이르러 정백(程

伯)에 봉해진 휴보(休甫)도 여의 후손이었다. 그러다가 여의 후손들은 주나라 선왕 때에 그 관직을 잃고 사마씨(司馬氏)가 되었다. 사마씨는 대대로 주나라의 역사를 주관했다."

사마천의 가계는 오제 중 하나인 전욱제와 맞닿아 있다. 이는 중요한 의미를 갖는다. 사마천의 조상은 『사기』의 첫 머리에 등장하는 「오제본기」에 수록되어 있기 때문이다. 나는 이런 점에서 사마천의 『사기』는 열전만이 아니라 작품의 전체가 모두 사마씨의 족보와 같은 의미를 갖는다고 생각한다. 사마천이 『사기』의 첫머리를 「오제본기」에서 시작한 것은 단순히 중국의 역사를 오제부터 설정하고 있다는 점만이 아니라 결국 자신의 조상을 강조하기 위해서라는 사실을 의미한다. 사마천이 자신의 가계를 강조하기 위해서가 아니라면 오제부터 시작할 것이 아니라 삼황부터 시작하는 것이 합리적일 것이다. 그러나 그는 삼황은 언급하지 않고 오제부터 시작했다. 『사기』「본기」에 언급한 오제는 황제 헌원, 전욱 고양, 제곡 고신, 제요 방훈, 제순 중화 등이다. 『사기』「본기」에 언급한 전욱 고양의 내용은 다음과 같다.

섬서성 황제헌원 묘

"전욱 고양은 황제의 손자이자 창의의 아들이다. 성정이 침착해 지략에 뛰어났고, 사리에 밝았다. 적당한 곳을 택해 곡물을 기르고, 우주의 운행을 좇아 계절에 맞게 일을 하고, 귀신의 권위에 의탁해 예의를 정하고, 백성을 교화하고, 깨끗하고 정성스러운 자세로 천지 신령에게 제사를 올렸다. 북쪽으로 유릉(幽陵), 남쪽으로 교지(交阯), 서쪽으로 유사(流沙), 동쪽으로 반목(蟠木)까지 다다랐다. 각종 동식물과 크고 작은 산천의 신을 포함해 해와 달이 비치는 곳이면 어디든 승복해 귀속치 않은 곳이 없었다. 전욱은 궁선(窮蟬)이라는 아들을 낳았다. 전욱이 죽자 현효의 손자인 고신이 즉위했다. 그가 곧 제곡이다."

사마천은 아버지의 뜻대로 기원전 110년 부친이 돌아가신 뒤 3년 만에 아버지의 자리였던 태사령에 올랐다. 태사령에 오른 사마천은 사관의 기록과 석실(石室)과 금궤(金櫃)에 소장된 서적들을 정리했다. 그러나 사마천은 기원전 104년 태초(太初) 원년에서야 『사기』를 본격적으로 편찬할 수 있는 기회를 맞았다. 이 해 11월 갑자일 초하루 동짓날에 천력(天曆)이 처음으로 개정되었고, 사마천은 이런 과정에 명당(明堂)을 세우는데 참여했기 때문이다. 기원전 104년 태초는 한나라 무제가 중국 역사상 처음으로 즉위와 동시에 연호(年號)를 만든 후 기원전 116년 원정(元鼎), 기원전 원봉(元封)에 이은 4번째 연호이면서 특별한 의미를 갖는다. 이 해에 반포한 천력은 그 동안 하나라의 달력을 사용하던 데서 벗어나 독자적인 달력이었기 때문이다. 무제가 반포한 천력은 10월이 한 해의 시작이었던 하나라의 달력에서 1월 1일을 한 해의 시작으로 삼았다. 명당의 건립도 중요한 의미를 갖는다. 명당은 중국 고대부터 천자가 정책을 발표하던 곳이며, 여기서 조회를 비롯한 국가의 중요한 의식이 이루어졌다.

태사령에 오른 사마천은 태사공으로 불린다. 『사기』에는 각 장의 마지막에 '태사공은 말한다.'라는 구절을 발견할 수 있다. 태사공의 '공'은 중국

은나라 때 강태공처럼 직책과 권위에 대한 높임이다. 당시의 역사가는 관직에서 알 수 있듯이 천문, 달력, 기록을 담당했다. 특히 천문과 달력은 고대 농업사회에서 가장 중요한 분야였다. 천문과 달력을 통해서 농사의 흉풍을 가늠할 수 있었고, 농사는 지배층의 경제기반이었기 때문이다. 사마천이 대대로 역사가 집안이었다는 것은 중국 고대사에서 가장 중요한 부분을 담당하고 있었다는 것을 의미한다.

사마천은 태사령에 오른 뒤 승승장구하면서 『사기』 집필에 심혈을 기울였지만 뜻하지 않은 사건으로 인생 최대의 고비를 맞았다. 그 고비는 바로 무제의 흉노정벌 이었다. 무제는 흉노가 중국을 위협하자 할아버지 문제와 아버지 경제의 화친정책 대신 정면 돌파 정책으로 흉노 정벌에 나섰다. 무제의 흉노 정벌은 기원전 129년에서 기원전 119년 사이에 집중적으로 이루어졌지만, 그 이후에도 계속되었다. 기원전 99년에는 기도위(騎都尉) 이릉(李陵)이 흉노를 정벌하러 갔다. 그러나 그는 흉노에게 잡혀 결국 투항할 수밖에 없었다. 더욱이 이릉이 그곳에서 결혼까지 해서 잘 살고 있다는 소식이 조정에 들렸다. 이에 조정에서는 이릉의 가족을 참형하라는 요구가 빗발쳤다. 그러나 사마천은 홀로 이릉의 부득이한 사정을 변호했다. 무제는 사마천의 변호에 격분하여 그를 감옥, 즉 잠실에 가두었다. 얼마 후 그는 궁형(宮刑: 생식기를 없애는 형벌)을 받았다. 이에 사마천은 깊이 탄식하면서 다음과 같이 말했다.

> "이것이 나의 죄란 말인가! 이것이 나의 죄란 말인가! 몸은 망가져 쓸모가 없어졌구나!"

나는 사마천이 궁형을 당하고 난 뒤의 심정을 진정으로 이해할 수는 없다. 사마천이 겪은 고통은 보통 사람들이 감당할 수 없을 만큼 엄청난 '사건'이었기 때문이다. 그러나 사마천은 그 같은 형벌에도 굴하지 않고 다음과 같은 각오로 고통을 희망으로 승화시켰다.

> "『시경』이나 『서경』에서 뜻이 은밀하고 말이 간략한 것은 마음속에 있는 의지를 실현하고자 했기 때문이다. 옛날 주나라 문왕인 서백(西伯)은 유리(羑里: 하남성 탕음현)에 억류되어 있어서 『역경』을 미루어 판단했다. 공자는 진(陳)나라와 채(蔡)나라에서 곤경을 겪은 후 『춘추』를 지었으며, 굴원은 초나라에서 추방된 뒤에 『이소』를 지었으며, 좌구명은 실명한 후 『국어(國語)』를 편찬했으며, 손빈은 다리를 잘린 후 병법을 저술했으며, 여불위는 촉나라로 좌천된 후 세상에 『여람(呂覽)』을 전했으며, 한비자는 진(秦)나라에 갇힘으로써 『설난(說難)』과 『고분(孤憤)』이 세상에 알려졌으며, 『시경』 300편도 현인과 성인들이 자기의 울분을 촉발해서 지은 것이다. 이런 사람들은 모두 마음속에 울분이 맺혀 있으되, 그것을 시원하게 풀어버릴 방법이 따로 없어서 지난날을 서술하여 미래에다 희망을 걸어본 것이었다."

사마천의 주장은 자신이 왜 『사기』를 편찬했는지의 속내를 드러낸 것이다. 결국 사마천은 궁형을 당한 울분을 『사기』를 통해 승화시킨 것이다. 사마천의 속내는 임안에게 보낸 글[報任安書]에서 한층 구체적으로 드러난다.

> "나는 세상에 잃어버린 구문(舊聞)을 수집하여 행해진 일을 대략 검토하고 그 처음과 끝을 정리하여 성패흥망의 원리를 살펴 모두 130편을 저술했다. … 그러나 초고를 다 쓰기도 전에 이런 화를 당했는데, 나의 작업이 완성되지 못할 것을 안타깝게 여긴 까닭에 극형을 당하고도 부끄러워할 줄 몰랐다. 진실로 이 책을 저술하여 명산(名山)에 보관했다가 내 뜻을 알아줄 사람에게 전하여 촌락과 도시에 유통시킨 다면 이전에 받은 치욕에 대한 질책을 보상받을 수 있을 것이니, 비록 만 번 주륙을 당한다 해도

어찌 후회하겠는가? 이것은 지혜로운 이에겐 말할 수 있지만 속인에겐 말하기 어려운 일이다."

사마천은 참으로 지독한 사람이다. 그는 치욕에 대한 설욕의 방법으로 『사기』 편찬에 매달렸던 것이다. 그래서 그는 열전의 마지막에 자신의 열전을 수록할 수밖에 없었고, 첫 머리에 자신의 울분을 토로할 수 있도록 「백이열전」을 설정했다. 이는 사마천의 고도의 편찬 전략이 아닐 수 없다.

2. 백이열전과 중국 후대의 평가

백이열전의 편찬 배경

70편의 열전 중에서 처음 등장하는 「백이열전」은 「태사공자서」와 더불어 나머지 68편의 열전과 전혀 다른 형식을 갖고 있다. 사마천의 인물 열전은 모두 인물의 출신 배경을 설명하면서 시작하지만, 백이열전은 자신의 얘기에서 시작한다. 결국 백이열전은 백이에 대한 내용이 아니라 자신의 얘기를 위해 백이를 수단으로 삼은 데 불과하다. 특히 사마천은 백이에 관한 선인들의 평가에 대해서 다른 의견을 제시하면서 글을 시작하고 있다. 사마천은 공자가 『논어』에서 백이를 평가한 부분을 비판적으로 수용하고 있다. 우선 공자가 백이를 평가한 부분을 『논어 · 공야장』과 『논어 · 술이』에서 살펴보자.

"공자가 말했다. "백이와 숙제는 과거의 원한을 기억하지 않았기 때문에 남을 원망하는 일은 거의 없었다."
또 공자가 말했다. "그들에게 어진 것이란 구하는 대로 얻는 것인데 또한 무엇을 원망했겠는가?""

사마천은 백이숙제가 원망하지 않았다고 한 공자와 달리 백이의 심경을 비통한 것으로 보았다. 사마천은 이를 증명하기 위해서 백이의 일생을 다음과 같이 인용했다.

"백이와 숙제는 고죽국(孤竹國) 국왕의 첫째와 셋째 아들이었다. 아버지는 아우 숙제를 다음 왕으로 삼고자 했다. 그런데 아버지가 죽은 뒤 숙제는 왕위를 형 백이에게 양보했다. 그러자 백이는 "아버지의 명령이었다."라고 말하면서 마침내 피해 가버렸고, 숙제도 왕위에 오르려 하지 않고 피해 가버렸다. 이에 나라 안의 사람들은 둘째 아들을 왕으로 옹립했다. 이때 백이와 숙제는 서백창(西伯昌)이 늙은이를 잘 봉양한다는 소문을 듣고 그를 찾아가서 의지하고자 했다. 가서 보니 서백은 이미 죽고, 그의 아들 무왕(武王)이 시호를 문왕(文王)이라고 추존한 아버지의 나무 위패를 수레에다 받들어 싣고 동쪽으로 은나라 주왕(紂王)을 정벌하려 했다. 이에 백이와 숙제는 무왕의 말고삐를 잡고 간하기를 "부친이 돌아가셨는데 장례는 치르지 않고 바로 전쟁을 일으키다니 이를 효라고 말할 수 있습니까? 신하된 자로서 군주를 시해하려 하다니 이를 인(仁)이라고 말할 수 있습니까? 라고 말했다. 이때 태공(太公)이 "이들은 의인(義人)들이다"라고 하며, 그들을 보호하여 돌려보냈다. 그 후 무왕이 은나라의 난을 평정한 뒤, 천하는 주나라 왕실을 종주(宗主)로 섬겼지만 백이와 숙제는 주나라의 백성이 되는 것을 치욕으로 여기고 지조를 지켜 주나라의 양식을 먹으려 하지 않고, 수양산(首陽山)에 은거하며 고비를 꺾어 이것으로 배를 채웠다. 그들은 굶주려서 곧 죽으려고 했을 때 다음과 같은 노래를 지었다.

저 산(西山:수양산)에 올라 산중의 고비나 꺾자구나.
포악한 것으로 포악한 것을 바꾸었으니
그 잘못을 알지 못하는구나.
신농(神農), 우(虞), 하(夏)의 시대는 홀연히 지나가 버렸으니
우리는 장차 어디로 돌아간다는 말인가?

아! 이제는 죽음뿐이로다.
쇠잔한 우리의 운명이여!
마침내 이들은 수양산에서 굶어 죽고 말았다."

백이숙제가 살았던 고죽국은 상나라와 주나라의 제후국이었다. 지금의 하북성 노룡현(盧龍縣) 동쪽에 위치했다. 백이숙제는 상나라가 주나라 무왕에게 멸망당하자 주나라에 항복하지 않고 수양산에 들어가 고비만 먹다가 굶어죽었다. 수양산은 지금의 산서성 서남부 중조산맥 서남단의 포주부(浦州府) 영제현(永濟縣)에 위치한다. 섬서성의 경계에 위치한 수양산은 서산을 비롯해서 뇌수산(雷首山), 수산(首山), 역산(歷山), 박산(薄山), 독두산(獨頭山) 등의 별칭을 갖고 있다. 백이숙제가 수양산에서 먹었다는 고비[薇]는 그 동안 많은 번역가들이 '고사리'로 오역했다. 고사리를 의미하는 한자는 '궐(蕨)'이다. 고비와 고사리는 비슷하지만 식물학적으로 약간의 차이가 있다. 고비(*Osmundajaponica* Thunb.)는 고비과이고, 고사리(*Pteridiumaquilinum* var. *latiusculum* (Desv.) Underw. ex A. Heller)는 고사리과다.

사마천은 백이숙제의 마지막 삶을 인용하면서 다음과 같은 의문을 던졌다.

"이로 미루어본다면, 두 사람은 과연 원망하는 것인가? 원망하지 않은 것인가?"

사마천은 당연히 백이숙제가 원망하면서 죽었다고 생각했다. 그러나 공자는 『논어 · 공야장』에서 백이와 숙제를 다음과 같이 평가했다.

"백이와 숙제는 남이 옛날에 저지른 잘못을 생각하지 않았다. 따라서 원망하는 사람이 드물었다."

공자의 백이숙제에 대한 평가는 『논어 · 술이』에서 자공의 물음에서 한층 구체적으로 알 수 있다.

> "자공이 묻길, "백이숙제는 어떤 사람입니까."공자가 답하길, "옛날의 현인이다."자공이 묻길, "후회했습니까?"공자가 답하길, "인을 구하여 인을 얻었으니, 다시 어찌 후회했겠는가?"

백이열전의 나머지 구절은 백이숙제가 원망한 증거를 설명하는 데 많은 분량을 할애하고 있다. 특히 사마천은 "천도(天道)는 공평무사해서 항상 착한 사람을 돕는다."는 말에 강한 거부감을 드러냈다.

사마천은 백이숙제와 같은 착한 사람이 왜 굶어주었는지에 대해 의문을 품었던 것이다. 그는 또 다른 예로 공자의 많은 제자 중에서 으뜸으로 꼽았던 안연조차 항상 가난하게 살다가 요절한 점을 들었다. 더욱이 사마천은 날마다 죄 없는 사람을 죽이고, 사람의 살을 회쳐서 먹으며 포악무도한 짓을 일삼아 수천 명의 무리를 모아 천하에 돌아다니면서 천수를 누린 도척(盜跖)같은 사람을 어떻게 이해할 것인지를 물었다. 그는 천도가 공평하다면 착한 사람과 악한 사람의 결과가 달라야 할 텐데 오히려 반대 현상이 일어나고 있으니, 옛 사람들이 말하는 천도를 믿지 않았던 것이다.

사마천은 백이숙제가 원망하면서 죽었지만 그의 이름이 칭송받는 것은 공자가 그들의 삶을 찬양했기 때문이라는 사실을 강조하고 있다. 안연도 학문적으로 뛰어났지만 공자와 같은 성인의 칭찬 때문에 아성의 반열에 오를 수 있었다. 이 대목에서 사마천의 백이열전의 편찬 목적을 한층 분명하게 이해할 수 있다. 사마천은 자신의 간절한 마음을 「백이열전」의 마지막 문장에 담았다.

"암혈(岩穴)에서 살아가는 은사들은 일정한 때를 보고서 출세와 은퇴를 결정한다. 이와 같은 사람들의 명성이 파묻혀버려서 칭송되지 않는다면 정말 비통하리라! 항간의 평민으로 덕행을 연마하고 명성을 세우고자 하는 사람이 청운지사(青雲之士)에 의지하지 않는다면 어떻게 그의 명성을 후세에 전할 수 있겠는가?"

사마천은 자신의 억울한 마음을 후세에 남기기 위해서 「백이열전」을 열전의 첫머리에 설정했다. 사마천의 이러한 편찬 방식은 중국사에서 처음으로 만든 '기전체(紀傳體)'라는 역사 서술 방식과 더불어 지금까지 중국사에서 유례를 찾아볼 수 없을 만큼 창조적이다. 그의 이러한 창조적 정신은 어떻게 가능했을까. 인간의 창조 정신은 무한하지만 어떻게 실현하느냐가 문제다. 나는 창조 정신이 관찰과 행동을 통해서 실현된다고 생각한다. 사마천의 창조정신도 그의 관찰력과 답사 때문에 실현될 수 있었을 것이다. 한 가지 덧붙인다면 강한 의지력도 빼 놓을 수 없다.

맹자와 한유의 백이에 대한 평가

공자가 백이를 칭송한 이래 많은 사람들이 그를 평가했다. 그 중에서도 중국 전국시대의 맹자와 당나라 한유의 평가가 가장 유명하다. 우선 맹자의 평가부터 살펴보자. 『맹자 · 공손추장구상』에서 백이숙제에 대한 평가를 확인할 수 있다.

"공손추가 묻길, "백이와 이윤은 어떤 사람입니까?"맹자가 답하길, "두 사람은 도가 같지 않다. 섬길만한 군주가 아니면 섬기지 않으며, 부릴만한 백성이 아니면 부리지 않아서 세상이 다스려지면 나아가고 어지러워지면 물러난 사람은 백이다. '어느 군주를 섬긴들 내 군주가 아니며, 어느 백성을 부린들 내 백성이 아니겠는가? 라면서 다스려져도 나아가고 혼란해도 나아간 사람은 이윤이었다."

공손추의 물음에 대한 맹자의 대답을 통해 백이의 성품을 충분히 이해할 수 있다. 맹자의 백이에 대한 평가는 『맹자 · 공손추장구상』에서 좀 더 자세하게 확인할 수 있다.

> "맹자가 말하길, "백이는 섬길 만한 군주가 아니면 섬기지 않으며, 벗할 만한 사람이 아니면 벗하지 않으며, 악한 사람의 조정에 서지 않으며, 악한 사람과 더불어 말하지 않았다. 악한 사람의 조정에 서며 악한 사람과 더불어 말하는 것을 마치 조정에 나갈 때 입는 옷과 관을 쓰고 진흙과 숯구덩이에 앉은 듯 여겼다. 악을 미워하는 마음을 미루어 생각하길 고을 사람과 더불어 서 있을 때 머리에 쓴 관이 바르지 못하면 부끄러워 얼굴을 들지 못하고 떠나가 마치 장차 자신을 더럽힐 것처럼 했다."

맹자는 백이의 이런 성품과 태도를 어떻게 생각했을까? 맹자의 백이에 대한 평가는 다음과 같다.

> "맹자가 말하길, 백이는 좁다."

맹자가 바라본 백이는 속이 아주 좁은 사람이었다. 맹자가 최상의 인물로 평가한 사람은 공자였다. 맹자는 『맹자 · 공손추장구상』에서 공손추가 백이를 공자와 비교하자 다음과 같이 말했다.

> "백성이 있은 후 공자 같은 사람은 없었다. 공자는 벼슬할 만하면 벼슬하고 그만둘 만하면 그만두며, 오래 머물고 싶으면 오래 머물고, 빨리 떠날 만하면 빨리 떠났다."

맹자의 눈으로 보면 백이는 군자가 따를 만한 인물이 아니었던 것이다. 맹자는 백이를 성인 중에서도 아주 맑은 사람으로 평가했지만 지나치다고 생각했다. 백이가 수양산에 들어간 것까지는 문제가 없지만 고비를 먹은 것은 문제였던 것이다. 고비가 살고 있는 수양산이 곧 주나라의 영토였기 때문이다. 그러니 백이숙제는 하나만 알고 둘은 몰랐던 것이다. 그러나 맹자는 백이를 위대한 스승으로 삼는 데는 인색하지 않았다. 공자가 높이 평가한 백이를 맹자가 낮게 평가할 수는 없었기 때문이다. 맹자가 백이를 높이 평가하는 것은 『맹자 · 진심장구하』에서 보듯이 백이의 태도를 통해서 완고한 지아비가 청렴할 수 있고, 나약한 지아비가 뜻을 세울 수 있었기 때문이다.

다음은 한유(韓愈, 768-824)의 『백이송(伯夷頌)』을 통해 백이의 평가를 살펴보자.

> "선비는 우뚝 서서 홀로 가면서 의로움에 맞게 할 뿐이다. 남의 시비(是非)를 돌아보지 않는 것은 모두가 위대하고 뛰어난 선비로서 도(道)를 믿는 것이 독실하고 스스로를 앎이 밝기 때문이다. 한 집안이 그를 비난하더라도 힘써 나아가면서 미혹되지 않는 사람은 드물다. 한 나라와 한 주(州)가 그를 비난하더라도 힘써 나아가면서 미혹되지 않는 사람은 아마도 천하에 한 사람뿐일 것이다. 만약 세상의 모든 사람들이 그를 비난하더라도 힘써 나아가면서 미혹되지 않는 사람은 백 년이나 천 년에 한 사람뿐일 것이다.
>
> 백이 같은 사람은 하늘과 땅의 끝에 이르고 만대에 걸쳐서도 남의 시비를 돌아보지 않았다. 밝은 해와 달도 밝은 것이 될 수 없고, 우뚝한 태산(泰山)도 높은 것이 될 수 없으며, 드넓은 천지도 담을 것이 될 수 없다. 은나라가 망하고 주나라가 일어날 때 미자(微子)는 현인(賢人)이었지만 제기(祭器)를 안고 떠났고, 무왕(武王)과 주공(周公)은 성인(聖人)이었지만 천하의 현자와 천하의 제후들을 이끌고 가서 공격했는데도 그것을 비난한 자는 없었다.
>
> 백이와 숙제는 홀로 옳지 않다고 여기고 은나라가 망한 뒤 천하가 주(周)

> 나라를 받들었지만, 저 두 사람은 오직 주나라의 곡식 먹는 것을 부끄럽게 여겨 굶어죽으면서도 돌아보지 않았다. 이로써 말한다면 어찌 구하는 것이 있어서 한 것이겠는가. 도(道)를 믿은 것이 독실하고 스스로를 앎이 밝았기 때문이다.
> 지금 세상의 선비라는 자들은 보통 사람 하나가 그를 칭찬하면 스스로 뛰어나다고 여기고, 보통 사람 하나가 그를 비난하면 스스로 부족하다고 여기는데, 그들만은 유독 성인(聖人)을 그르다고 하고 스스로를 옳다고 여긴 것이 이와 같았으니, 성인은 바로 만세(萬世)의 스승인데도 말이다.
> 나는 그래서 말하기를, "백이 같은 사람은 우뚝 서서 홀로 나아가면서 하늘과 땅의 끝에 이르고 만대에 걸쳐서도 남의 시비를 돌아보지 않았던 자이다."라고 하는 것이다. 비록 그러하나 두 사람이 아니었다면 나라를 어지럽히는 신하와 부모를 해치는 자식이 후세에 발자취를 이었을 것이다."

한유의 백이숙제에 대한 평가도 맹자와 거의 같다. 이처럼 인물의 평가는 관점의 차이에 따라서 얼마든지 다를 수 있다. 인물의 평가는 사람이나 시대가 어디에 가치를 두느냐에 달라진다. 백이에 대한 후대의 긍정적인 평가는 그의 변치 않는 굳은 의지가 중요한 요인으로 작용했다. 목숨을 걸고서 자신의 가치관을 지킨다는 것은 결코 쉽지 않다. 대부분의 사람들은 자신의 뜻을 관철시키지 못하고 부평초처럼 이리저리 흔들리면서 살다가 죽는다. 그러나 백이숙제는 누가 뭐라 해도 자신의 뜻을 굽히지 않고 평생을 보냈다. 이점이야 말로 그들이 후세 사람들에게 칭송 받는 원인이었다.

3. 백이의 절개와 고려 · 조선의 충신

야은 길재와 구미 채미정

백이숙제의 삶은 우리나라 전통시대 지식인들에게도 많은 영향을 주었다. 그 중에서도 고려 말과 조선 초 격동의 정치 상황에서 백이숙제의 삶을 계승한 자들이 등장했다. 고려 말의 야은(冶隱) 길재(吉再, 1353-1419)가 대표 인물이다. 길재는 경상북도 구미 출신이다. 그는 1363년 냉산에 자리 잡은 구미 도리사에서 처음 글을 배웠으며, 1370년에 박분(朴賁)에게 『논어』와 『맹자』를 배우면서 성리학을 접했다. 특히 아버지를 만나러 개경에 갔다가 이색(李穡) · 정몽주(鄭夢周) · 권근(權近) 등의 문하에서 학문을 익혔다.

경북 구미시 채미정

길재를 기리는 곳이 구미 금오산 자락의 '채미정(采薇亭, 명승 제52호)'이다. 채미정은 백이숙제가 수양산에서 '고비를 꺾어'먹고 죽었다는 얘기에서 빌린 이름이다. 길재가 백이숙제의 삶을 모방한 것은 백이숙제가 고국 은나라가 주나라에 망하자 주나라에 협조하지 않은 것처럼 그가 고려가 조선에 망하자 조선에 협조하지 않았다는 뜻을 상징적으로 보여주기 위해서다. 그는 1368년 문과에 급제한 후 성균관 박사를 거쳐 문하주서(門下注書)를 역임했다. 그러나 고려가 망하자 두 왕조를 섬길 수 없다고 생각하여 구미 선산에 내려와 은거했다. 길재의 호 야은의 '은'이 바로 그의 정신을 품고 있다. 야은은 포은 정몽주와 목은 이색과 더불어 '삼은'중 한 사람이다.

구미의 채미정은 명승지로 지정될 만큼 주위의 경치가 아주 아름다운 유적지다. 채미정 주변에는 금호산과 더불어 아주 큰 연못인 '금호지'와 경북환경연수원이 자리 잡고 있다. 현재의 채미정은 조선 영조 44년(1768)에 세웠다. 채미정 앞에는 길재를 대표하는 '회고가'를 돌에 새겨놓았다.

오백년 도읍지를 필마(匹馬)로 돌아드니
산천은 의구(依舊)하되 인걸(人傑)은 간데없다
어즈버 태평연월(太平烟月)이 꿈이런가 하노라

길재가 남긴 시조를 새긴 돌 옆에는 채미정을 안내하는 간판이 있다. 그러나 간판의 내용 중 채미정에 대한 설명에는 채미의 '미'를 '고비'가 아니라 '고사리'로 풀이했다. 채미정 간판만이 아니라 여러 곳에서 이러한 오역 사례를 확인할 수 있다. 채미정 앞에는 정자로 들어가는 다리가 있고, 다리를 건너면 가장 먼저 채미정을 만난다. 채미정 앞의 담 주변에는 팽나무를 비롯해서 단풍나무 등이 채미정의 경치를 아름답게 만들고 있다. 채미정 왼편에는 구인재(求仁齋)가 자리 잡고 있고, 뒤편에는 경모각(敬慕閣)이 있다. 경모각의 '경모'는 길재를 공경하고 흠모한다는 뜻이다. 경모각 안에는 길재의 영정과 숙종이 내린 오언시(五言詩)가 있다.

「좌사간 길재/左司諫 吉再」
돌아와 금오산 아래 숨어 지내니/歸臥烏山下
맑고 온건한 기운은 자릉에 비교할 수 있으리라./淸風比子陵
임금께서 그의 아름다움을 칭송한 것은/聖主成其美
후세 사람들에게 절개와 의리를 권장하기 위해서라네./勸人節義興

시에 등장하는 자릉은 중국 후한(後漢)의 초대 황제인 광무제의 죽마고우였던 엄광(嚴光)의 자(字)를 일컫는다. 그래서 그를 '엄자릉' 혹은 '엄릉'이라 부른다. 숙종이 길재를 엄광에 비유한 것은 그의 삶이 길재와 닮았기 때문이다. 엄광은 광무제와 어릴 적 뛰놀면서 공부한 사이였지만, 친구인 유수가 신나라 왕망을 제거하고 황제에 오르자 자취를 감춰버렸다. 자릉이 친구의 도움을 받아 높은 자리에 오를 수 있었는데도 모습을 감춘 것은 친구의 태도가 마음에 들지 않았기 때문일 수도 있고, 친구에게 짐이 되지 않기 위해서일 수도 있다.

경모각 옆에는 길재의 유허비(遺墟碑)가 있다. 유허비는 선현의 자취가 있는 곳을 오랫동안 후세에 알리거나 이를 계기로 그를 추모하기 위하여 세운 비를 말한다. 신도비(神道碑)는 왕이나 고관의 무덤 앞 또는 무덤으로 가는 길목에 세워 죽은 이의 사적(事蹟)을 기리는 비석을 말한다. 그래서 신도비는 무덤 앞에 위치한다. 길재의 무덤은 구미시 오태동 낙동강 변에 있다. 무덤으로 가는 길의 낙동강 변에는 길재를 기리는 '지주중류비(砥柱中流碑)'가 있다. 비석 표면의 '지주중류(砥柱中流)'는 중국의 명필 양청천(楊晴川)의 글씨다. 이 말은 중국 하남성 황하(黃河) 중류에 있는 지

경북 구미시 길재 묘소

경북 구미시 지주중류비

경북 구미시 지주중류비

주산(砥柱山)을 가리킨다. 지주산은 황하가 범람할 때마다 탁류가 부딪쳐도 쓰러지지 않았다. 이 비는 조선시대 류운용(柳雲龍)이 인동현감(仁同縣監)으로 부임해서 길재의 묘소를 참배하러 왔다가 중국의 지주중류비에 빗대 세웠다. 비의 뒷면에는 서애(西崖) 유성룡(柳成龍)이 '지주중류'의 뜻과 그것이 후학들에게 주는 교훈의 글이 새겨져 있다. 이 비는 조선의 후학들이 길재를 어떻게 대우했는지를 잘 보여주는 증거다. 1545년(명종 22)에 최응룡(崔應龍), 김취문(金就文)이 주창해서 1570년(선조 3) 금오산 자락에 건립한 금오서원은 길재의 충절을 기리는 서원이다. 1575년(선조 8)에 사액서원으로 승격되었다.

채미정을 비롯한 길재의 유적지에서 관심을 가져야할 것은 나무다. 나무도 건물이나 비석만큼 중요한 문화재의 일부이기 때문이다. 그러나 지금까지 유적지의 나무에 대해서는 천연기념물 혹은 보호수를 제외하면 관심을 갖지 않고 있지만, 천연기념물 혹은 보호수를 포함해서 유적지의 식물은 매우 중요한 사료적인 가치를 지니고 있다. 유적지의 식물은 단순히 자연생태가 아니라 인간이 유적지의 가치를 높이기 위해서 의도적으로 심은 것이다. 특히 유적지의 식물은 후손들이 추모할 주인공을 위해서 자신들의 뜻을 상징적으로 보여주는 것이다. 예컨대 채미정의 경모각 앞의 배롱나무는 후손들의 변함없는 마음을 상징하는 나무다. 게다가 채미정이 명승지로 지정된 것은 단지 채미정과 경모각 때문이 아니라 건물과 함께하고 있는 나무와 풀, 그리고 계곡 등의 자연생태 때문이다. 따라서 채미정을 비롯한 인문생태에 대한 이해에는 반드시 자연생태에 대한 관심이 필수다.

어계 조려와 함안 채미정

사육신(死六臣:성삼문 · 이개 · 하위지 · 유응부 · 유성원 · 박팽년)과 생육신(生六臣:조려 · 김시습 · 이맹전 · 성담수 · 김효온 · 원호)은 백이숙제의 정신을 계승한 상징적 인물이다. 사육신 중에서도 성삼문(成三問, 1418-1456)은 가장 강인한 인상을 남긴 주인공이다. 그가 남긴 시는 백이숙제를 부끄럽게 만들만큼 강렬하다. 현대어로 풀면 다음과 같다.

「수양산 바라보며」
수양산 바라보며 백이와 숙제를 한탄하니
굶어죽을지언정 고비를 캐어 먹을 수 있을 소냐.
비록 산과 들에 나는 고비일지라도 그것은 누구 땅에 난 것인가?

성삼문은 조선 세조 앞에서도 임금으로 인정하지 않은 채 당당하게 죽음을 맞이했을 만큼 자신의 가치를 지키는 데 목숨을 걸었다. 살아 있으면서 세조의 행동에 찬성하지 않았을 뿐 아니라 벼슬에 나가지 않았던 여섯 명의 생육신 중 어계(漁溪) 조려(趙旅, 1420-1489)가 머물렀던 곳도 구미의 채미정과 이름이 같은 함안의 채미정이다.

경남 함안군 군북면 원북리에 위치한 채미정은 이곳 출신 조려가 1455년 단종이 세조에게 선위(禪位)하자 성균관에 있다가 함안으로 돌아와서 서산(西山) 아래에 살았던 곳이다. 그의 호 어계는 벼슬을 하지 않고 시냇가에서 낚시질로 여생을 보냈기 때문에 스스로 붙인 것이다. 그가 머물렀던 서산은 바로 백이숙제가 고비를 캐서 먹었던 수양산이다. 조려의 9세손 조영우(趙榮祐)의 「채미정기(采薇亭記)」에 따르면, 서산을 '백이산(伯夷山)'이라고 불렀다. 이러한 사실만 봐도 조려가 얼마나 백이숙제를 흠모했는지 짐작할 수 있다. 채미정에는 '백세청풍(百世淸風)' 현판이 있다. '청풍'은 구미 채미정의 경모각 내 숙종 오언시에 등장하는 구절이다. 따라서 '청풍'은 길재와 조려처럼 절개를 지킨 사람들에게 사용하는 최고의 찬사다. 채미정 옆 언덕에는 '청풍'을 빌린 '청풍대'와 '청풍을 듣는다'는 '문풍루(聞風樓)'가 있다. 채미정 근처에는 조려를 기리는 서산서원이 있다. 서원의 이름도 수양산을 의미한다. 서산서원도 금오서원과 더불어 1713년에 사액서원으로 출발했다. 서산서원을 사액서원으로 삼은 것은 그 만큼 조선시대에 생육신 조려를 기리는 뜻이 높았다는 것을 의미한다. 채미정과 서산서원에서 얼마 떨어지지 않은 곳에는 조려가 태어난 어계생가가 있다.

경남 함안 서산서원

경남 함안 조려생가

조려는 강원도 영월에서 단종의 시신을 거두어 장례를 치룬 뒤 왕의 얼을 동학사에 모셨을 만큼 충신이었다. 채미정과 어계생가에는 은행나무가 한 그루씩 살고 있었지만 현재 채미정의 은행나무는 죽었다. 채미정과 어계생가의 은행나무는 조선의 선비들이 공자의 사상을 계승하고 있다는 것을 상징하는 나무다.

조려 이후 남명(南冥) 조식(曺植, 1501-1572)도 백이숙제와 관련하여 다음과 같은 시를 남겼다.

「제목없이/無題」

약을 먹어 장생하길 바라더라도/服藥求長年
고죽군의 아들만은 못하겠지./不如孤竹子
수양산 고비를 캐먹어도/一食西山薇
만고토록 오히려 죽지 않았네./萬古猶不死

백곡 김득신과 괴산 취묵당

백곡(栢谷) 김득신(金得臣, 1604-1684)은 사마천의 백이열전을 1억 3천 번을 읽었다는 '독서광'으로 잘 알려진 인물이다. 그가 한 작품을 이렇게 많이 읽었던 것은 어릴 적에 앓았던 천연두 때문에 지능이 다른 사람보다 낮았기 때문이다. 이러한 사실은 안정복(安鼎福)의 『순암집(順菴集)』「상헌수필하(橡軒隨筆下)」에서 확인할 수 있다.

> "백곡 김득신이 있으니 자가 자공(子公)다. 성품이 어리석고 멍청했으나 글 읽기만은 좋아하여 밤낮으로 책을 부지런히 읽었다. 고문은 만 번이 되지 않으면 중지하지 않았다. 특히 백이전(伯夷傳)을 좋아해서 무려 1억 1만 8천 번을 읽었기 때문에 그의 소재(小齋)를 '억만재(億萬齋)'라 불렀다."

다산 정약용도 김득신의 독서에 대해서 큰 관심을 가졌다. 그러나 정약용은 김득신의 독서량에 대해서는 의심했다. 이러한 내용은 정약용의 『다산시문집(茶山詩文集)』「변(辨)」에서 확인할 수 있다.

> "김백곡(金柏谷)은 그의 『독서기(讀書記)』에 자기가 읽었던 여러 책의 읽은 번수(番數)를 기록했다. 『사기(史記)』「백이전(伯夷傳)」의 경우 무려 1억 3천 번을 읽었다고 한다. 우리나라 사람들은 편(遍)을 일러 번(番)이라고 한다. 그리고 사서(四書) · 삼경(三經) · 『사기』 · 『한서(漢

書)』·『장자(莊子)』·한문(韓文) 등의 여러 책 중에서도 어떤 것은 6, 7만 번씩이나 읽었으며, 적게 읽은 것도 수천 번씩은 읽었다고 한다. 그러고 보면 글자가 있은 후로 상하(上下) 수천 년과 종횡(縱橫) 3만 리를 통틀어도 독서에 부지런하고 뛰어난 사람으로 당연히 백곡을 으뜸으로 삼아야 할 것이다. 비록 깊이 생각해 보건대, 독서를 잘 하는 선비라면 하루에 「백이전」을 1백 번은 읽을 것이다. 그렇다면 1년에 3만 6천 번은 읽을 수 있어서 3년을 계산하면 겨우 1억 8천 번을 읽을 수 있겠으나, 그 사이에 질병(疾病)의 우환(憂患)과 왕래(往來)의 문답(問答)이 어찌 없을 수 있겠는가. 더구나 백곡으로 말하면 독실하게 실천하는 군자였으니, 그가 어버이를 효도로 섬기되 혼정신성(昏定晨省:조석으로 부모의 안부를 물어서 살피는 일)과 도규수수(刀圭滫瀡: 부모의 질병을 잘 간호하는 일과 맛있는 음식으로 봉양하는 일)의 공양(供養)도 모두 충분히 날짜를 허비했을 것이고 보면 4년이 아니고는 1억 1만 3천 번을 읽을 수가 없다. 이와 같은 「백이전」만 해도 벌써 4년의 세월이 필요한데 어느 겨를에 여러 책들을 저토록 읽었단 말인가. 나는 생각건대 「독서기(讀書記)」는 백곡이 직접 쓴 것이 아니라 그가 작고한 뒤에 누가 그를 위하여 그 전해들은 말을 기록한 것으로 여겨진다. 백곡의 다음 시(詩)가 사실을 입증한다.

한유 문장 사마천 사기 천 번을 읽고서야 / 韓文馬史千番讀
금년에 겨우 진사과에 합격했네 / 董捷今年進士科

아울러 이른바 한문(韓文)·마사(馬史)라 한 것도 선본(選本)을 말한 것이요, 전부(全部)는 아닌 것이다. 그러나 또한 장하다고 할 만하다."

정약용은 김득신의 다독에 대해서는 그 실제를 의심했지만 대단한 인물임을 인정하는 데는 인색하지 않았다. 그런데 정약용의 주장 중에는 김득신의 『백곡집』 원문과 다른 점이 있다. 정약용이 인용한 「독서기(讀書記)」는 김득이 직접 쓴 것인지의 여부를 떠나 「고문삼십육수독수기(古文三十六首讀數記)」가 원제목이다. 아울러 정약용은 김득신이 「백이전」을 1억

3천 번 읽었다고 했으나 원문에는 1억 1만 1천 번이라 적혀 있다. 이처럼 김득신의 독서에 대해서는 사람마다 의견이 조금씩 다르지만 그에 대해 관심을 갖고 있다는 것은 그만큼 그가 후세에 미친 영향이 크다는 것을 증명한다.

김득신이 백이열전을 읽은 1억 번은 현재의 10만을 의미한다. 당시의 다독은 한 작품을 반복해서 읽는 것을 의미했다. 그가 다른 사람들이 흉내 낼 수 없을 만큼 한 작품을 많이 읽은 것은 그만큼 기억력이 좋지 않았기 때문이다. 그러나 그는 율곡과 같은 천재를 부러워하지 않고 자신의 능력을 갈고 닦았다. 『백곡집』 부록 「가선대부동지중추부사안풍군김공묘갈명병서(嘉善大夫同知中樞府事安豐君金公墓碣銘幷書)」에는 자신의 한계를 어떻게 극복했는지를 설명하고 있다.

> 학문에 힘쓰는 자는 재주가 남만 못하다고 스스로 한계 짓지 말라./勉學者無以才不猶人自畫也
> 나보다 어리석고 둔한 사람도 없겠지만/莫魯於我
> 결국 이룸이 있었다./終亦有成
> 모든 것은 힘쓰는데 달렸을 뿐이다./在勉强而已

김득신은 10세에 겨우 글자를 알았고, 20세에 시를 지을 만큼 둔한 사람이었다. 그래서 그는 환갑의 나이 즈음에 중국 당나라 한유의 문장과 사마천의 사기를 천 번 읽고 난 후 과거 시험 중 진사과에 합격했다. 그러나 그는 자신의 한계를 극복하면서 조선시대 최고의 시인으로 평가 받고 있다. 조선의 효종은 김득신의 「용호/龍湖」를 보고 중국 당나라의 시에 넣어도 손색이 없다고 평가했다. 이백과 두보가 살았던 당나라는 중국의 시 역사에서 가장 뛰어났다. 따라서 효종이 김득신의 시를 당나라의 시와 대등하게 평가하는 것은 최고의 찬사다.

고목은 찬 구름 속에 있고/古木寒雲裏
가을 산에는 소나기 들이치네./秋山白雨邊
저무는 강에 풍랑이 일어나니/暮江風浪起
어부가 급히 배를 돌리네./漁子急回船

김득신이 만년에 지은 정자가 취묵당(醉默堂)이다. 취묵당을 '억만재'라 부른다. 취묵당은 충청북도 괴산군 괴산읍의 괴강 언덕에 자리 잡고 있다. 취묵당에서 넓은 괴강을 바라보면 좁은 가슴으로는 감당할 수 없을 만큼 아름답다. 강가의 정자 정면은 거의 예외 없이 강물을 바라보고 있다. 내려오는 물을 보면서 찬란한 꿈을 꿀 수 있기 때문이다. 정자의 멋을 알기 위해서는 반드시 건물 안으로 들어가야 한다. 건물 안에 앉아야만 정자 주인공이 무엇을 추구하려고 했는지를 이해할 수 있기 때문이다. 정자는 조선 성리학자들의 주요한 공부 공간이었다. 성리학은 삼라만상을 공부의 대상으로 삼았다. 그래서 정자는 놀이공인이면서 강학 공간이기도 했다. 조선의 '정자문화'는 사람 중심이다. 김득신은 취묵당 앞 괴강의 물결을 바라보면서 낚시로 행복한 시간을 보냈다.

삿갓 쓰고 도롱이 입고 돌기둥에 기대어/戴笠被簑倚石梁
여울머리에 가랑비가 한 가닥 긴 실처럼 내리네./灘頭微雨一絲長
때때로 포동포동한 물고기 잡아 집으로 돌아갈 것을 잊어버리고/時時得雋忘歸處
얼마간의 은빛 물고기를 맛볼 수 있다네/多少銀鱗此可嘗

취묵당으로 가기 위해서는 김시민(金時敏, 1554-1592)을 모신 충민사를 만나야 한다. 김시민은 임진왜란 때 진주성 전투에서 3,800명의 병력으로 2만 여명의 왜적을 격퇴하고 전사한 장군이다. 김득신이 이곳에 머문 것은 김시민 장군이 할아버지이기 때문이다.

김득신의 『취묵당기(醉默堂記)』에 따르면, 김득신이 괴산과 인연을 맺은 것은 그의 아버지 김치(金緻, 1577-1625)가 1601년에 괴산에 머물면서였다. 김득신이 취묵당에 머문 것은 1662년 과거에 합격하면서부터였다. 괴산읍 능촌리에 취묵당을 건축할 당시 주변에는 큰 소나무와 작은 소나무가 아주 많았다. 김득신은 당시 청당태수(淸塘太守), 즉 지금의 괴산군수에게 개오동나무 천장(千章: 천 그루)을 얻어서 2칸 집을 지었다. 김득신이 당호를 취묵당이라 지은 것은 세상 사람들이 술에 취해도 침묵하지 않고, 술에 취하지 않아도 침묵하지 않아서, 자신은 술에 취해도 침묵하고, 술에 취하지 않아도 침묵하고자 하는 강한 의지 때문에 붙였다. 그가 굳이 침묵하고자 했던 것은 말 때문에 화를 당한다고 생각했기 때문이다. 김득신이 살았던 시대는 효종이 죽은 후 사대부들의 예송논쟁(禮訟論爭)으로 정국이 매우 혼란했다. 그래서 그는 혼란한 정국에 휩싸이지 않기 위해 스스로 침묵하면서 자신의 몸을 보존했던 것이다. 취묵당은 1663년에 완성했다. 그는 취묵당을 지은 후 취묵당과 관련한 「괴협취묵당팔영(槐峽醉默堂八詠)」시를 지었다.

충북 괴산군 취묵당

춘추 · 전국 시대의 열전

2부

1. 관중의 삶과 우정의 철학
2. 공자와 노자의 삶과 인생관
3. 맹자와 순자의 인성철학
4. 맹상군과 굴원의 인생 역정
5. 편작과 중국의 고대 의술

2부 춘추 · 전국 시대의 열전

1. 관중의 삶과 우정의 철학

춘추시대의 강대국 제나라와 관중

관중(管仲)이 살았던 시대는 중국 춘추시대다. 춘추는 공자가 쓴 노나라의 역사책인 『춘추』에서 빌린 이름이다. 그래서 춘추시대는 기원전 770년부터 시작한다. 춘추시대는 주나라의 봉건사회가 붕괴하기 시작했다는 것을 의미한다. 봉건사회는 천자와 제후와 사를 중심으로 한 혈연관계로 이루어졌다. 그러나 주나라의 봉건사회는 시간이 지나면서 땅을 매개로 한 장자 중심의 위계질서가 점차 무너지면서 하극상이 발생했다. 그래서 천자의 권위는 제후들에게 도전받기 시작했다. 그 중에서도 산동성에 자리 잡은 제(齊, 환공), 산서성에 자리 잡은 진(晉, 문공), 호북성에 자리 잡은 초(楚, 장왕), 강소성에 자리 잡은 오(吳, 합려), 절강성에 자리 잡은 월(越, 구천) 등을 '춘추오패(春秋五覇)'라 부른다. 오패의 '패'는 '우두머리'를 뜻한다.

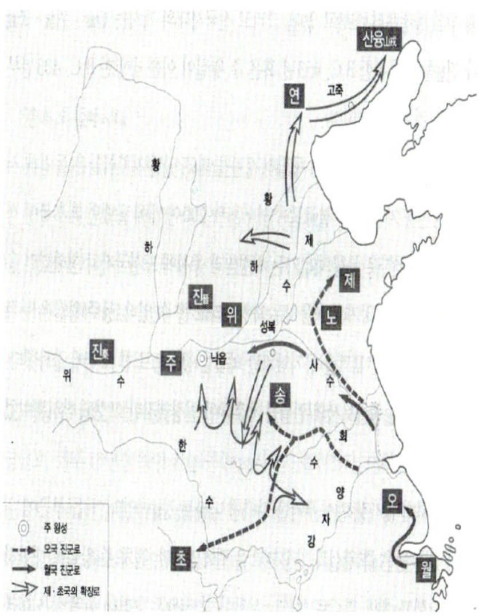

춘추오패 형세도

춘추오패를 비롯해서 춘추시

대에는 중국 전역에 크고 작은 나라들이 아주 많았다. 그 중에서도 춘추오패는 주나라 천자의 눈치를 보지 않은 채 작은 나라를 공격하여 점차 영토를 넓혀가면서 오히려 천자의 자리를 위협했다. 그러나 여전히 명분상으로는 주나라를 무너뜨릴 수는 없었다. 춘추시대는 기원전 453년 산서성의 진나라가 한(韓)·위(魏)·조(趙) 삼국으로 나누어지면서 막을 내리기 시작했다. 그러나 삼국은 주나라 천자의 공식적인 인정을 받지 못했다. 주나라 천자는 삼국이 나누어진 뒤 50년 뒤인 기원전 403년에서야 공식적으로 그들의 권위를 인정했다. 이로써 춘추시대는 막을 내리고 전국시대로 접어들었다. 전국시대는 춘추시대보다 훨씬 치열한 경쟁과 장기간의 전쟁으로 혼란한 시대였다. 관중이 살았던 춘추시대 제나라는 사마천이 직접 찾았던 곳이기도 하다. 제나라는 중국 황하의 끝자락에 위치했다. 수도는 임치(臨淄)였다.

관중과 포숙아의 우정

관중(管仲)은 포숙아(鮑叔牙)와 두터운 우정으로 유명한 사람이다. 두 사람의 우정을 흔히 '관포지교(管鮑之交)'라고 부른다. 관중의 제자들이 스승의 말씀을 정리한 책이 『관자(管子)』다. 사마천은 「관안열전(管晏列傳)」에서 관중을 다루었다.

> "관중 이오(夷吾)는 영수(潁水) 유역 출신의 사람이다. 그는 젊은 시절에 항상 포숙아(鮑叔牙)와 어울려 지냈다. 포숙은 그의 재덕(才德)을 잘 알아주었다. 가난한 관중은 언제나 포숙을 속였지만, 포숙은 늘 그를 잘 대해주었을 뿐만 아니라 그런 일로 사사건건 따지지 않았다. 포숙은 얼마 후 제(齊)나라 공자(公子) 소백(小白)을 섬긴 반면 관중은 공자 규(糾)를 섬겼다. 공자 소백이 즉위하여 제나라 환공(齊桓公)이 되었다. 그러나 관중은 공자 규가 죽자 잡혀 옥에 갇혔다. 그러자 포숙아가 관중을 천거했

다. 환공은 포숙아의 천거대로 관중을 등용하여 제나라의 국정을 맡겼다. 이로 인해 제나라 환공은 천하의 패자가 되어 제후들과 여러 차례 회맹하고 천하를 바로잡았다. 제나라가 패자가 될 수 있었던 것은 모두 관중의 지혜로운 계책 덕분이었다. 관중은 다음과 같이 말했다.

"내가 예전에 곤궁할 때 포숙과 함께 장사를 한 적이 있었다. 이익을 나눌 때 내가 한층 많이 차지하곤 했다. 그러나 포숙이 나를 탐욕스럽다고 여기지 않은 것은 내가 가난한 것을 알고 있었기 때문이다. 예전에 내가 포숙을 대신해서 어떤 일을 벌이다가 실패해서 그를 더욱 곤궁하게 만들었다. 그러나 포숙이 나를 어리석다고 여기지 않는 것은 시운(時運)이 좋을 때와 나쁠 때가 있다는 것을 알았기 때문이다. 또 내가 세 번이나 벼슬길에 나섰다가 세 번 모두 군주에게 내쫓기고 말았다. 그러나 포숙이 나를 능력 없다고 여기지 않은 것은 내가 아직 때를 만나지 못한 것을 알고 있었기 때문이다. 아울러 내가 세 번 싸움에 나가 세 번 모두 도망쳤을 때도 포숙이 나를 겁쟁이라고 여기지 않은 것은 나에게 노모가 있다는 것을 알았기 때문이다. 공자 규가 왕위를 놓고 다투다가 패하자, 소홀(召忽)은 죽고 나는 붙잡혀 굴욕을 당했을 때도 포숙이 나를 수치도 모르는 자라고 여기지 않은 것은 내가 사소한 일에는 수치를 느끼지 않으나 천하에 공명(功名)을 날리지 못하는 것을 부끄럽게 여기고 있다는 것을 알았기 때문이다. 나를 낳아준 것은 부모이지만 나를 알아주는 것은 포숙이다."

관중은 제나라에서 그다지 멀지 않은 안휘성 영상(穎上) 서북부 출신이다. 영상은 춘추시대에는 초신읍(楚愼邑)이었으며, 한나라 때 신현(愼縣)이었다. 사마천이 언급한 관중의 고향 영수(穎水)는 지금의 하남성 등봉현에서 발원하여 회수로 들어간다. 영상은 영수의 근처라는 뜻이다. 관중은 몰락 귀족 출신이었기 때문에 어릴 적부터 가난했다. 그래서 그는 장사를 통해 돈을 벌었다. 관중이 어릴 때 포숙아를 만난 것도 장사 덕분이었다. 관중이 어릴 적부터 장사에 뛰어든 것은 그가 태어난 영수가 장사하기에 좋은 조건을 갖추고 있었기 때문이다. 그러나 그는 장사하면서도 학문과 무예를 익히는 데도 게을리 하지 않았다. 관중은 제나라에서 활동하기 전까지 많은 경험을 쌓았다. 특히 관중이 장사를 하면서 경험한 지리 정보는 자신의 정치 활동에 아주 큰 도움이 되었다.

관중과 포숙아는 각각 제나라에서 경쟁관계에 있었던 두 사람을 모셨기 때문에 그들도 경쟁관계에 있었다. 관중은 포숙아가 모신 소백이 제나라 환공의 자리에 오르자 노나라의 도움을 받아 환공을 죽이려 했다. 그는 직접 환공을 향해 화살을 쏘았다. 그러나 관중이 쏜 화살은 환공의 혁대에 맞아 환공은 죽지 않았다. 결국 전쟁은 환공의 승리로 끝났다. 관중이 모시고 있던 공자 규는 처형되었다. 관중이 마땅히 공자 규와 더불어 처형되어야 했다. 환공은 포숙아를 재상의 자리에 앉혀 관중을 처리하고자 했다. 그러나 포숙아는 오히려 자신이 오를 자리에 관중을 천거했다. 『관자 · 소광(小匡)』에 따르면, 포숙아가 관중을 천거한 이유는 다음과 같다.

> 첫째, 신은 백성에게 관대하게 은혜를 베풀어 백성을 사랑하는 것이 관중만 못합니다.
> 둘째, 신은 나라를 다스리는 데 기강을 잡는 것이 관중만 못합니다.
> 셋째, 신은 충성과 신의로 제후와 동맹을 맺는 것이 관중만 못합니다.
> 넷째, 신은 갑옷을 입고 북채를 잡고서 군문(軍門)에 서서 백성들을 모두 용맹하게 하는 것이 관중만 못합니다.
> 다섯째, 관중은 백성의 부모입니다. 장차 자식 같은 백성을 잘 다스리려면 백성의 부모인 관중을 버려서는 안 됩니다.

포숙아의 관중 천거도 대단하지만 포숙아의 추천을 받아들인 제나라 환공도 포숙아 못지않은 큰 인물이었다. 관중은 포숙아와 환공의 기대를 저버리지 않고 제나라를 강대국으로 만들었다. 그러면 자신의 자리를 내준 포숙아는 어떻게 보냈을까? 사마천의 얘기를 통해 살펴보면 다음과 같다.

"포숙은 관중을 천거한 후 자신은 아래 자리에 있으면서 관중을 받들었다. 포숙의 자손들은 대대로 제나라의 봉록을 받으며 봉읍지(封邑地)를 10여 대 동안 소유하면서 항상 명대부(名大夫)의 집안으로서 세상에 알려졌다. 그래서 세상 사람들은 관중의 재덕을 칭찬하기보다는 사람을 잘 알아본 포숙을 더욱 칭찬했다."

포숙아가 천거해서 재상에 오른 관중에 대해 사마천은 다음과 같은 업적을 기록했다.

"관중이 제나라의 재상이 되어 국정을 맡자, 땅은 작았지만 해안을 끼고 있는 제나라는 산물을 교역하고 재물을 축적하여 부국강병에 힘썼으며 백성들과 고락을 함께 했다. 그러므로 관중은 이렇게 말했다.
"백성들은 곡식 창고가 가득 차야만 예절을 알며, 의식이 풍족해야만 영욕(榮辱)을 안다. 임금이 법도를 준수하면 육친(六親)이 굳게 단결하고, 사유(四維:국가를 지탱하는 데 필요한 예의염치)가 해이하면 나라가 망한다. 위에서 내린 명령은 물이 낮은 곳으로 흐르듯이 민심에 순응한다. 그러므로 나라에서 논의한 정책은 쉬워서 백성들이 실행하기 쉬웠으며, 백성들이 원하는 것은 원하는 대로 베풀어주고, 백성들이 반대하는 것은 그들의 뜻대로 제거해주었다."
관중이 정사를 시행할 때 화(禍)도 잘 이용하여 복(福)으로 만들었고, 실패할 일도 잘 처리해서 성공으로 만들었다. 일의 경중(輕重)을 잘 헤아리고, 그 득실을 저울질하는 데 신중했다.(중략) 관중의 재산은 제나라 왕실의 재산만큼이나 많아 삼귀(三歸:세 명의 여인 혹은 세 채의 누각)와 반점(反坫:제후들이 회맹할 때 의식에서 쓰는 도구)을 갖추고 있었으나 제나라 사람들은 이를 사치스럽다고 여기지 않았다."

포숙아와 관중의 우정은 시작과 끝이 완벽할 정도로 좋은 결과를 낳았다. 인류 역사상 두 사람처럼 좋은 결과를 낳은 우정도 찾아보기 어렵다.

과연 두 사람은 어떻게 그런 결과를 만들 수 있었을까. 물론 한 가지 이유로는 분명 설명할 수 없을 것이다. 다만 한 가지 강조할 것은 두 사람이 가장 힘든 시기에 만났다는 점이다. 사람은 가장 힘든 시기에 자신의 본성을 드러냈다. 공자는 『논어 · 자한』에서 '세한연후지송백지후조(歲寒然後知松栢之後彫)'를 통해 인간의 본질이 어떻게 드러나는지를 설명했다. "날씨가 추운 뒤에 소나무와 측백나무가 뒤에 시든다는 것을 안다."는 이 말에 대해 중국 북송시대 범중엄(范仲淹) "군자와 소인은 평소에 차이점을 알 수 없지만 큰일을 당하거나 이해관계를 만나면 알 수 있다."고 풀이했다. 포숙아와 관중의 우정은 가장 힘든 시기에 벌써 온전히 형성되었기 때문에 그 이후에 그대로 이어질 수 있었던 것이다.

두 사람의 우정과 관련해서 한 가지 더 강조할 것은 삶의 태도다. 두 사람은 거의 성인에 가까운 삶의 태도를 보여주고 있기 때문이다. 포숙아가 관중을 위해서 자신을 희생할 수 있었던 것은 오로지 자신만을 바라봤기 때문이다. 다시 말해 포숙아는 친구인 관중에게 자신의 자리를 내주면서도 무엇 하나 요구하지도 않았다. 그는 무엇보다도 자신의 능력을 잘 알고 있었던 것이다. 포숙아는 자신의 그릇을 잘 아는 것이야말로 자신의 명예와 부를 지킬 수 있는 지름길이라는 것을 잘 알고 있었다. 그래서 그는 자신은 물론 후대까지 큰 영광을 누릴 수 있었던 것이다. 포숙아가 정치에 큰 능력이 없다는 사실은 제나라 환공이 병으로 누운 관중에게 후임자로 포숙아를 거론하자 관중은 적당하지 않다고 대답했다. 관중의 대답은 『장자 · 잡편 · 서무귀(徐無鬼)』에서 확인할 수 있다.

> "그 사람은 깨끗하고 청렴한 선비입니다. 그러나 그는 자신보다 못한 사람과는 짝하지 않으며, 한 번 남의 잘못을 들으면 평생 잊지 않습니다. 만일 그에게 정치를 맡기면 위로는 곧은 말로 임금의 뜻을 거스를 것이요,

아래로는 밝은 눈으로 백성들의 마음을 거슬러 오래 가지 못해 임금의 죄를 입을 것입니다."

보통 사람 같으면 이런 상황에서 자신을 재상의 자리에 앉힌 포숙아를 천거할 것이다. 설령 그렇게 하더라도 비난할 사람은 거의 없을 것이다. 그러나 관중은 포숙아가 지나치게 깨끗해서 재상의 자리에 어울리지 않는다고 판단해서 환공에게 추천하지 않았던 것이다. 이처럼 관중은 죽음을 앞두고서도 냉철하게 친구를 평가했다. 관중의 냉철한 판단은 진정 친구 포숙아를 위한 것이었다. 만약 관중이 포숙아를 재상에 천거했다면 분명 환공은 임명했을 것이다. 그러나 지나치게 깨끗한 것을 지향하는 포숙아는 국정을 제대로 이끌지 못했을 것이다. 정치는 결코 깨끗한 것을 기준으로 실행할 수 없을 만큼 복잡하기 때문이다.

환공은 다시 관중에게 물었다.

"그럼 누가 좋겠는가?"

관중이 대답했다.

"습붕이 좋을 듯합니다. 그 사람은 위에게 있는 사람에게 잊어버리게 되고, 아래 있는 사람에게는 배반을 당하지 않기 때문입니다."

관중이 추천한 습붕은 자신을 드러내지 않으면서 묵묵히 일하는 사람이었던 것이다. 장자는 관중이 추천한 습붕을 언급한 뒤에 오나라 왕이 원숭이가 많이 사는 저산(狙山)에 올랐을 때 대부분의 원숭이들이 겁이 나서 숲으로 도망갔지만 한 마리만 유독 도망가지 않고 있다가 화살에 맞아 죽었다는 고사를 인용하고 있다. 관중은 능력이 뛰어났지만 결코 자신의 능력을 자랑하지 않았던 인물이다. 그래서 환공의 눈 밖에 나지 않고 죽음을 맞이할 수 있었던 것이다.

2. 공자와 노자의 삶과 인생관

공자의 삶과 인생관

사마천은 공자(孔子)와 노자(老子) 중에서 공자에 관한 내용을 훨씬 많이 할애했다. 사마천이 자신의 작품을 『춘추』에 의지한 만큼 공자에 큰 관심을 갖는 것은 자연스러운 현상이다. 사마천의 공자에 대한 애정은 그를 열전이 아닌 「세가(世家)」에 넣은 것만 봐도 충분히 알 수 있다. 세가는 제후에 관한 내용이지만 공자는 제후가 아닌데도 세가에 들어 있다. 이처럼 사마천이 공자를 제후로 대우한 것은 그만큼 그를 높이 평가했기 때문이다. 공자는 왕이 아니면서도 왕으로 추앙받는 '소왕(素王)'이었다. 공자를 모신 산동성 곡부도 규모가 황제의 궁궐과 맞먹을 정도다. 내가 열전에서 공자를 언급하는 것은 그의 제자 및 후대의 영향을 이해하기 위해서는 공자의 삶과 사상을 이해하지 않고서는 어렵기 때문이다.

공자는 지금의 산동성 노나라 창연(昌衍), 즉 창평향(昌平鄉) 추읍(陬邑)에서 태어났다. 공자가 태어난 곳은 노나라의 수도 곡부 중심지와 그렇지 멀지 않다. 공자의 증조부는 노나라와 인접한 송(宋)나라 공방숙(公防

산동성 공자의 고향 니산

叔)이었다. 공방숙은 공백하(孔伯夏)를, 공백하는 공숙양흘(孔叔梁紇)을 낳았다. 숙량흘은 안징재(顔徵在)와 야합하여 니구(尼丘)에서 빌어서 둘째 아들 공자를 낳았다. 니구는 공자를 이해하는데 매우 중요한 단서다. 니구는 사수(泗水)와 기수(沂水)에 걸쳐 있는 니산(尼山) 혹은 니구산(尼丘山) 자락에 위치하고 있다. 좀 더 구체적으로 말하면 니구산은 추성(鄒城) 서쪽 궐리(闕里)에 있었다. 공자의 탄생과 관련한 기수, 니구, 궐리 등은 후대에 많은 영향을 주었다.

공자와 관련해서 한 가지 짚고 넘어갈 것이 있다. 대부분 공자의 '공'을 '성(姓)'이라 생각하지만, 엄격하게 말하면 '씨(氏)'로 봐야 한다. 춘추 말의 경우 성과 씨는 다른 개념이었기 때문이다. 성과 씨 중 성은 바뀌지만 씨는 자주 바뀔 수 있었다. 따라서 무슨 씨로 삼을 것인지는 자신이 선택할 수 있었지만 성은 그렇게 할 수 없었다. 그래서 흔히 '성을 간다'는 말은 자신을 완전히 부정할 만큼 엄청난 말이다.

공자의 선조는 상나라, 즉 은나라의 황족이었다. 상나라 왕의 성은 자(子)였다. 그래서 공자의 성은 '자'다. 성을 붙여 공자를 부른다면 '자자'가 맞다. 공자의 성인 '자'는 6대조까지 이어졌다. 공자의 성이 '공'으로 바뀐 것은 상나라가 망한 후 공자의 선조들이 강제로 지금의 하남성 상구(商丘)로 이주하면서부터였다. 6대조 공보가(孔父嘉)는 성을 뺀 이름이다. 공보는 '자'이고 이름은 가다. 공보가는 성과 이름이 자가(子嘉)다. 춘추시대에는 자를 앞에 놓고 자와 이름을 합쳐 부르는 것이 유행이었다. 공자의 '공'은 6대조의 자를 빌려서 사용하면서 시작되었다.

숙량흘과 안씨는 큰 아들이 정상인이 아니라서 아들을 간절히 원했다. 그래서 그들은 니구산에 올라서 기도했다. 기도 덕분인지 공자가 태어났다. 공자의 부모는 태어난 자식의 머리가 중간에 움푹 패어 있어서 이름을 '구(丘)'라 지었다. '구'는 니구산의 '구'와 같다. 공자는 숙량흘의 둘째아들이었다. 공자의 자가 중니(仲尼)인 것도 둘째를 의미하는 '중'과 니구산을 의미하는 '니'를 빌린 것이다.

공자는 태어난 지 3년 만에 아버지를 잃었다. 당시 공자의 어머니는 19세였다. 공자의 어머니는 16세 때 70세의 남편을 만났다. 3세 때 아버지를 잃은 공자도 참 딱한 처지에 놓였지만 결혼한 지 3만에 남편을 잃은 공자의 어머니도 마찬가지였다. 더욱이 공자의 어머니는 둘째 아들의 나이 17세 때 세상을 떠났다. 공자의 아버지는 73세까지 살았지만, 공자의 어머니는 33세까지 살았다. 공자는 어머니가 남편을 잃은 나이와 같은 19세 때 증조부가 살았던 송나라 여자와 결혼했다. 이처럼 공자는 어린 시절부터 결코 유복하지 않은 집안에서 살았다. 성장해서는 장남으로서 홀어머니를 모시면서 집안의 모든 일을 책임져야만 했다. 공자의 이러한 삶은 그의 사상에 큰 영향을 주었다. 공자는 아버지와 거의 같은 72세까지 살았다.

공자는 20살 때 계(季)씨 가문의 창고지기를 시작으로 본격적으로 가장으로서의 역할을 담당했다. 공자는 나이 56세 때 노나라의 대사구(大司寇: 형조판서)에 올랐다. 대사구는 공자가 평생 맡은 벼슬 중에서 가장 높은 자리였다. 그래서 공자도 무척 기뻐했다. 그러나 공자는 벼슬하면서 적지 않은 업적을 남겼지만 혼란한 정국에서 오래 버티지 못하고 고향으로 돌아와야만 했다. 사마천은 공자의 정치 생활을 다음과 같이 평가했다.

> "공자는 향리에서는 공손해서 마치 말을 못하는 사람과 같았으나, 종묘나 조정에서는 조리 있게 말을 잘하면서도 오로지 신중했다. 조정에서 상대부(上大夫)들과 얘기할 때는 태연하면서도 할 말을 다했으며, 하대부들과 얘기할 때는 온화하면서도 즐겁게 대했다. 공자는 군주의 궁문에 들어갈 때는 머리를 숙이고 허리를 굽혀 경의를 표했고, 그 앞으로 빨리 걸어서 나갈 때는 단정하게 예의를 갖추었다. 왕이 그에게 손님을 접대하라고 하면 정성을 다하는 표정이었으며, 왕이 부를 때에는 마차를 준비할 때까

지 기다리지 않고 서둘러 달려갔다."

사마천이 언급한 공자의 평소 성품은 다음과 같다.

> "공자는 생선이 상하거나 부패하거나 아무렇게나 잡아서 바르지 않게 잘라 놓은 것을 먹지 않았다. 자리가 바르지 않으면 앉지 않았고, 상(喪)을 당한 사람 옆에서 식사할 때는 배불리 먹지 않았다. 곡을 한 날에는 종일 노래를 부르지 않았다. 상복을 입은 사람이나 맹인을 보면 비록 어린애일지라도 반드시 표정을 바꾸어 동정했다. 공자는 괴이한 것[怪], 폭력[力], 문란한 것[亂], 귀신[神]에 대해서는 말하지 않았다."

공자는 아들 이(鯉)를 낳았다. 공리의 자는 백어(伯魚)다. 백어의 '백'은 맏이라는 뜻이고, 어는 '리'가 '잉어'기 때문이다. 그러나 백어는 50세의 나이에 아버지보다 먼저 죽었다. 백어는 급(及)을 낳았다. 급의 자는 자사(子思)였으며, 62세까지 살았다. 자사는 『중용(中庸)』을 편찬했다. 전국시대 맹자는 자사에게 배웠다.

사마천은 「공자세가」에서 공자에 대한 공경을 다음과 같이 표현했다.

> 『시경(詩經)』에 "높은 산은 우러러보고, 큰길은 따라간다."는 말이 있다. 비록 내가 그 경지에 오르지는 못할지라도 마음은 항상 공자를 동경하고 있다. 나는 공자의 저술을 읽고서 그 사람됨이 얼마나 위대한가를 상상할 수 있었다. 노나라에 가서 공자의 묘당(廟堂), 수레, 의복, 예기(禮器)를 참관했다. 또한 여러 유생들이 때때로 그 집에서 예를 배우고 있는 것을 본 후 공경하고 흠모하는 마음이 우러나 머뭇거리며 그곳을 떠날 수 없었다. 천하에 군왕에서 현인에 이르기까지 많은 사람들이 있었지만 모두 생존 당시에는 영화로웠으나 일단 죽으면 모두 끝나고 말았다. 그러나 공자는 포의(布衣:벼슬 없는 선비)로 평생을 보냈지만 10여 세대를 지나도

여전히 학자들이 그를 추앙한다. 천자, 왕후부터 나라 안의 육예(六藝)를 언급하는 모든 사람들에 이르기까지 공자의 말씀을 판단 기준으로 삼고 있다. 그는 참으로 최고의 성인이라 말할 수 있으리라."

『논어』와 공자의 제자들

사마천이 공자를 위대한 인물로 평가했듯이, 공자가 위대한 것은 그의 뛰어난 능력 못지않게 수많은 제자들 때문이다. 「중니제자열전(中尼弟子列傳」에는 공자의 제자 중 육예[六藝:예(禮)·악(樂)·사(射)·어(御)·서(書)·수(數)]에 능통한 사람을 77명이라고 했다. 사마천은 77명의 공자 제자를 소개하고 있지만, 일부만 자세하고 대부분은 아주 소략하다. 그러나 공자의 제자는 사마천이 언급한 수보다 훨씬 많았다. 일설에는 공자의 제자를 3000명으로 보기도 한다. 공자의 제자가 몇 명인지 정확하게 알 수 없지만, 한 가지 분명한 것은 공자의 제자가 당시 그 누구보다도 많았다는 사실이다. 이처럼 공자의 제자가 많았던 것은 그의 교육철학과 밀접한 관계가 있었다.

공자는 『논어·술이(述而)』편에서 보듯이 "속수(束脩) 이상을 행하는 사람에게 가르침을 주지 않는 적이 없었다. '속수'의 '속'은 10개를 묶은 것을, '수'는 소금을 친 고기에 생강, 마늘, 계피 등의 양념을 뿌려서 햇볕에 말린 것을 말한다. '속수'의 또 다른 해석은 15세 이상의 남자다. 춘추시대에 남자가 15세에 이르면 머를 묶기 시작했다는 데서 착안한 해석이다. 한마디로 공자는 모든 성인에게 가르침을 주었다. 공자는 23세 즈음에 고향에서 사립학교를 열어 30세까지 제자를 가르쳤다. 그 뒤 일자리를 찾아 제나라로 갔다가 1년 만에 다시 고향으로 돌아와서 다시 사립학교를 열어 51세까지 운영했다. 이 과정에서 많은 제자를 배출했다.

후세 사람들이 공자를 칭송하는 것은 제자들이 스승의 말씀을 정리한

산동성 곡부 공자의 무덤

공자의 무덤 옆 자공의 여막

『논어』 덕분이다. 공자의 제자들은 스승이 죽자 삼년상을 지냈다. 공자는 노나라 북쪽 사수 부근에 매장되었다. 제자들은 모두 3년간 상복을 입었다. 이는 스승에 대한 가장 기본적인 예의였다. 이른바 '삼년상'은 공자가 기획한 것이었다. 삼년상은 부모상과 임금상과 스승상에 해당한다. 공자가 부모상에 대해 삼년상을 주장한 것은 인간이 태어나서 삼년 동안 부모 품을 떠나면 생존할 수 없기 때문에 부모가 돌아가면 자신을 생존케 한 기간만이라도 은혜를 생각하자는 뜻이 담겨 있다. 임금상과 스승상에도 부모상처럼 적용하는 것은 봉건시대의 '군사부일체'사상 때문이었다. 주나라 봉건시대에는 부모는 자식을 낳고, 임금은 백성을 먹여주고, 스승은 제자를 가르치는 존재가 인간을 인간답게 만든다고 생각했다. 그래서 군사부는 위치가 같다고 생각하여 모두 삼년상을 치렀다. 우리나라 봉건시대에도 그대로 적용되었다. 공자의 제자들은 삼년상을 마치고 각각 집으로 돌아갔다. 그러나 오직 자공(子貢)만이 남아서 다시 6년 동안 공자의 무덤을 지켰다.

공자의 제자들은 삼년상을 마치고 집으로 돌아갔지만, 스승을 영원히 기억하기 위해 스승의 말씀을 기록으로 남기기로 했다. 그래서 그들은 사정이 허락하는 사람들을 모아 스승의 말씀을 정리한 후 『논어』라 이름 붙였다. 『논어』는 공자가 직접 저술하지 않고 제자들이 스승의 말씀을 서로 의논해서 만들었기 때문에 붙여진 이름이다. 제자들은 시간 순서와 인과 관계없이 스승의 말씀을 중요도에 따라 선별해서 『논어』를 완성했다. 『논어』에서 가장 중요한 것은 사람들마다 평가를 달리하겠지만 나는 첫 장이라 생각한다.

> "공자가 말했다. 배우고 때로 익히면 또한 기쁘지 아니한가?/學而時習之不亦說乎"

공자의 제자들은 왜 스승의 말씀을 정리하면서 배움의 문제를 책의 첫머리에 편집했을까. 나는 『논어』 첫 구절이야말로 공자의 공부철학이라 생각한다. 공자는 분명 평소에 배움의 목적을 강조했을 것이다. 사마천은 공자가 네 방면에 걸쳐 제자를 가르쳤다고 보았다. 그것은 곧 문(文), 행(行), 충(忠), 신(信)이다. 네 가지 중 문은 배움의 문제다. 그러나 당시 대부분의 제자들에게 배움의 목적은 사회에서 높은 자리를 얻어 돈을 많이 버는 데 있었다. 춘추시대는 경쟁과 전쟁이 치열했으며, 대부분의 사람들은 그 속에서 살아남기 위해 수단과 방법을 가리지 않았다. 그러나 공자는 그러한 사회 분위기에 휩싸이지 않고 자신만의 세계를 꿈꾸면서 살아갔다. 그래서 공자는 배우고 익혀 기쁜 단계에 이르는 것을 최고의 경지라 생각했던 것이다. 공자에게 공부는 자신의 성찰을 위한 '위기지학(爲己之學)'이었다.

공자는 배움과 더불어 실천할 것을 강조했다. 배움과 함께 실천하지 않는다면 소용이 없기 때문이다. 공자의 말씀을 가장 잘 실천한 사람이 바로 안연(顔淵), 즉 안회(顔回)였다. 사마천은 「중니제자열전」에서 안회를 다음과 같이 평가했다.

> "안회(顔回)는 노나라 사람이며 자(字)는 자연(子淵)이다. 그는 공자보다 30년 연하이다. 안연이 인(仁)을 묻자, 공자가 "자기의 사욕을 이겨 예(禮)로 돌아가는 것이다[克己復禮]. 그러면 천하 사람들이 그가 인하다고 인정할 것이다"라고 말했다. 공자는 안회에게 또 다음과 같이 말했다.
> "어질도다. 회여! 대로 만든 한 그릇의 밥과 표주박 한 그릇의 마실 것으로 누추한 마을에 산다면, 다른 사람들은 그것을 견뎌내지 못하겠지만, 안회는 아랑곳없이 자기가 즐거워하는 바를 바꾸지 않을 것이다. 안회는 공부할 때 질문하는 것이 하나도 없어 어리석은 것 같이 보였다. 그러나 그가 나에게 물러나 어떻게 생활하는가를 살펴보니, 내가 가르쳐준 것을 충분히 발휘하고 있었다. 안회는 절대로 어리석지 않다. 등용하면 배운 도리를 행하고, 그렇지 않으면 접어두는 것을 오직 나와 너만 행할 수 있느니라!"
> 안회는 29세의 나이에 백발이 되었으며 젊은 나이에 죽었다. 공자는 그가 죽자 매우 애통해하고 곡하면서 "나에게 안회가 있은 다음부터 문인들이 나와 더욱 친숙해졌는데..."라고 탄식했다. 노나라 애공(哀公)이 "제자 중에서 누가 배움을 좋아합니까?"하고 물으니, 공자가 "안회라는 자가 매우

배움을 좋아하여 노여움을 옮기지 않고 잘못을 되풀이하지 않았습니다. 그런데 불행히도 요절했습니다. 지금은 세상에 배움을 좋아하는 자가 없습니다."라고 답했다."

공자가 배움을 좋아하는 사람으로 우직한 안연을 꼽은 것에 주목할 필요가 있다. 공자는 다음과 같이 제자들을 평가했다.

"나에게 가르침을 받고 육예(六藝)에 통달한 제자가 77명이다. 그들은 모두 특별한 능력을 소유하고 있었다. 그중에서 덕행에는 안연(顔淵), 민자건(閔子騫), 염백우(冉伯牛), 중궁(仲弓), 정치에는 염유(冉有), 계로(季路), 언어에는 재아(宰我), 자공(子貢), 문학(文學)에는 자유(子游), 자하(子夏)가 뛰어났다. 그러나 사(師)는 편벽했고, 삼(參)은 노둔했고, 시(柴)는 우직했고, 유(由)는 조속(粗俗)했다. 회(回)는 매우 가난했으며, 사(賜)는 천명을 받지 않고 재물을 늘렸지만 시세 파악에 뛰어났다."

사마천은 공자의 제자에 대한 평가를 신뢰했다. 따라서 공자는 덕을 갖춘 안연을 가장 뛰어난 제자로 평가했다. 공자가 평생 고민한 주제도 덕 중에서도 가장 중요한 인(仁)이었다는 것을 감안하면, 공자가 자신의 덕을 실천한 안연을 높이 평가한 것은 당연하다. 그러나 안연은 공자보다 먼저 죽음으로써 스승의 가슴을 무척 아프게 했다. 공자는 안연이 죽자, "하늘이 나를 버리는가! 하늘이 나를 버리는가!"라고 울부짖었을 뿐 아니라 상당 기간 동안 음식을 먹지 않았다.

공자의 제자에 대한 교수법은 맞춤형이었지만 그 중에서도 '행단법(杏壇法)'이 유명하다. 행단법은 살구나무 밑에서 이루어지는 일종의 야외수업이다. 야외수업은 『논어』에서 보는 것처럼 공자와 제자 간의 문답으로 진행되었다. 이런 과정에서 공자는 거문고를 연주하기도 하고, 제자들은

산동성 곡부 공부의 행단

산동성 곡부 공부 행단 앞의 살구나무

책을 읽기도 했다. 현재 공자를 모신 산동성 곡부의 공부(孔府)에 들어가면 가장 먼저 '행단'을 만날 수 있다. 행단 앞에는 살구나무가 있다. 공자가 제자들을 가르칠 때 살구나무 밑을 이용한 것은 당시 노나라에 살구나무가 아주 흔했기 때문이다. 노나라에는 행(杏)과 북행(北杏)이라는 지명도 있었다.

공자는 제자들을 가르치면서 공부하는 태도로 네 가지를 강조했다. 첫째는 배우면서 억측하지 말 것[毋意], 둘째는 독단하지 말 것[毋必], 셋째는 고집하지 말 것[毋固], 넷째는 스스로 옳다고 여기지 말 것[毋我]이었다. 공자의 이러한 가르침은 지금의 학자는 물론 모든 사람들에게도 필요한 덕목이다. 이런 점을 통해서 공자가 왜 중용(中庸)을 강조했는지 알 수 있다. 공자는 스스로 평생 어느 쪽에도 치우치지 않는 그런 사람이길 바라면서 최선을 다했다.

공자가 우리나라에 미친 영향

우리나라에서 공자의 흔적을 찾는 일은 아주 쉽다. 그만큼 공자의 자취가 아주 많이 남아 있기 때문이다. 가장 쉽게 접근할 수 있는 방법은 공자의 자(字)인 중니다. 대구광역시 달성군 도동에는 한훤당 김굉필을 모시는 도동서원이 있다. 도동서원의 뒷산이 대니산(戴尼山)이다.

대니산의 '대니'는 '중니의 정신, 곧 공자의 정신을 머리에 받들고 있다'는 뜻이다. '소학동자(小學童子)'라 불리는 김굉필은 조선시대 '동방오현(東方五賢:김굉필, 정여창, 조광조, 어언적, 이황)'중 으뜸으로 꼽히는 대학자였다. 김굉필처럼 조선의 성리학자들은 모두 공자를 스승으로 삼았기 때문에 늘 공자를 닮고 싶었다. 그래서 자신들이 사는 곳까지 공자와 관련한

도동서원과 대니산

도동서원과 은행나무

명칭을 즐겨 사용했다. 김굉필의 둘째 아들이 무오사화로 피난한 경상남도 창녕군 고암면의 구니서당(求尼書堂)의 '구니'도 '공자의 정신을 구한다'는 뜻이다.

대구광역시 북구 노곡동(魯谷洞)은 공자의 고향을 빌린 이름이다. 노곡동에는 조선의 단종 복위에 가담했다가 죽음을 당한 백촌(白村) 김문기(金文起)의 유허비가 있다. 우암(尤庵) 송시열(宋時烈)의 제자였던 명재(明齋) 윤증(尹拯)이 살았던 충청남도 노성(魯城)은 이산(尼山)이라 불렀다. 이산은 곧 윤증을 일컫는 말이기도 하다. 공자가 태어난 궐리에 대한 지명도 적잖이 남아 있다. 조선시대에는 공자의 초상을 모신 곳을 궐리사(闕里祠)라 불렀다. 경상남도 진주나 충청남도 논산 등지에 남아 있는 궐리사는 바로 공자의 초상을 모신 곳이다. 『국조보감(國朝寶鑑)』에 따르면, 조선의 정조는 수원의 궐리사에 친필 편액, 봄과 가을에 향과 축문을 보냈다.

우리나라에 공자를 기리는 유적은 대성전(大成殿)이다. 대성전은 공자가 집대성한 인물이라는 뜻에서 붙인 이름이다. 『맹자 · 만장장구하(萬章章句下)』에 따르면, 집대성은 "금으로 소리를 퍼뜨리고, 옥으로 거두는 것이다. 금으로 소리를 퍼뜨린다는 것은 조리(條理)를 시작하는 것이요, 옥으로 거둔다는 것은 조리를 끝낸다는 것이다. 조리를 시작하는 것은 지(智)에 해당하고, 조리를 끝내는 것은 성(聖)에 해당한다."대성의 '성'은 음악이 한번 끝나는 것을 의미한다. 공자는 요 · 순 · 우 · 문 · 무 · 주공 등 중국고대 성인(聖人)들의 업적을 융합해서 자신만의 세계를 만든 사람이었다. 우리나라에는 성균관 대성전을 비롯해서 전국의 향교에 모두 대성전을 갖추고 있다. 더욱이 성균관처럼 대성전 앞 혹은 주변에 거의 예외 없이 공자의 교수법인 행단법을 상징하는 은행나무가 있다. 우리나라에서 중국의 살구나무와 달리 은행나무를 심은 것은 일종의 문화변용이다.

우리나라 향교에는 공자의 고향과 인접한 또 다른 흔적을 발견할 수 있다. 그것은 곧 공자가 태어난 곳과 가까운 '기수'다. 기수는 공자가 자주 찾아 즐겼던 곳이다. 기수는 기하(沂河)라 부른다. 기수는 산동성 남부와 강소성 북부 기원현(沂源縣)의 노산(魯山)에서 발원한다. 사마천 『사기 · 하본기(夏本紀)』에 따르면, 이곳은 하나라 우임금이 물을 다스렸다. 우 임금은 기수를 다스린 후 몽산(蒙山)과 우산(羽山)에 나무를 심었다. 늪이었던 대야택(大野澤)은 호수로 바뀌고, 언덕이었던 동원(東原)은 평탄해졌다.

서울시 종로구 성균관 은행나무

성균관 대성전

경북 성주 성주향교 대성전

이곳의 토질은 붉고 기름져서 풀과 나무가 갈수록 무성해졌다. 전답은 2등급이고 세금 등급은 5등급이었다. 이곳에서 바친 것은 오색토와 우산 계곡의 꿩, 역산(嶧山)의 남쪽에서만 나는 오동나무, 사수(泗水) 가의 부석으로 만든 경(磬), 회이(輗夷)의 진주와 어류, 대광주리에 담은 흑백의 견직물이었다. 이러한 것들은 회수와 사수에서 배로 실어 황하로 갔다. 노나라에는 오오(五梧)라는 지명도 있다. 그만큼 오동나무가 많아서 생긴 지명이다.

기수는 노나라에서도 매우 중요한 하천이었다. 특히 공자는 고향의 기수를 무척 좋아했다. 『논어 · 선진(先進)』에서 공자가 기수를 얼마나 사랑했는지를 알 수 있다. 공자는 어느 날 자로, 염유, 공서화, 증점 등의 제자들에게 각자의 포부를 물었다. 그 중에서 증점의 대답이 공자를 가장 흡족하게 했다. 증점은 다음과 같이 말했다.

> "늦봄에 봄옷이 갖추어지면 관(冠)을 쓴 어른 5-6명과 어린아이 6-7명과 함께 **기수**에서 목욕하고 무우(舞雩)에서 바람 쐬고 노래하면서 돌아오겠습니다."
> /莫春者春服既成, 冠者五六人, 童子六七人, 浴乎沂風乎舞雩詠而歸

공자는 증점의 대답에 연이어 감탄하면서 다음과 같이 반응했다.

> "나는 점을 허여한다."

공자가 증점의 말에 감탄한 것은 다른 제자들과 달리 벼슬에 욕심을 내지 않고 자신을 닦는 데 뜻을 두고 있었기 때문이다. 증점의 태도는 공자가 진정으로 원하는 것이었다. 기수에는 온천이 있었다. 그래서 공자도 기수에서 온천을 즐겼을 것이다. 무우는 하늘에 제사하고 기우제를 지내는 곳이었다. 이곳에는 제단이 있었으며 나무도 많았다.

공자와 증점의 이야기는 유학자는 물론 중국과 조선의 성리학자들의 이상적인 삶이었다. 그래서 조선시대의 향교에는 공자와 증점의 이야기에서 따온 '영귀(詠歸)'를 빌린 누각이나 정자가 적지 않다. 그 중에서 대표적인 향교는 경상북도 영주시 순흥면의 순흥향교와 경상남도 합천군 야로면의 합천향교다. 순흥향교와 합천향교 누의 이름이 곧 영귀루(詠歸樓)다. 경상북도 청도군의 자계서원의 누도 영귀루다. 경상북도 의성군 점곡면의 영귀정(詠歸亭), 경상남도 함양군 병곡면의 영귀정도 같은 사례에 속한다.

조선 중기 최립의 『간이집(簡易集)·환조록(還朝錄)』에서도 영귀루를 확인할 수 있다.

「영귀루(詠歸樓)에 올라 가랑비 내리는 광경을 읊은 시에 차운하다/ 次登詠歸樓遇微雨韻」

청명하고 화창한 날 욕기하기 좋을 때 / 淸和正屬浴沂時
더구나 붉은 누대 창파(蒼波)를 누르고 있는구나. / 況復朱樓壓碧漪
술기운 깨게 하려는 듯 불어오는 바람이요 / 風力欲爭杯酒力
수양버들 의심케 하며 실처럼 내리는 가랑비라. / 雨絲如亂陌楊絲
여기저기 멋진 풍경 그래도 모두가 뽑혀 온 듯 / 漫逢勝境猶皆選
간간이 터지는 호탕한 말 어찌 꼭 술이 필요할까. / 時出豪言未必卮
한바탕 회포 푸는 자리 흐드러진들 어떠하리 / 陶寫一場宜爛熳
봄날의 무르익은 경치 저절로 한가로운 것을. / 春深光景自遲遲

공자의 삶은 제자들에게는 물론 우리나라 전역에 그 흔적이 남아 있다. 그만큼 공자의 영향력이 크고도 깊다는 것을 증명한다.

노자의 삶과 인생관

노자는 지금까지 중국의 선진(先秦)시대 제자백가 중에서도 영향력이 큰 인물이다. 특히 노자의 삶은 중국은 물론 우리나라 지식인들의 삶에 큰 영향을 주고 있다. 사마천은 「노자한비열전(老子韓非列傳)」에서 노자를 단독으로 다루지 않고 장자와 신불해 및 한비자와 더불어 다루고 있다. 사마천이 노자를 단독으로 다루지 않고 다른 사람과 함께 다루고 있는 것은 공자를 세가에서 다룰 뿐 아니라 제자까지 따로 다룬 것과 비교하면 큰 차이다. 이는 사마천이 노자를 공자에 비해 아주 낮게 취급하고 있다는 것을 증명한다. 더욱이 사마천은 노자를 법가와 함께 다루고 있는 것만 봐도 그를 어떻게 대우하고 있는지를 알 수 있다.

노자는 초(楚)나라의 고현(苦縣) 여향(厲鄕) 곡인리(曲仁里) 출신이다. 지금의 하남성 귀덕부(歸德府) 녹읍(鹿邑) 부근이다. 노자가 태어난 곳은 노나라와 그렇게 멀지 않았다. 그래서 공자와 노자는 만날 수 있었던 것이다. 노자의 성은 이씨(李氏)이며, 이름은 이(耳), 자는 담(聃)이었다. 그는 주나라의 장서실(藏書室)을 관리하는 사관(士官)이었다. 그러나 노자에 대한 정보는 많지 않다. 사마천이 열전에서 소개한 노자의 정보는 다음과 같다.

> "노자는 도덕(道德)을 수련했으며, 그의 학설은 자신을 감추어 이름이 드러나지 않게 하는 것에 힘쓰는 것이었다. 노자는 주나라에서 오래 거주하다 주나라가 쇠하는 것을 보고 마침내 그곳을 떠났다. 관소(關所)에 이르자 관령(關令) 윤희(尹喜)가 "선생께서 앞으로 은거하려 하니 수고롭지만 저를 위해 저서를 남겨주십시오."라고 하자, 노자는 상, 하편의 저서를 지어 도덕(道德)의 의미를 5,000여 자로 서술하고 떠나버리니, 그 후로 아무도 그의 최후를 알지 못했다. 어떤 사람은 노래자(老萊子) 역시 초나라 사람인데, 15편의 저서를 남기어 도가(道家)사상의 효용을 논했으며, 공자와 같은 시대에 살았다고 말한다. 또 노자는 160여 살 혹은 200여 살까지 살았다고 하는데, 이것은 노자가 도를 닦아 양생하였기 때문에 장수했다는 것이다. 공자가 죽은 지 129년 후 사관(史官)의 기록에는 주나라 태사(太史)였던 담(擔)이 진(秦)나라 헌공(獻公)을 알현하고 말하기를 "진나라는 처음에 주나라와 합해졌다가 500년 후에는 분리되고, 분리된 지 70년 후에는 패왕(覇王)이 출현할 것이다"라고 했다. 어떤 사람은 담이 바로 노자라고 하고 또 어떤 사람은 아니라고 하니, 세상에는 그 진위 여부를 아는 자가 아무도 없었다. 노자는 이렇듯 은둔한 군자였던 것이다.
>
> 노자의 아들은 이름이 종(宗)이다. 종은 위(魏)나라 장수로서 단간(段干)을 봉읍지로 받았다. 종의 아들은 주(住), 주의 아들은 궁(宮), 궁의 현손은 가(假)다. 가는 한(韓)나라의 효문제(孝文帝)를 섬겼다. 가의 아들 해

(解)는 교서왕(膠西王) 앙(仰)의 태부(太簿)가 되었으므로 제(齊)나라에서 거주했다."

노자는 은둔의 군자였기 때문에 그의 삶을 구체적으로 알 수 있는 방법이 거의 없다. 다만 『도덕경(道德經)』을 통해 그의 사상을 알 수 있을 뿐이다. 현재 『도덕경』은 진(晋)나라 왕필(王弼) 주(注)의 「왕본(王本)」이 가장 유명하지만, 1973년 호남성에 위치한 기원전 168년 한나라 무덤에서 「백본(帛本)」이라 불리는 『덕도경』이 나왔다. 『덕도경』은 도경이 먼저 나오고 덕경이 나중에 서술되어 있지만, 『덕도경』은 그 반대다. 그런데 20년 뒤인 1993년에 호북성에 위치한 2,300년 전 초나라 무덤에서 「백본」보다 300년 정도 앞선 「초간(楚簡)」이 나왔다. 「초간」은 현존하는 『도덕경』의 원본이다. 그래서 『도덕경』이라 부르지 않고 『초간노자』라 부른다. 『초간노자』의 발견은 그 동안 여러 판본의 『도덕경』을 둘러싼 논쟁을 어느 정도 정리했다는 점에서 중요한 의미를 갖는다. 『초간노자』의 내용은 기존의 『도덕경』과 약 60%정도 다르다. 기존의 『도덕경』은 기본적으로 반유가적인 내용을 담고 있는 것으로 해석했다. 그러나 『초간노자』에는 반유가적인 내용이나 귀신에 대한 글자는 한 자도 등장하지 않는다. 더욱이 '덕(德)'과 '병(兵)'에 대해서도 약간 언급하고 있을 뿐이다. 『초간노자』의 발견으로 그 동안 정설처럼 여겼던 유가와 도가의 앙숙관계는 막을 내렸다. 그러나 『초간노자』를 보지 못했던 사마천은 유가와 도가를 앙숙관계로 정리했다.

"세상에서 노자의 학설을 배우는 사람들은 유가의 학설을 배척하고, 유가학파의 사람들은 노자의 학설을 배척한다. "도가 같지 않으면 서로 상의하지 않는다."라고 했는데, 이런 것을 두고 하는 말인가? 이이(李耳)는 무위(無爲)로써 저절로 교화시키고, 청정(淸靜)으로 스스로 올바르게 했다."

사마천은 이처럼 유가와 도가를 앙숙관계로 정리했지만, 「노자한비열전」의 내용 중 공자와 노자 간의 관계를 보면 유가와 도가가 앙숙관계가 아니라 서로 돕는 관계라는 것을 알 수 있다.

"공자가 주나라에 갔을 때, 노자에게 예(禮)에 관해서 묻자, 노자는 이렇게 대답했다.

"그대가 말하는 성현들은 그 육신과 뼈가 모두 이미 썩어버리고 단지 그 말만 남아 있을 뿐이오. 하물며 군자도 그 때를 만나면 관직에 나아가지만, 때를 못 만나면 이리저리 날아다니는 다북쑥처럼 떠돌아다니는 유랑의 신세가 될 것이오. 뛰어난 장사꾼은 물건을 깊이 숨겨두어 겉으로는 아무것도 없는 것 같아 보이고, 군자는 훌륭한 덕을 간직하고 있으나 외모는 어리석게 보인다고 들었소. 그대의 교만과 탐욕, 허세와 지나친 욕망을 버리도록 하시오. 이러한 것은 모두 그대에게 아무런 도움이 되지 않은 것이오. 내가 그대에게 말할 것은 단지 이것뿐이오."

공자는 돌아와서 제자들에게 이렇게 말했다.

"새는 잘 날 수 있고, 물고기는 잘 헤엄을 치며, 들짐승은 잘 달릴 수 있다는 것을 나는 알고 있다. 그러므로 달리는 들짐승은 그물로 잡을 수 있으며, 헤엄치는 물고기는 낚시로 낚을 수 있고, 나는 새는 화살로 잡을 수가 있다. 그러나 용은 구름과 바람을 타고 하늘로 올라가니 용에 대해서 나는 아무것도 알 수가 없구나."

오늘 내가 노자를 만나보니 그는 마치 용과 같은 사람이었다."

공자가 노자에게 배우는 모습이 아주 인상적이다. 물론 유가에서는 공자가 노자에게 배우는 것 자체를 인정하지 않는다. 공자가 노자와 장자에게 배우는 모습은 『장자』에서도 쉽게 찾아볼 수 있다. 공자의 철학이 『논어』 1장에 있는 것처럼, 노자의 철학도 『초간노자』 1장에 있다.

혼돈 상태에서 이루어진 것이 있었으니/有狀混成
천지가 생기기 전이었다./先天地生
소리도 없고 형태도 없이 고요했으며, 외부에 의지하지 않고 홀로였으며, 언제나 자기의 본성을 잃지 않았으니 천하 만물의 근본이라 할 수 있다. /寂寥, 獨立, 不改, 可以爲天下母
그의 이름을 모르고, 그저 자(字)를 '도(道)'라 불렀다./未知其名, 字之曰道
나는 억지로 그의 이름을 '대(大)'라 불렀다./吾强爲之名曰大
대는 넓기 때문에 이르지 않는 곳이 없고,/大曰逝
이르지 않는 곳이 없으니 한없이 미치고,/逝曰遠
한없이 미치니 제자리로 돌아간다./遠曰反
하늘도 대요, 땅도 대요, 도도 대요, 왕 또한 대다./天大, 地大, 道大, 王大
나라 안에는 네 가지 대가 있으며,/國中有四大焉
왕은 그 중 하나다./王居一焉
사람은 땅의 순리에 따르며,/人法地
땅은 하늘의 순리에 따르며,/地法天
하늘은 도의 순리에 따르며,/天法道
도는 자연의 순리에 따른다./道法自然

『초간노자』에는 인간이 어떻게 살아가야 하는지를 제시하고 있다. 노자는 인간이 자연을 본받으면서 살아가는 것을 최고의 경지라 생각했다. 공자도 이러한 사상을 가진 노자를 존경했다.

3. 맹자와 순자의 인성철학

『맹자』와 왕도사상

사마천의 「맹자순경열전(孟子荀卿列傳)」은 전체 70편의 열전 중 특별한 구성에 속한다. 「백이열전」을 비롯해서 「맹자순경열전」, 「순리열전(循吏列傳)」, 「유림열전(儒林列傳)」, 「혹리열전(酷吏列傳)」, 「골계열전(滑稽列傳)」, 「귀책열전(龜策列傳)」, 「화식열전(貨殖列傳)」 등 8편은 사마천 자신의 평가부터 시작한다. 나머지 열전에서는 사마천의 평가가 마지막에 편집되어 있다. 이처럼 사마천이 「맹자순경열전」에서 전체 구성 원칙과 달리 자신의 얘기를 가장 먼저 편집한 것은 「백이열전」을 생각하면 아마도 그만큼 중요한 열전이기 때문일 것이다. 우선 사마천의 평가부터 살펴보자.

> "내가 『맹자(孟子)』를 읽다가 양혜왕(梁惠王)이 '어떻게 하면 우리나라를 이롭게 할 수 있겠습니까?'라고 질문한 대목에 이르러 일찍이 책을 덮고 탄식하지 않은 적이 없었다. 아! 이롭다고 하는 것은 진실로 어지러운 것의 시작이구나! 공자가 이로운 것을 말하는 것이 드물었던 것은 항상 그 어지러운 것의 근원을 막기 위함이었다. 그런 까닭에 '이로운 것에 따라 행동하면 원망(怨望)이 많다.'라고 했다. 천자(天子)에서 백성에 이르기까지 이로움을 좋아해서 생긴 병폐가 어찌 다르겠는가!"

사마천은 『맹자(孟子) · 양혜왕장구상(梁惠王章句上)』을 읽다가 '이'라는 글자에 주목했다. 사마천이 주목한 구절은 『맹자』의 첫 장이자 『맹자』의 핵심을 담고 있다. 맹자가 양혜왕을 찾아간 것은 위(魏)나라의 제후였던 영(罃)이 초빙했기 때문이다. 영을 양혜왕이라 부른 것은 그가 대량(大梁)에 도읍해서 왕이라 참칭하고, 시호를 '혜(惠)'라 했기 때문이다. 양혜왕

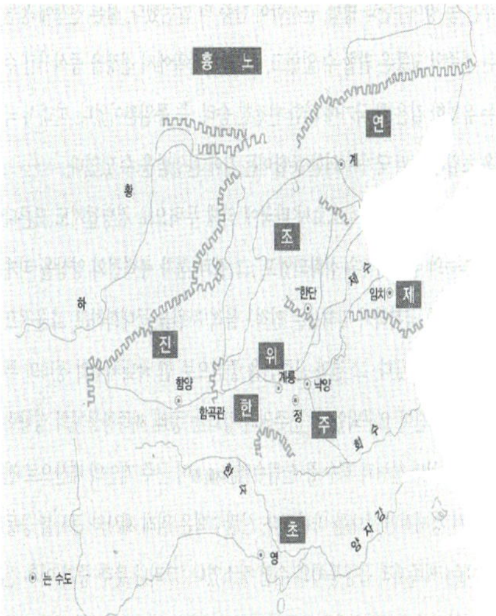

전국칠웅 형세도

의 위나라는 춘추시대 오패 중 하나였던 산서성에 위치한 진(晋)나라가 기원전 453년 삼진(한 · 위 · 조)으로 분열하면서 등장했다. 주나라 천자는 기원전 403년 위나라를 공식적으로 인정했다. 이때부터 중국의 전국시대가 시작되었다. 전국시대에는 중앙의 한(韓) · 위(魏) · 조(趙)를 비롯하여 동방의 제(齊), 남방의 초(楚), 서방의 진(秦), 북방의 연(燕) 등 칠웅(七雄)이 있었다.

양혜왕은 자신이 초빙한 맹자가 제자들과 함께 위나라의 수도 대량, 즉 지금의 하남성 개봉(開封)에 도착했다. 개봉은 5대 10국의 양(梁), 진(晉), 한(漢), 주(周) 및 북송(北宋), 금(金)의 수도였을 만큼 중국사에서 중요한 지역이다. 그런데 양혜왕은 자신이 초빙한 맹자 일행이 도착하자마자 대뜸 다음과 같이 말했다.

> "어른께서 천리를 멀다하지 않고 오셨으니, 장차 내 나라를 이롭게 할 수 있겠습니까?"

하남성 개봉

사마천은 양혜왕의 '이롭게 한다'는 구절에서 춘추 · 전국시대의 혼란이 시작되었다고 판단하고 있다. 사마천의 인식은 맹자와 일치한다. 사마천도 언급하고 있듯이 '이롭다[利]'는 단어는 『논어 · 자한(子罕)』에서 공자가 '명(命)'과 '인(仁)'과 더불어 드물게 말했다. 북송시대 정자는 이 구절을 다음과 같이 풀이했다.

> "이익을 따지면 의(義)를 해치며, 명의 이치는 은미하고, 인의 도는 크니, 모두 공자가 드물게 말한 것이다."

춘추 · 전국시대는 오로지 수단과 방법을 가리지 않고 자신들의 이익만을 좇는 시대였다. 그래서 혼란의 극치인 전쟁은 끊이지 않았다. 사마천이 양혜왕의 말에서 책을 덮고 탄식한 것도 이 때문이었다. 그러나 사마천은 양혜왕의 얘기에는 주목하면서도 맹자의 대답에는 주목하지 않았다. 맹자의 대답에는 그의 왕도사상을 담고 있다. 더욱이 맹자의 왕도사상은 중국과 우리나라 전통시대 유교국가의 정치모델이었다.

맹자는 추(騶:鄒)나라 출신이었다. 추나라는 공자가 태어난 노나라와 인접하고 있었다. 맹자는 공자가 죽고 난 100년 뒤에 태어났다. 맹자는 공자의 사상을 계승한 사람으로 높이 평가하고 있다. 맹자가 직접 편찬한 『맹자』가 북송시대에 『논어』·『대학』·『중용』과 함께 '사서(四書)'에 들어간 것도 공자의 사상을 계승했기 때문이다. 그래서 맹자와 공자의 고향, 즉 '추로지향(鄒魯之鄕)'을 '유교의 예절을 알고 학문이 왕성한 곳'을 말한다. 우리나라의 경우 조선의 성리학자가 가장 많았던 영남을 '추로지향'이라 불렀다.

추성의 맹자사당

전국시대의 제후들은 강대국을 만들기 위해 많은 인재를 초빙했다. 그래서 전국시대의 지식인들은 자신의 능력을 팔아서 생계를 유지했다. 맹자도 그중 한 사람이었다. 맹자처럼 전국을 다니면서 자신의 능력을 발휘한 사람들을 '유세가(遊說家)'라 불렀다. 맹자가 양혜왕의 초빙에 응했던 것도 '정치 컨설팅'의 일환이었다. 추나라와 위나라의 거리는 아주 멀다. 그래서 양혜왕이 맹자를 만나자마자, 천리를 멀다하지 않고 찾아왔느냐고 말한 것이다. 맹자는 양혜왕의 말에 다음과 같이 대답했다.

"왕은 하필 이익을 말합니까. 또한 인의(仁義)가 있을 뿐입니다."

맹자는 '이'에 대해 '인의'로 받아친 것이다. 맹자가 대답한 인과 의는 바로 왕도사상의 핵심이다. 맹자의 인의를 중심으로 한 정치철학은 '이'에 기초한 정치철학과 반대 개념이다. 전국시대는 모두 '이'에 기초한 정치철학을 추구했다. '이'의 정치철학은 힘으로 하는 '패도(覇道)'를 의미한다. 맹자가 '이'를 비판하고 인과 의를 얘기한 것은 시대와 정반대의 논리였다. 맹자는 양혜왕에게 '이'에 기초한 패도정치가 어떤 결과를 낳는지를 바로 설명했다.

> "왕께서 어떻게 하면 내 나라를 이롭게 할까 생각하면, 그 밑의 대부(大夫)들은 어떻게 하면 내 집안을 이롭게 할까 생각하며, 사(士)와 서인(庶人)은 어떻게 하면 내 몸을 이롭게 할까 생각해서 윗사람과 아랫사람들이 서로 이익을 취하면 나라가 위태로울 것입니다. 만승(萬乘:전쟁 때 사용하는 수레가 만 대를 가진 주나라 천자)의 나라에 그 군주를 시해하는 자는 반드시 천승(千乘)을 가진 공경(公卿: 제후 중에서 상급)의 집안이요, 천승의 나라에 그 군주를 시해하는 자는 반드시 백승(百乘)을 가진 대부(大夫:제후 중 하급) 집안입니다. 만승에서 천승을 취하며, 천승에서 백승을 취하는 것이 많지 않는 것은 아니지만, 만일 '의'를 뒤로 하고 '이'를 먼저 하면, 모두 빼앗지 않으면 만족하지 않습니다.
> '인'하면서도 그 어버이를 버린 자는 있지 않으며, '의'를 실천하고서도 그 군주를 뒤로한 자는 있지 않습니다.
> 왕은 또한 인의를 말씀할 따름이니, 하필 '이'를 말씀합니까?"

맹자의 인의에 기초한 정치 컨설팅은 양혜왕의 마음을 움직이지 못했다. 맹자의 논리는 시급한 정치 현안을 해결하는 데 당장 효과를 발휘할 수 없었고, 힘으로 권력을 잡은 양혜왕 같은 군주들을 설득할 수 없었다. 그래서 맹자는 위나라 외에 고향과 가까운 제나라 등지에서 같은 논리로 유세했지만 결국 정치적으로 성공하지 못했다. 그러나 맹자는 유세를 통해 적잖은 수입을 챙겼다.

맹자는 전국시대 직업 유세가로 활동했다. 전국시대의 제자백가는 일종의 지식노동자였다. 그들은 유세와 저술 활동을 통해 생계를 유지했던 사람들이다. 제자백가의 이러한 활동은 춘추전국시대의 '생산력의 발달'과 '전쟁'이라는 상황 덕분이었다. 맹자는 더 이상 육체노동을 하지 않고 오로지 자신의 지식으로 생계를 유지했다. 맹자가 제나라에서 관직을 그만두고 고향으로 돌아갈 때 그 동안 받았던 월급을 제외하고, 송(宋)나라와 설(薛)나라에서 받은 금(金)만 100일(鎰)이 넘었다. 맹자의 고향 추나라의 경우 상인들은 황금 100일 정도면 부호였다. 큰 나라에서는 1000일 정도면 부호라 불렀다. 맹자가 송나라와 설나라에서 받은 돈의 규모는 당시 육체노동으로 살아가던 농민들의 수입과 비교하면 한층 분명하다. 『관자(管子) · 경중갑(輕重甲)』에 따르면, 제나라에서 건장한 성인 농민이 1년 동안 100무(畝)의 땅을 경작해서 풍년 때 수입은 황금 2일에 불과했다. 『장자(莊子) · 소요유(逍遙遊)』에 따르면, 송나라의 어느 집에서 자자손손 무명을 생산해서 수 세대에 걸쳐 돈을 모아도 황금 10일에 지나지 않았다.

맹자의 수입이 어느 정도였는지는 다른 분야와 비교하면 훨씬 이해하기 쉽다. 『관자 · 승마(乘馬)』에 따르면, 금 1일은 전차 100대가 하루 행군하는 비용이었다. 그런데 전차(戰車) 100대는 차량 100대와 말 100필을 의미하지 않는다. 전차는 춘추 · 전국시대의 중요한 전쟁수단이었다. 특히 주나라에서 춘추시대까지 전쟁에서 핵심은 차전(車戰)이었다. 그래서 수레를 얼마나 소유하고 있느냐가 곧 군대의 규모를 의미했다. 수레의 단위는 '승(乘)'이었다. 주나라의 천자는 만 승, 제후는 천 승, 사는 백 승이었다. 그러나 춘추 · 전국시대는 천자의 권위가 땅에 떨어진 시대였다. 천자의 권위가 떨어졌다는 것은 곧 군대의 규모가 제후와 사보다 줄었다는 사실을 의미한다. 주나라는 신분마다 수레의 규모를 정했지만 제후와 사들은 천자의 군대를 뛰어넘었다.

맹자가 살았던 전국시대는 차전 중심에서 보병 중심으로 바뀌었지만 차전의 가치는 여전했다. 그래서 전국시대의 차량 1대는 마병(馬兵) 3명, 전마(戰馬) 4필, 보병 72명이 필요했다. 즉 차량 1대에는 최소 80명에서 최대 100명의 군사가 필요했다. 이것을 다시 금 1일에 대비하면, 전차 100대란 병사 7,500명, 전마 400필을 갖춘 군대를 의미한다. 맹자는 송나라 임금에게 노잣돈으로 70일을 받았다. 따라서 맹자는 당시 추나라에서도 부호의 위치에 있었다.

맹자도 공자처럼 고향에 돌아와서 제자를 양성했다. 맹자가 제자들과 함께 만든 책이 바로 『맹자』다. 『맹자』처럼 전국시대의 작품은 대부분 자신의 이름을 붙여 출간했다. 반면 공자와 노자처럼 춘추시대에는 자신의 글을 직접 편찬하지 않았다.

맹자는 공자에 비해 제자를 가르치는데 까다로웠다. 『맹자 · 진심장구상(盡心章句上)』에 따르면, 맹자는 다음의 다섯 가지 경우에는 제자로 받아들이지 않았다.

> 첫째, 스스로 신분이 높다고 여기는 사람
> 둘째, 스스로 성품이 고결하다고 여기는 사람
> 셋째, 스스로 나이가 많다고 여기는 사람
> 넷째, 스스로 맹자에게 은혜를 입었다는 여기는 사람
> 다섯째, 스스로 맹자와 친분이 깊다고 여기는 사람

맹자는 제자를 가르칠 때 교육방침이 분명했다. 당시의 학생들은 대부분 관리가 되기 위해 선생을 찾았다. 그래서 맹자는 『맹자 · 고자하(告子

下)』에서 관리가 되기 위한 조건을 다음과 같이 분명히 제시했다.

> 첫째, 주인이 자신을 존중해서 좋은 대우를 하면서 자신의 제안까지 수용할 때 일을 시작한다. 그렇지 않으면 일하지 않는다.
> 둘째, 주인이 자신을 존중해서 좋은 대우를 해주지만 자신의 제안을 수용하지 않는다면, 비록 자신이 화병에 꽂힌 꽃과 같은 존재에 지나지 않는다고 하더라도 일을 할 수는 있다. 그러나 제안을 받아들이지 않고 대우마저 좋지 않다면 그만둔다.
> 셋째, 주인이 자신을 존중하지 않고 좋은 대우도 해주지 않지만 월급이 간신히 생계를 유지할 수 있는 수준이라면 역시 일을 맡는다. 그러나 월급이 밥벌이조차 안 되면 그만둔다.

맹자가 유세하면서 자신의 뜻과 맞지 않으면 미련 없이 떠난 것도 바로 이러한 철학을 실천한 것이다. 맹자가 제나라를 비롯해서 송나라, 설나라, 등나라 등 많은 제후국을 다니면서도 관직에 오래 머물지 않았던 것도 바로 자신의 교육철학 때문이었다. 그가 이처럼 당당하게 혼란의 전국시대를 살아갈 수 있었던 것은 무엇보다도 자신의 능력을 발휘해서 경제적으로 안정되어 있었기 때문이다. 한 가지 덧붙인다면 그의 직업관도 적잖게 작용했다. 그는 『맹자 · 고자상(告子上)』에서 인간이 부여한 '인직(人職)'과 하늘이 준 '천직(天職)'을 얘기했다. 관리는 인직이며, 인(仁) · 의(義) · 성(誠) · 신(信)을 다하는 것은 천직이다. 그는 인직은 반드시 인간을 행복하게 하지 않지만, 천직은 반드시 인간을 행복하게 만든다고 생각했다. 맹자는 천직을 선택하겠다고 단언했다. 과연 맹자가 경제적으로 안정되지 않았더라도 당당하게 천직을 말했을까. 과연 인간은 경제적인 독립 없이 인격을 유지할 수 있을까.

인의 정치와 성선설

맹자가 평생 주장한 왕도 철학은 인과 의에 기초한 성선설과 맞닿아 있다. 이른바 맹자의 '성선설'은 『맹자 · 공손추장구상(公孫丑章句上)』에서 언급한 '사람을 차마 해치지 못하는 마음' 즉, '불인인지심(不忍人之心)'에서 출발한다. 맹자는 다음과 같은 사례로 이를 설명했다.

> "지금 사람들이 갑자기 어린아이가 장차 우물로 들어가려는 것을 보면 모두 깜짝 놀라서 측은하게 여기는 마음을 가진다. 이것은 어린아이의 부모와 교분을 맺고자하는 것도 아니며, 고을과 친구들에게 명예를 구하고자 하는 것도 아니며, 잔인하다는 명성을 싫어해서도 아니다. 이런 점에서 본다면 측은한 마음이 없으면 사람이 아니며, 부끄러워하고 미워하는 마음이 없으면 사람이 아니며, 수양하는 마음이 없으면 사람이 아니며, 시비하는 마음이 없으면 사람이 아니다."

맹자가 말한 측은지심은 인의 단서이며, 수오지심은 의의 단서이며, 사양지심은 예의 단서이며, 시비지심은 지의 단서다. 이것이 맹자의 '사덕(四德:인의예지)'에 대한 '사단(四端)'이다. 맹자는 공자의 핵심 사상인 인을 통해 성선설을 펼쳤다. 맹자의 왕도사상은 곧 성선설의 실천이다. 맹자의 성선설은 『맹자 · 고자장구상(告子章句上)』에서 고자와의 논쟁을 통해 한층 자세하게 만날 수 있다.

왕도사상과 뽕나무

사마천은 맹자를 아주 소략하게 다루었다. 이는 사마천이 살았던 한나라까지만 해도 맹자의 비중이 높지 않았다는 것을 의미한다. 그러나 북송 이후 성리학의 성립과 더불어 맹자는 이전과는 달리 아주 높은 비중을 차지한다. 맹자가 처음으로 만든 왕도사상이 북송 이후 성리학을 지배이념으로 삼았던 사회에서는 가장 이상적인 정치 철학이었기 때문이다. 문제는 이론으로서의 왕도사상이 아니라 실천으로서의 왕도사상을 어떻게 실현하느냐이다. 맹자는 왕도사상인 인과 의를 강조한 뒤 이어서 『맹자·양혜왕장구상』에서 왕도를 실현할 구체적인 방법을 제시했다.

> 5무(畝:면적 단위)의 집 가장자리에 뽕나무를 심으면 50세의 남자가 비단옷을 입을 수 있으며, 닭과 돼지와 개와 큰 돼지를 기를 때 새끼 낳을 때를 잃지 않으면 70세의 사람들이 고기를 먹을 수 있으며, 100무의 토지에 농사철을 빼앗지 않으면 여덟 식구의 집안이 굶주리지 않으며, 학교의 가르침을 삼가서 효도와 우애의 의리로서 거듭한다면 머리카락이 반 정도 흰 사람이 도로에서 짐을 지거나 머리에 이지 않을 것이니, 늙은 자가 비단옷을 입고 고기를 먹으며, 백성을 굶주리지 않게 하고, 춥지 않게 하고서도 왕 노릇하지 못한 자는 없었다."

맹자의 왕도사상은 백성들에게 최소한의 의식(衣食)을 제공하는 '기초복지'를 의미한다. 나이 50~70세의 백성들에게 의식을 제공할 수 있다면 나머지 사람들의 삶은 말할 필요가 없다. 전국시대의 50~70세는 경제 활동을 거의 할 수 없지만 나머지 사람들은 스스로 경제 활동을 할 수 있기 때문이다. 정부가 노인을 봉양할 수 있는 정책을 펼치면 가족 유지의 근간인 효도와 우애는 저절로 이루어진다. 왕도사상의 물적 토대에서 등장하는 뽕나무는 중국사에서 매우 중요한 의미를 갖는다. 맹자가 자신의 핵심사상에서 뽕나무를 언급한 것은 결코 우연이 아니다. 누에를 통해 뽕나무 잎으로 만드는 비단[실크, silk]은 중국인들의 최고급 옷을 만드는 원료였을 뿐 아니라 중국을 의미하는 '차이나(China)'의 어원이다. 따라서 비단은 '비단길' 이전부터 중국을 상징하는 옷감이자 화폐이기도 했다. 공자와 맹자의 고향에는 뽕나무가 아주 많이 살았다.

순자의 삶과 법가의 탄생

순자의 이름은 순황(荀況)이다. 전국시대 삼진의 조(趙)나라 출신이다. 순황의 자는 순경(荀卿)이다. 사마천도 순경이라 적고 있다. 그는 나이 50세에 제나라에 와서 학설을 유세했다. 그가 이웃한 제나라에 간 것은 당시 제나라가 수도 임치의 직하학궁(稷下學宮)에 인재를 초빙했기 때문이다. 전국시대 제나라 직하학궁에는 순경뿐만 아니라 맹자는 물론 순우곤(淳于髡), 신도(愼到), 환연(環淵), 접자(接子), 전병(田駢), 추석(騶奭) 등 이른바 '직하선생'이 아주 많았다. 직하 선생은 당대 최고의 지식인들이었다. 전국의 명사들은 이곳에서 각자의 철학을 논했으며, 그 결과를 책으로 편찬했다. 『맹자』를 비롯한 중국 전국시대의 많은 작품은 직하학궁에 참여한 지식인들의 산물이었다. 순경도 제나라 직하학궁 출신의 대표 인물이었다. 제나라는 이들에게 적지 않은 자금을 투자한 후 그들의 능력을 정치에 활용했다. "순경은 제나라 양왕(襄王)때 좨주(祭酒) 벼슬까지 올랐다. 그러나 제나라 사람 가운데 어떤 사람이 순경을 모함하자 그는 초나라로 갔고, 초나라 춘신군(春申君)이 그를 난릉령(蘭陵令)으로 삼았다. 춘신군이 죽자 순경도 면직되었지만, 난릉에서 살다가 죽었다.

순경은 당시 혼탁한 시대의 정치를 미워했다. 그래서 유가(儒家), 묵가(墨家), 도가(道家)의 성취와 실패를 고찰하고 차례로 정리하여 수만 글자의 저작들을 남겼다."

순경은 공자 사상 중 '예'를 발전시킨 유가에 속하는 인물이다. 그러나 순자가 살았던 전국시대는 관습법인 예를 통해서 국가를 다스릴 수 없을 만큼 한층 복잡한 시대였다. 그래서 순자가 강조한 예는 성악을 다스리는 중요한 방법이었다. 순자의 제자 중 이사(李斯)와 한비자(韓非子)가 배출된 것은 결코 우연이 아니었다. 이사는 진시황제를 도와 진나라를 통일한 후 재상에 올라 법으로 국가를 다스렸다. 삼진의 한나라 출신 한비자는 법가 사상을 집대성했으며, 진시황제는 한비자의 사상을 수용해서 전국을 통일했다.

『순자』와 성악설

순경의 학설 중 핵심은 '성악설'이다. 순경이 남긴 『순자(荀子)·성악(性惡)』에서 성악설의 내용을 확인할 수 있다.

> "사람의 본성은 악하다. 그 선한 것은 위(僞: 거짓: 인위)다. 지금 사람의 본성은 나면서 이득을 좋아한다. 이를 따르기 때문에 쟁탈이 생기고 사양하는 마음이 없어진다. 태어나면서 시기하고 미워한다. 이를 따르기 때문에 잔인하고 악한 것이 생기고, 충직하고 성실한 마음이 없어진다. 태어나면서 귀나 눈이 아름다운 소리나 색깔 보기를 좋아한다. 이를 따르기 때문에 음란이 생기고, 예의(禮義)와 문리(文理)가 없어진다. 그래서 사람의 본성대로 따르고 감성대로 따르면 반드시 쟁탈하는 데 나아가 범절을 어기고 도리를 어지럽히는 데 알맞아 포악한 상태로 돌아갈 것이다. 그러므로 반드시 사법(師法)의 교화와 예의의 지도가 있은 뒤라야 사양하는 데로 나아가 도리에 알맞고 다스려지는 데로 돌아갈 것이다. 이렇게 본다면 사람의 본성이 악한 것은 분명하다. 그 선한 것은 '위'다."

순경은 인간의 본성을 악하다고 전제한 뒤 선하게 만들기 위해 사법의 교화와 예의의 지도가 필요하다고 역설하고 있다. 순경이 왜 사법의 교화와 예의의 지도를 강조했는지는 그가 『순자·예론(禮論)』에서 예를 어떻게 파악하고 있는지를 보면 알 수 있다.

> "예는 어디서 기원하는가. 말하기를 사람들은 나면서 욕망을 갖는다. 욕망을 가지지 못하면 구하지 않을 수 없다. 구하면서 기준과 한계가 없으면 다투지 않을 수 없다. 다투면 어지러워지고 어지러워지면 궁해진다.

선왕은 그 어지러움을 싫어한다. 그래서 예의를 만들어 구분을 짓고, 그렇게 함으로써 사람의 욕망을 충족시켜주고, 사라의 욕구를 채우며 욕망으로 반드시 사물에 궁하지 않게 하고 사물의 욕망에 굴하지도 않게 하여 양자를 서로 버티며 자라게 하려는 것이다. 바로 이것이 예가 일어난 기원이다."

순자는 태어나면서 가진 인간의 욕망을 악으로 규정하고 있다. 따라서 예는 욕망으로 생기는 각종 폐해를 선한 존재로 만드는데 반드시 필요한 조건이다. 맹자의 성선설과 순자의 성악설은 인간 본성에 대한 서로 다른 시각을 보여준다. 그러나 인간을 선한 존재로 살아가도록 하는 데는 일치한다. 다만 차이점이라면 유가의 성선설은 인간의 본성을 드러내는 데 있고, 순자를 이은 법가의 성악설은 악한 본성을 선하게 만드는데 있다. 성선설을 계승한 유학 혹은 성리학은 인간의 본성이 착하지만 사사로운 욕망으로 제대로 드러나지 않는다고 본다. 그래서 그들은 착한 본성을 드러내는 과정을 '공부'라고 생각했고, 본성을 회복한 사람을 성인이라 불렀다. 순자 계열의 성악설은 성악설에서 공부의 대상으로 삼은 욕망을 예 혹은 법으로 다스려서 인위적으로 착한 사람으로 만들려고 했던 것이다.

4. 맹상군과 굴원의 인생 역정

첩의 아들 맹상군의 삶의 태도와 '계명구도'

신분사회에서 첩의 자식은 대부분 자신의 능력을 발휘할 수 없다. 신분은 능력과 관계없이 태어나면서 사회의 질서에 편입된다. 그나마 중국의 춘추전국시대는 주나라의 신분사회가 매우 강하게 흔들렸기 때문에 첩의 자식이라도 자신의 능력을 발휘할 기회가 서주시대보다 훨씬 높았다. 그래서 춘추 · 전국시대를 '능력지상주의' 혹은 '출세지상주의'라고 부른다. 진시황제의 진나라에서 재상을 지낸 이사처럼 춘추 · 전국시대는 낮은 신분에서도 출세할 수 있는 기회의 시대였다. 맹상군(孟嘗君)도 그 중 한 사람이었다. 이런 점에서 사마천이 「맹상군열전(孟嘗君列傳)」처럼 아주 낮은 신분에 있는 사람들을 세상에 드러낸 것은 높이 평가받을 만하다. 사마천이 아니었다면 후세 사람들은 이들의 삶이 역사에서 얼마나 소중한지를 알 수 없기 때문이다.

맹상군(孟嘗君)의 이름은 문(文)이며, 성은 전씨(田氏)다. 문의 아버지는 정곽군(靖郭君) 전영(田嬰)이다. 전영은 제나라 위왕(威王)의 막내아들이자 제나라 선왕(宣王)의 이복동생이다. 제나라 선왕은 맹자가 만났던 사람이다. 전영은 위왕 때부터 관직에 등용되어 정사에 관여했다. 전영에게는 아들이 40여 명이나 있었다. 맹상군 문은 전영의 아들 40여 명 중 천한 첩에게서 태어났다. 맹상군의 성장 배경은 다음과 같다.

> "문은 5월 5일에 태어났다. 전영은 문이 태어나자 첩에게 "키우지 말라"라고 말했다. 그러나 첩은 몰래 문을 길렀다. 문이 장성하자 그의 어미가 형제들을 통해서 전영에게 문을 만나게 했다. 전영은 첩에게 화를 내면서 "내가 너에게 이 아이를 버리라고 했거늘 감히 아이를 키운 것은 무슨 까닭이냐?"라고 물었다. 문이 머리를 조아리며 "군께서 5월에 태어난 아이를 키우지 않는 것은 무슨 까닭이십니까?"라고 말했다. 전영이 "5월에 태어난 아이는 키가 문설주 높이와 같아지면 장차 그 부모에게 이롭지 않기 때문이다."라고 대답했다. 문이 "사람이 태어날 때 그 운명은 하늘에게 받는 것입니까, 아니면 문설주에게 받는 것입니까?"라고 물었다. 전영은 대답이 없었다. 문이 말하기를 "반드시 하늘에게 명을 받는다면 군께서는 무엇을 근심하십니까? 또 반드시 문설주에게 명을 받는다면 계속 문설주를 높이면 누가 그 높이를 따라 클 수가 있겠습니까?"라고 했다. 전영이 "그대는 그만두어라."라고 말했다.

얼마 지나서 문이 한가한 틈을 타서 아버지 전영에게 "아들의 아들은 무엇이라고 합니까?"라고 묻자, 전영은 "손자라고 한다."라고 대답했다. "손자의 손자는 무엇이라고 합니까?"라고 묻자 "현손이라고 한다."라고 대답했다. "현손의 손자를 무엇이라고 합니까?"라고 묻자 "알 수 없다."라고 대답했다. 문이 "군께서 권력을 잡고 제나라에서 세 명의 왕에 걸쳐 재상의 자리에 있었으나 제나라는 영토를 넓히지 못했고, 군의 개인 집은 만금의 부를 쌓았지만 문하에는 한 명의 어진 사람도 보이지 않습니다. 제가 듣기로는 장수의 집안에는 반드시 장수가 있고, 재상의 집안에는 반드시 재상이 있다고 했습니다. 지금 군의 후궁들은 무늬 있는 고운 명주옷을 밟고 있지만, 선비들은 짧은 바지도 얻어 입지 못하고, 하인과 첩들은 쌀밥과 고기반찬을 남기지만, 선비들은 술지게미와 겨도 배불리 먹지 못하고 있습니다. 지금 군께서는 오히려 저장한 것이 남아돌 정도로 많은 것을 축적하여 알지도 못하는 사람에게 주려고 하여 국가의 일이 날로 손상되는 것을 잊고 있습니다. 저는 은근히 그것이 이상하다고 생각합니다."라고 했다. 그래서 전영이 마침내 문을 예우하여 집안 일을 돌보게 하고, 빈객들을 대접하게 했다. 그러자 빈객들이 날로 모여들어 문의 명성이 제후들에게 알려졌다. 제후들이 모두 사람을 시켜 설공(薛公) 전영에게 문을 태자로 삼으라고 하니 전영이 그것을 허락했다. 전영이 죽으니 시호를 정곽군(靖郭君)이라고 했다. 문이 과연 대를 이어 설의 영주가 되니, 이 사람이 바로 맹상군(孟嘗君)이다."

맹상군의 성장 배경은 한편의 드라마처럼 극적이다. 맹상군이 결국 재상의 자리에까지 오를 수 있었던 것은 어머니의 교육과 함께 그의 자존감 덕분이다. 그는 첩의 자식이라는 불리한 조건에서도 당당하게 자신의 입장을 아버지에게 얘기했다. 당시 맹상군의 아버지는 막강한 권력을 가진 사람이었다. 맹상군은 그런 아버지를 알면서도 명확한 논리로 아버지의 믿음 체계를 무너뜨리고 자신의 세계를 구축할 수 있었다.

맹상군이 아버지에게 인정을 받은 후 가장 낮은 자리에서 높은 자리까지 오를 수 있었던 이유는 무엇일까. 그는 노나라와 인접한 설(薛)에서 제후와 빈객은 물론 죄를 짓고 도망친 사람들까지 불러들여 식객(食客)으로 삼고, 아버지의 재산으로 그들을 후하게 대접했다. 이 덕분에 천하의 선비와 재주꾼들이 맹상군에게 모였다. 맹상군의 식객은 수천 명이었다. 그러나 맹상군은 식객을 귀천의 구분 없이 똑같이 대우했다. 맹상군의 이러한 삶의 태도가 그가 최고의 자리에 오를 수 있었던 원인이었다. 나는 맹상군의 사람을 대하는 태도야말로 그가 지닌 최고의 능력이라 생각한다.

맹상군은 아버지의 나라 제나라만이 아니라 당시 강대국으로 부상한 진나라의 재상까지 올랐다. 서쪽에 위치한 진나라가 삼진의 강대국을 물리치면서 전국을 통일한 후 중국 최초로 '제국'을 만들 수 있었던 것도 맹상군처럼 타국의 인재를 적극적으로 활용했기 때문이다. 그러나 맹상군은 진나라 소왕(昭王)의 초빙으로 재상의 자리에 올랐지만 주변 사람들의 모함으로 옥에 갇혔다. 그러나 맹상군은 식객의 도움으로 진나라를 탈출하는 데 성공했으며, 제나라로 가서 재상이 되었다. 그가 진나라를 탈출하는 과정에서 나온 고사성어가 바로 '계명구도(鷄鳴狗盜)'다. '계명구도'는 '닭의 울음소리를 잘 내는 사람과 개의 흉내를 잘 내는 도둑'이라는 뜻으로서 '천한 재주를 가진 사람도 가끔 요긴하게 쓸모가 있다는 것'을 비유하는 말이다.

> "맹상군은 사람을 시켜 소왕이 총애하는 첩을 배알하고 풀어줄 것을 청했다. 애첩이 말하기를 "저는 답례로 맹상군의 흰 여우 가죽으로 만든 옷을 원합니다."라고 말했다. 이때 맹상군의 흰 여우 가죽으로 만든 가죽옷이 하나 있었는데, 값이 천금으로 천하에 둘도 없는 것이었다. 게다가 진나라에 들어와 소왕에게 그것을 바쳤으므로 다른 흰 여우 가죽옷은 없었다. 맹상군이 이것을 걱정하여 두루 식객들에게 물어보았으나 대답할 수 있는 사람이 없었다. 그런데 가장 아래쪽에 앉아 개의 흉내를 내어 도적질을 하는 사람이 "신이 흰 여우 가죽옷을 훔쳐올 수 있습니다."라고 했

다. 그래서 밤에 개의 흉내를 내어 진나라의 궁중 창고에 들어가 전에 바쳤던 흰 여우 가죽옷을 훔쳐 와서 진나라 소왕의 애첩에게 바쳤다. 애첩이 맹상군을 위해 진나라 소왕에게 석방해 줄 것을 말하니, 소왕이 맹상군을 풀어주었다. 맹상군이 옥에서 빠져나와 제나라로 가기 위해 바로 말을 타고 달려가 봉전(封傳:여행 공문서)을 고치고 이름과 성을 바꾸어 함곡관(函谷關)에 도착했다. 진나라 소왕이 맹상군을 풀어준 것을 후회해서 사람을 시켜 말을 타고 그를 쫓게 했다. 맹상군은 함곡관에 도착했으나 아직 문이 열릴 시간이 아니었다. 함곡관은 닭이 울어야 객들을 내보냈다. 따라서 맹상군은 진나라 소왕의 군대에 곧 잡힐 위기에 처했다. 그런데 맹상군의 식객 가운데 맨 끝에 앉은 자가 닭 울음을 흉내 내자 다른 닭들이 모두 울었다. 맹상군은 마침내 봉전을 보이고 함곡관을 빠져나왔다. 맹상군이 개짓는 사람과 닭 울음 내는 두 사람을 빈객의 무리에 넣었을 때 빈객들은 모두 수치스러워했다."

맹상군을 도운 두 사람은 당시 가장 천한 위치에 있었다. 맹상군 일행이 위기를 맞은 함곡관은 관중(關中: 섬서)에서 중원(中原:황하 중류)으로 통하는 하남성 북서부에 위치한 관문이다. 함곡관은 동서 8킬로미터에 걸친 황토층(黃土層)의 깊은 골짜기여서 양쪽 언덕이 깎아지른 듯 솟아 있고, 벼랑 위의 나무들이 햇빛을 차단하기 때문에 낮에도 어둡다. 그래서 중국에서도 가장 험한 곳이어서 '천하제일관(天下第一關)'이라 부르며, 맹상군과 관련한 고사 때문에 '함곡계명'이라 부른다. 진나라가 전국을 통일하는 과정에서도 함곡관의 장악여부가 성패의 관건이었다. 진나라 이후에도 역대 왕조의 싸움에서 함곡관은 군사 요새 중의 핵심이었다.

'명불허전' 의 유래

명불허전(名不虛傳)은 요즘도 자주 사용하는 고사성어(故事成語)다. 이 말은 '이름이 헛되게 전하지 않는다'는 뜻이다. 다시 말해 '명성이 들던

대로 사실과 부합한다'는 뜻이다. 이 말은 사마천이 맹상군을 평가하면서 사용한 데서 유래한다.

> "세상에 전하기를 맹상군이 손님을 좋아하고 스스로 즐거워했다고 하니, 그 이름이 헛된 것이 아니었다./世之傳孟嘗君好客自喜名不虛矣 했다."

맹상군의 이른바 식객 정치는 전국시대의 정치 풍토 중 하나였다. 전국시대는 춘추시대보다 훨씬 심각한 경쟁시대였기 때문에 많은 인재가 필요했다. 그래서 돈을 가진 사람들은 각 분야에 필요한 사람들을 모집했다. 이 과정에서 자칭 전국의 각 분야 전문가들이 모집에 응했다. 맹상군처럼 명망 있는 사람들은 많은 돈을 받고 군주들의 초빙에 응했지만, 그렇지 못한 대다수 사람들은 직접 찾아가서 몸을 의탁했다. 맹상군의 식객 정치는 막대한 자금을 통해 풍부한 인력을 확보한 대표적인 사례다. 이는 전국시대의 중요한 생존 전략이었던 것이다. 진나라의 여불위도 유사한 전략을 취했다.

굴원의 삶과 『초사 · 이소』

초(楚)나라 굴원(屈原)은 전국시대 비운의 인물을 상징한다. 특히 굴원과 이후의 작가들이 남긴 『초사(楚辭)』는 명저로 꼽힌다. 공자가 정리한 『시경(詩經)』이 중국 고대 황하 유역의 문학을 대표한다면, 『초사』는 중국 고대 양자강 유역의 문학을 대표한다. 그만큼 굴원이 문학사에서 차지하는 위치가 높다는 뜻이다. 굴원의 『초사』에서도 가장 먼저 등장하는 「이소(離騷)」는 굴원 작품의 으뜸이다. '이소경'의 '이소'는 '근심에 걸리다'는 뜻이다. 「이소경」은 위로는 요 · 순과 하 · 은 · 주 삼대의 제도를 서술하고 아래로는 걸 · 주와 같은 폭군과 예(羿: 하나라 활쏘기의 명인) · 요(澆:예를 죽인 한착의 아들)가 망한 사실을 서술해서 임금이 깨달아 바른 길로 돌아와서 자기에게 마음이 돌아오길 바라는 내용을 담고 있다. 「이소경」의 첫 구절은 굴원 자신의 출생 배경을 설명하고 있다.

> 고양(高陽) 황제의 후손이신
> 나의 선친은 백용(伯庸)이라 했네.
> 인년(寅年)의 바로 정월
> 경인(庚寅)에 나는 태어났네.
> 아버지는 내 생년월일을 따져 본 후
> 비로소 내게 훌륭한 이름 지어주었네.
> 이름을 정칙(正則)이라 하고,
> 자를 영균(靈均)이라 했네.

굴원은 호북성 의창부(宜昌府) 자귀현(秭歸)에서 30킬로미터 떨어진 낙평리(樂平里) 굴평(屈坪)에서 태어났다. 초나라 왕실과 같은 성이었던 굴원은 초나라 희왕(懷王)의 좌도(左徒)였다. 그가 맡은 직무는 외교문제였다. 당시 외교 문제는 가장 중요한 현안이었다. 전국시대는 서로 패권을 차지하기 위해 각국마다 합종과 연횡이라는 외교정책을 중시했다. 그는 견문이 넓고 의지가 굳세었으며, 치란(治亂)에 밝았고, 문사(文辭)에도 뛰어났다. 조정에서는 왕과 함께 나라 일을 도모하는 등 활약이 뛰어나 왕의 신임을 받았다. 그러나 굴원과 같은 위치에 있었던 상관대부(上官大夫)가 굴원의 활약을 시기하면서 그의 장래에 어두운 그림자가 드리우기 시작했다. 상관대부는 사사건건 굴원의 행동에 시비를 걸면서 모함했다. 왕도 상관대부의 모함을 온전히 물리치지 못했다. 급기야 왕도 점차 굴원을 멀리하기 시작했다. 굴원은 왕이 한쪽 말만 듣고 시비를 가리지 못하는 것과,

아첨하는 무리들이 왕의 총명을 가로막는 것과, 사악하고 비뚤어진 무리가 공명정대한 사람을 해치는 것과, 단정하고 정직한 사람을 받아들이지 않는 것을 애통하게 생각했다. 그래서 그는 근심하면서 「이소」를 썼던 것이다. 사마천은 굴원이 「이소」를 쓴 배경을 다음과 같이 해석했다.

> "하늘은 사람의 시초이며, 부모는 사람의 근본이다. 사람이 궁지에 이르면 근본을 돌이켜보는 까닭에, 힘들고 피곤할 때 하늘을 찾지 않을 수 없으며, 질병으로 고통스럽고 참담해지면 부모를 찾지 않을 수 없다. 굴원은 올바른 도리를 곧게 실천하여, 충성을 다 바치고 지혜를 다 발휘하여 임금을 섬겼는데, 도리어 군주와 그의 사이가 이간질을 당하여, 궁지에 처했다. 신의를 지켰으나 의심을 받았고, 충성을 바쳤으나 비방을 다하니, 어찌 원망스럽지 않겠는가? 굴원이 지은 「이소」는 본디 이런 원망에서 이루어졌다."

「이소」에 대한 사마천의 배경 설명은 「백이열전」에서 백이의 죽음을 설명한 것과 똑같다. 따라서 사마천의 「이소」에 대한 배경 설명은 곧 자신의 삶에 대한 해석과 다를 바 없다.

굴원을 파면한 후 초나라의 외교 정책은 계속 실패했다. 이 때 진나라는 위(魏)나라 출신 장의(張儀)를 초빙해서 종횡 정책으로 초나라를 농락했다. 그러나 굴원은 장의의 장난을 뻔히 알면서도 파면된 상황이라 국정에 참여할 수 없었다. 초나라는 제후들의 공격을 받아 당말(唐昧)을 잃는 지경에 이르렀다. 이 때 초나라와 인척관계였던 진나라 소왕(昭王)이 초나라 회왕과 화합코자 했다. 이에 회왕이 직접 가려고 하자, 굴원은 "진나라는 호랑이나 이리와 같은 나라이므로 믿지도 마시고, 가지 않는 것이 좋습니다."라고 말했다. 반면 회왕의 어린 아들 자란(子蘭)은 왕이 직접 갈 것을 권했다. 왕은 결국 굴원의 말을 듣지 않고 진나라로 갔다. 왕이 진나라의 무관(武關)으로 들어서자 복병들이 그 뒤를 차단하고 그를 억류시킨 채 초나라의 땅을 분할할 것을 요구했다. 회왕은 격노하면서 허락하지 않고 조(趙)나라로 도망갔다. 그러나 조나라는 그를 받아주지 않았다. 회왕은 다시 진나라로 갔으나 결국 그곳에서 죽임을 당했다.

초나라 회왕이 죽은 후 큰 아들 경양왕(頃養王)이 즉위했으며, 회왕에게 진나라로 갈 것을 권유한 자란은 영윤(令尹)이 되었다. 굴원은 안타까운 마음에 허물어가는 국운을 회복하고자 그 동안 초나라가 겪은 일련의 과정을 시로 드러냈다. 그러나 영윤 자란은 굴원의 태도를 듣고 격노하여 상관대부에게 그를 모함하게 했다. 경양왕은 상관대부의 말을 듣고 격노해서 결국 굴원을 멀리 유배시켰다. 굴원은 더 이상 굴욕을 참지 못하고 자결을 결심했다. 사마천은 굴원이 자결하는 장면을 이렇게 묘사했다.

> "굴원이 강가에 이르러 머리를 풀어헤치고 물가를 거닐면서 시를 읊었다. 그의 안색은 초췌했고, 모습은 야위었다. 어떤 어부가 그를 보고 "그대는 삼려대부(三閭大夫)가 아닙니까? 무슨 까닭에 여기까지 이르렀습니까?"라고 물었다. 굴원이 대답하기를 "온 세상이 혼탁하나 나 혼자 깨끗하고, 모든 사람들이 다 취해 있으나 나 혼자 깨어 있은 까닭에 추방당했소."라고 말했다. 어부가 묻기를 "성인이란 물질에 구애되지 않고 세속의 변화를 따를 수 있는 사람입니다. 온 세상이 혼탁하다면 왜 그 흐름에 따라 그 물결을 타지 않으십니까? 모든 사람이 취해 있다면, 왜 그 지게미를 먹거나 그 밑술을 마셔서 함께 취하지 않으십니까? 어찌하여 미련한 자존심만을 움켜잡고 추방을 자초했습니까?"라고 했다. 굴원이 대답하기를 "내가 듣기로, 새로 머리를 감은 사람은 반드시 관을 털어서 쓰고, 새로 목욕을 한 사람은 반드시 옷을 털어서 입는다고 했소. 사람 또한 누가 자신의 깨끗함에 더러운 오물을 묻히려 하겠소? 차라리 흐르는 강물에 몸을 던져 물고기의 뱃속에서 장사를 지낼지라도 어찌 희디흰 결백으로 세속의 더러운 먼지를 뒤집어쓰겠소!"라고 했다."

사마천이 서술한 내용은 굴원의 「어부사(漁父辭)」에 전한다. 「어부사」에는 굴원의 대답에 어부가 노를 저으면서 노래 부르는 다음의 구절이 빠져 있다.

> 어부는 빙그레 웃고 뱃전을 두드리며 노래부르면서 떠나갔다.
> "물결치는 파도의 물이 맑으면 내 갓끈을 씻으면 그만이고, 물결치는 파도의 물이 흐리면 내 발을 씻으면 그만인 것을!"
> 그런 후 떠나가서 다시는 함께 이야기하지 않았다.

굴원은 대략 65년의 삶을 마감하고 멱라수(汨羅水)에 빠져 죽었다. 사마천은 그가 죽으면서 남긴 「회사(懷沙)」를 수록했다. 굴원이 죽은 후 초나라는 날로 몰락하면서 수십 년 뒤, 정확히 55년 만에 진나라에게 망했다. 굴원이 죽은 후 그를 흠모하는 사람들이 아주 많았다. 초나라에는 송옥(宋玉), 당륵(唐勒), 경차(景差) 등이, 100년 뒤에는 한나라의 가생(賈生), 즉 가의(賈誼)가, 1050 여년 뒤에는 당나라 유종원(柳宗元, 773-819)이 그를 흠모하는 글을 남겼다.

굴원의 죽음과 단오절의 유래

굴원은 울분을 참지 못하고 결국 양자강의 지류인 멱라수에 투신자살했다. 사마천은 「굴원가생열전(屈原賈生列傳)」에서 굴원을 다음과 같이 평가했다.

> "나는 「이소(離騷)」, 「천문(天問)」, 「초혼(招魂)」, 「애영(哀郢)」을 읽고 굴원(屈原)의 심정을 슬퍼했다. 장사(長沙)에 와서 굴원이 빠져 죽었던 깊은 물을 바라보며 눈물을 떨구지 않을 수 없었고, 그의 인간됨에 대해 상념에 잠겼다."

굴원의 죽음에 대해서는 중국은 물론 우리나라 전통시대의 문인들도 자주 언급했다. 그 중 이곡(李穀, 1298-1351)의 『가정집(稼亭集)』에서 시를 확인할 수 있다.

> 「내일이 단오 명절이라 다시 앞의 운을 써서 시를 짓다 / 明日端午 復用前韻」
>
> 병들어 신음하느라 봄도 그냥 보내다가 / 爲緣抱病失青春
> 오늘 따라 흥이 나며 마음이 들썩이네. / 便覺今朝興有神
> 언제 각서의 맛을 못 본 적이 있었던가. / 角黍何曾負此腹
> 채사도 나의 몸을 묶을 줄 잘 아는 듯 / 綵絲如解繫吾身
> 자식을 키우지 못하게 한 정곽(전영)의 의심도 풀렸고 / 遠嫌靖郭妨生子
> 영균은 아직도 감동시키며 해마다 사랑받는다네. / 每愛靈均尚感人
> 지금은 바로 하나의 음이 다시 용사하는 때 / 正是一陰還用事
> 천기는 그동안 몇 번이나 새로 작동했던가. / 天機袞袞幾回新

이곡의 시에 등장하는 구절 중에는 굴원이 죽은 뒤의 풍속을 고스란히 담고 있다. 우선 제목의 단오(端午) 명절은 음력 5월 5일의 단오를 의미한다. 굴원이 죽은 날이 곧 음력 5월 5일이다. 그래서 중국에서는 굴원이 죽은 날을 기념하는 날이 단오절이다. 시 중의 각서(角黍)는 줄 풀의 잎, 즉 고엽(菰葉)에 찹쌀을 싸서 찌는 떡이다. 각서는 떡을 삼각 모양으로 만들기 때문에 생긴 이름이다. '각반(角飯)'이라고도 한다. 초나라 사람들은 5월 5일에 멱라수에 투신 자결한 굴원의 죽음을 슬퍼하며, 대나무 통에 쌀을 담아 강에 던졌다. 지금도 중국에서는 매년 단옷날에 이 같은 행사를 진행한다. 채사(綵絲)는 단옷날에 악귀나 병마를 물리치기 위해서 어깨나 팔에 묶었던 오색실이다. 장명루(長命縷), 속명루(續命縷), 벽병증(辟兵繒)이라는 부르기도 한다.

호북성 악록서원의 굴자사

호북성 악록서원의 굴자사

호북성 멱라수 굴원사당의 굴원초상

전통시대 우리나라 사람들도 중국의 단옷날을 기억하고 있었다. 그러나 2005년 11월 25일 현재 '유네스코 인류구전 및 무형유산걸작'에 등재된 강릉단오제는 중국의 단오와 다르다. 중국은 우리나라가 단오제를 유네스코에 등재하자 단오가 자신들의 고유 풍속이라는 점을 강조하면서 격렬하게 반대했다. 강릉단오제는 대관령 국사성황을 비롯해 대관령 산신과 대관령 국사여성황을 신앙대상으로 삼고 있다. 단오제는 유교식 제례, 무당굿, 탈놀음과 더불어 단오민속과 놀이 및 난장이 어우러진 행사다. 강릉단오제는 음력 4월 5일 신주빚기를 시작으로 4월 보름 대관령 국사성황을 모시고 내려오는 행사, 5월 3일부터 7일까지 남대천에서 하는 본격적인 단오제로 구성되어 있다.

굴원을 기념하는 대표적인 곳은 호남성 장사부(長沙府) 상음현(湘陰縣)의 멱라수 가에 있는 굴원사(屈原祠)다. 나는 2014년 겨울에 비가 억수같이 내리는 날에 이곳을 찾았다. 택시를 대절해서 찾아간 굴원사는 택시 기사도 처음 찾는 곳이라서 여러 번 길을 묻고서야 겨우 찾았다. 그곳에는 나 외에 여행객은 한 사람도 없었다. 굴원사에는 굴원의 상(像)을 비롯해서 그가 남긴 작품을 돌에 새겨 놓았다. 굴원의 묘는 굴원사 근처에 있었지만 찾는 데 한참 걸렸다. 굴원의 묘를 아는 사람이 거의 없었기 때문이다. 묻고 또 물어서 찾아간 굴원의 묘는 다섯 곳이었다. 그 중 어느 묘가 진짜 굴원의 묘인지 아무도 몰랐다. 돌아오는 길에도 비는 그치지 않았다. 나는 택시 안에서 중국 남송시대 시인이자 중국 시인 중 가장 많은 시를 남긴 육유(陸游, 1125-1210)의 시를 생각하면서 무한으로 돌아갔다. 나는 그날 저녁 양자강에서 잡았다는 잉어 요리로 허기를 채웠다.

> 구름 끼어 희미한 강가에 굴원의 묘가 있고,/雲迷江岸屈原塔
> 꽃 지는 빈산에 우 임금의 사당이 있네./ 花落空山夏禹祠

5. 편작과 중국의 고대 의술

편작과 명의

의술은 인류의 수명 연장에 많은 영향을 주었다. 의술이 발달한 것은 장수를 바라는 인간의 욕망 때문이다. 그래서 인류는 일찍부터 양생 방법에 큰 관심을 가졌다. 중국에서 가장 오래된 의학서는 『황제내경(黃帝內經)』이다. 중국의 오제 중 한 명인 황제가 저술했다는 이 작품은 천하의 명의인 기백(岐伯)과의 의술에 관한 토론을 기록한 것이다. 그러나 작품의 연대는 진한시대로 추측하고 있다. 중국의 고대 의술은 『황제내경』에서 보는 것처럼 대부분 명의(名醫)에 대한 얘기가 핵심 내용이다. 「편작창공열전(扁鵲倉公列傳)」에 등장하는 편작의 경우도 명의에 해당한다.

편작은 발해군(渤海郡) 막읍(鄚邑) 출신이다. 그러나 편작이 살았던 전국시대에는 발해에 군이 없었다. 따라서 사마천이 편작의 고향을 발해군으로 표기한 것은 자신이 살았던 한나라의 예를 따른 것이다. 그의 성은 진(秦)이고, 이름은 월인(越人)이다. 그러나 편작의 가계는 알 수 없다. 편작이 명의로 살아갈 수 있었던 것은 장상군(長桑君)을 만나면서였다. 편작은 젊어서 다른 사람의 객사(客舍)에서 사장(舍長)을 지냈다. 당시 객사에 장상군이라는 은자가 빈객(賓客)으로 와 있었다. 편작은 장상군이 특출한 사람임을 알아차리고 그를 정중하게 대접했다. 장상군도 편작이 보통 사람이 아니라는 것을 알았다. 장상군은 객사를 드나든 지 10여 년 만에 은밀히 편작을 불러 비전(秘傳)의 의술(醫術)을 전수했다. 편작과 장상군과의 관계는 중국의 고대 의술이 비전을 통해 이루어지고 있다는 것을 보여준다. 이 같은 방식은 의술만이 아니라 종교에서도 흔히 볼 수 있는 사례다. 장상군을 통해 비전을 물려받은 편작은 의술 활동을 시작했다. 편작이 처음 의술을 펼친 곳은 조나라였다. 조나라에서 편작은 본격적으로 진월인 대신 편작이라는 이름을 사용했다. 따라서 편작은 진월인이 의술 활동을 하면서 사용한 별칭인 셈이다. 그가 고향 발해에서 조나라로 간 것은 전국시대 당시 고향과 비교적 가까우면서 강대국으로 가야만 의술을 펼쳐 생계를 유지할 수 있었기 때문이다.

사마천이 편작열전을 서술한 것은 중국 고대 의술사에서 매우 중요한 의미를 갖는다. 사마천의 편작과 창공 열전 이전에는 의술에 대한 구체적인 기록이 없기 때문이다. 편작이 전국시대 인물이라는 점도 눈여겨볼 대목이다. 춘추 · 전국시대 제자백가의 등장은 시대적 요청이었다. 춘추시대 말부터 시작한 소를 이용한 경작, 즉 우경(牛耕)의 시작은 기존의 생산력을 훨씬 뛰어넘는 큰 변화를 낳았다. 이러한 생산력의 변화는 당시 사람들에게 자신감을 크게 향상시켰다. 그 과정에서 치열한 경쟁을 통해 각 분야의 전문가가 등장했다. 편작도 이러한 시대적 흐름에서 나타난 인물이었다. 더욱이 사마천의 편작에 대한 소개는 전국시대 학술의 다양성을 보여준다.

편작의 의술 유세

편작이 조나라에서 가장 먼저 의술을 펼친 대상은 대부(大夫)였던 조간자(趙簡子)였다. 당시 조간자는 병이 들어 닷새 동안이나 사람을 알아보지 못했다. 편작이 조간자의 병세를 살피고 나왔다. 편작이 나오자 동안우(董安于)가 조간자의 병세를 물었다. 편작은, 혈맥(血脈)은 정상이니 그리 크게 걱정하지 않아도 된다고 말했다. 편작의 예상대로 조간자는 이틀 반이 지나 깨어났다. 동안우는 편작이 조간자의 병세를 보고 들려준 얘기를 기록으로 남겼다. 편작은 조간자의 병세를 살핀 보답으로 전(田) 4만 무(畝)를 받았다. 편작이 진료비로 받은 4만 무는 전국시대 백성들의 집 면적 5무와 비교하면 엄청난 금액이다. 당시 1무는 대략 현재의 0.33무(0.33×666.7

제곱미터)다. 100무는 현재의 33무, 즉 2만여 평방미터다. 따라서 4만 무는 800만 평방미터다. 편작이 받은 사례금은 결코 적은 금액이 아니었다.

편작은 조나라를 떠나 서쪽으로 괵(虢)나라로 갔다. 그 때 마침 태자가 병에 걸려 죽었다. 편작은 괵나라 궁궐 문 앞에 가서 의술을 좋아하는 중서자(中庶子)에게 태자의 병명을 듣고 궁궐로 들어갔다. 괵나라 임금은 몹시 놀라워하며 궁정의 중문(中門)까지 나와서 편작을 접견했다. 편작은 태자의 병세를 본 후 다음과 같이 말했다.

> "태자의 병과 같은 것을 '시궐(尸蹶)'이라고 합니다. 양기(陽氣)와 음기(陰氣) 속으로 흘러내려 가 위(胃)를 움직이고 경맥(硬脈)과 낙맥(낙脈)을 막히게 하고, 한편으로는 삼초(三焦)와 방광(膀胱)으로 흘러내려 갑니다. 이렇게 양맥(陽脈)은 아래로 내려가고, 음맥(陰脈)은 위로 올라가 양기와 음기가 모이는 곳이 막혀 통하지 않습니다. 음맥은 위를 향해서 올라가고, 양맥은 안을 향해서 내려갑니다. 그래서 양맥은 안으로 내려가 고동(鼓動)하지만 발양(發揚)하지 못하고, 음맥은 밖을 향해 올라가 끊어져서 음(陰)의 역할을 하지 못합니다. 위에는 양기가 끊어진 낙맥이 있고, 아래에는 음기가 끊어진 근뉴(筋紐)가 있는 것입니다. 음기가 파괴되고 양기가 단절되어 혈색이 없어지고 맥이 어지러워진 때문에 몸이 죽은 것처럼 움직이지 못합니다. 태자께서는 아직 죽지 않았습니다. 양기가 음기로 들어가 오장을 누르는 자는 살고, 음기가 양기로 들어가 오장을 누르는 자는 죽습니다. 대체로 이러한 것은 모두 오장의 기가 몸속에서 역상(逆上)할 때 갑자기 일어납니다. 명의는 이러한 설(說)을 취하지만, 용의(庸醫)는 의심하며 믿지 않습니다."

편작은 제자인 자양(子陽)에게 침을 지석(砥石)에 갈게 하여 몸 표면에 있는 삼양(三陽)과 오희(五喜)를 찔렀다. 한참 지나자 태자가 소생했다. 그러자 자표(子豹)에게 오분(五分)의 위(熨:고약)와 팔감(八減)의 약제(藥

劑)를 섞어서 달인 다음 이것을 양 겨드랑이 아래에 번갈아 붙이게 했다. 태자가 자리에서 일어나 앉자 다시 음과 양을 조절하여 탕약을 스무 날 동안 마시게 하자 태자의 몸은 원래대로 돌아왔다. 이로써 편작의 명성은 날로 높아졌다.

편작은 다시 동쪽 제나라로 갔다. 제나라 환후(桓侯)는 편작을 빈객으로 맞아들였다. 편작이 궁정에 들어가 환후를 만나자마자 다음과 같은 대화가 오갔다.

> "군(君)께서는 피부에 병이 있습니다. 지금 치료하시지 않으면 점점 깊이 들어가 중해지실 것입니다."라고 하자, 환후는 "과인에게는 병이 없소."라고 했다. 편작이 물러가자 환후는 곁에 있던 신하들에게 "의원이 이(利)를 탐하여 병도 없는 사람을 가지고 공을 세우려 하다니."라고 했다. 그로부터 닷새가 지나자 편작이 또 환후를 만나 "군의 병이 혈맥(血脈)에까지 이르렀습니다. 지금 치료하지 않으시면 더욱 깊은 곳까지 이를 것입니다."라고 했다. 그러자 환후는 "과인에게는 병 같은 것이 없소."라고 했다. 편작이 물러가자 환후는 기분이 좋지 않았다. 그로부터 닷새가 지나자 편작이 또 환후를 만나 "군의 병이 장(腸)과 위(胃) 사이까지 들어가 있는데, 지금 치료하지 않으시면 더 깊은 곳까지 들어가게 됩니다."라고 했다. 그래도 환후는 대꾸도 하지 않았다. 편작이 물러가자 환후는 기분이 좋지 않았다. 그로부터 닷새가 지나자 편작은 또 환후를 만났으나 바라보기만 하고 물러났다. 환후가 사람을 보내서 그 까닭을 물으니 편작은 "병이 피부에 있는 동안에는 탕약과 고약으로 고칠 수 있습니다. 혈맥에 있을 때에는 침자(鍼刺)나 폄법(砭法)으로 고칠 수 있습니다. 병이 장과 위에 있을 때에는 약주(藥酒)로 고칠 수 있습니다. 그러나 병이 골수(骨髓)까지 들어가면 사명(司命)이라고 해도 어쩔 수 없습니다. 그런데 지금 병이 골수에 들어가 있습니다. 이 때문에 말씀드리려 하지 않은 것입니다."라고 했다. 그로부터 닷새가 지나자 제나라 환후는 몸에 병이 들어 사람을 보내 편작을 불러들이려고 했다. 그러나 편작은 이미 자취를 감추어버렸다.

마침내 환후는 죽고 말았다."

편작은 제나라 환후의 태도를 본 후 여섯 가지 불치병을 언급했다. 교만하여 도리를 논하지 않는 것이 첫 번째 불치병이고, 몸을 가벼이 여기고 재물을 중히 여기는 것이 두 번째 불치병이다. 의식(衣食)을 적절히 하지 않는 것이 세 번째 불치병이며, 음(陰)과 양(陽)이 오장(五臟)에 함께 있어 기(氣)가 안정되지 않는 것이 네 번째 불치병이다. 몸이 극도로 쇠약해져 약을 받아들일 수 없는 것이 다섯 번째 불치병이며, 무당의 말을 믿고 의원을 믿지 않는 것이 여섯 번째 불치병이다. 편작이 언급한 불치병은 실제 병을 의미하는 것이 아니라 사람의 태도를 의미한다. 특히 네 번째 불치병은 당시의 음양사상을 반영한 것이며, 중국 한의학(漢醫學)의 기본 사상이다.

편작의 만능 의료 활동과 죽음

편작은 전국시대의 맹자나 한비자 등 유세가(遊說家)처럼 전국을 다니면서 생존을 도모했다. 편작은 각국 권력자들의 병을 치료하면서 얻은 명성을 기반으로 제나라 수도 임치를 떠나 조나라 한단(邯鄲)으로 갔다. 한단은 전국시대 최대의 도시였다. 이웃 연(燕)나라 젊은이들은 한단의 유행을 흉내 내기 위해 안달이었다. 그래서 연나라 젊은이들은 한단에 직접 가서 걸음걸이를 배웠다. 그러나 그들이 다시 자기 집으로 돌아올 때는 고향에서 걸었던 걸음걸이를 잊어버렸다. 이것이 바로 '한단지보(邯鄲之步)'의 고사다. 한단지보는 '자신의 분수를 모르고 무턱대고 남을 따라한다'는 뜻이지만, 그만큼 조나라 한단의 영향력이 컸다는 것을 의미한다. 한단은 지금의 하남성 태행산맥 동쪽 기슭에 위치한 교통의 요지다. 한단은 한산(邯山)을 전부 볼 수 있는 위치에 있다는 뜻이다. 그래서 하북 평야가 끝없이 펼쳐지는 곳이다. 지금은 대부분 밀, 조, 옥수수를 재배하지만, 면화도 많이 재배한다. 편작이 한단에 갔다는 것은 당시 중국에서 가장 번화한 도시를 방문했다는 것을 의미한다. 그는 한단에 도착하자마자 도시의 분위기를 파악했다. 그는 한단에서 부인(婦人)을 매우 소중히 여긴다는 말을 듣고 곧 부인과(婦人科)의 의원으로 개업했다.

편작은 한단에서 부인과를 개업해서 많은 돈을 벌었다. 그는 다시 황하 중류의 낙양(洛陽)으로 갔다. 낙양은 주나라가 견융의 침략으로 수도 호경(鎬京:서안)을 버리고 천도한 곳이다. 낙양은 주나라의 제2의 수도다. 낙양은 주나라 때 호경을 종주(宗周)라 부른 대신 성주(成周)라 불렀다. 낙양은 수도가 낙수(洛水)의 북쪽에 위치해서 붙인 이름이다. 음양사상에서 산은 남쪽이 양이고, 물은 북쪽이 양이다. 낙양은 전국시대부터 부른 지명이다. 낙양은 동부를 비롯해서 동한(東漢), 조위(曹魏:조조의 위나라), 서진(西晋), 북위(北魏:효문제 이후), 수(隋:양제), 당(唐:무후), 오대(五代)의 양(梁), 후당(後唐)의 수도였다. 주나라의 낙양 천도는 동주시대다. 이 때부터 춘추시대가 시작되었던 것이다. 편작이 낙양에 갔다는 것은 주나라가 쇠퇴했더라도 번화한 곳에 갔다는 뜻이다. 편작은 한단과 마찬가지로 낙양에 도착하자마자 도시의 분위기를 살폈다. 그는 낙양에서 노인을 공경한다는 말을 들었다. 낙양은 주나라 천자가 있는 수도였기 때문에 노인을 공경하는 문화가 여전히 남아 있었던 것이다. 그는 곧바로 이질(耳疾), 안질(眼疾), 마비(痲痺) 등과 같은 노인병을 치료하는 의원으로 개업했다.

편작이 마지막으로 활동한 곳은 가장 서쪽에 위치한 진(秦)나라 함양(咸陽)이었다. 함양은 위하(渭水) 북쪽에 위치해서 붙여진 이름이다. 위하 평원 중부에 자리 잡은 함양은 진나라 효공 때 역양(櫟陽)에서 천도한 곳이다. 편작은 함양에 가서도 다른 도시를 찾았을 때와 똑같이 그곳의 분위기를 살폈다. 그는 진나라 사람들이 어린아이를 사랑한다는 말을 듣고 바로 소아과 의원으로 개업했다. 그러나 진나라 황실의 의원직이었던 태의령

(太醫令) 이혜(李醯)는 자객을 보내 편작을 죽여 버렸다. 사마천이 「자객열전」을 편찬했듯이 당시 자객도 일종의 중요한 직업이었다. 이혜가 편작을 죽인 것은 자신의 의술이 편작에 미치지 못했기 때문이었다. 그러나 편작은 이혜의 자객에게 죽었지만 그의 맥법(脈法)은 이후 의사들에게 많은 영향을 주었다. 편작 이후 중국의 맥법은 진(晉) 왕숙화(王叔和)의 『맥경(脈經)』, 송(宋) 최진인(崔眞人)의 『맥결(脈訣)』, 원(元) 대계종(戴啓宗)의 『맥결간오부록(脈訣刊誤附錄)』, 원(元) 주진형(朱震亨)의 『맥결지장병식도설(脈訣指掌病式圖說)』 등의 간행으로 한층 발전했다. 편작이 한단에서 개업한 부인과는 송(宋) 곽계중(郭稽中)의 『산육보경집(產育寶慶集)』, 송(宋) 주단장(朱端章)의 『위생가보산과비요(衛生家寶產科備要)』 등의 편찬으로 한층 발전했다. 편작이 함양에서 개업한 소아과는 송(宋) 전을(錢乙)의 『소아약증진결(小兒藥證眞訣)』, 『해장반론췌장(海藏瘢論萃英)』, 원(元) 미상의 『전씨보영집(田氏保嬰集)』 등의 편찬으로 한층 발전했다.

편작은 주로 각국의 대도시를 중심으로 자신의 능력을 발휘했다. 그는 각 도시에서 가장 필요한 분야를 진료 과목으로 삼아서 삶을 도모했다. 그러나 그는 천수를 누리지 못하고 말았다. 사마천은 다음과 같이 편작을 평가했다.

> "여자는 미인이거나 못생겼거나 간에 궁중에 있기만 하면 질투를 받는다. 선비는 현명하거나 그렇지 않거나 간에 조정에 들어가기만 하면 의심을 받는다. 편작은 뛰어난 의술 때문에 화를 입었다. 그래서 노자(老子)도 '아름답고 좋은 것은 상서롭지 못한 그릇이다.'라고 했다. 이는 편작과 같은 경우를 두고 한 말이 아니겠는가?"

편작은 남다른 재주로 자신의 생존을 충분히 도모할 수 있었다. 그러나 그는 자신의 능력을 남용했다. 지나치게 임기응변에 뛰어나 다른 사람들의 영역까지 침범하는데도 주저하지 않았다. 편작은 의술에는 뛰어났지만 다른 사람들과의 관계를 배려하지 않았다.

진·한 제국시대의 열전

3부

1. 여불위와 진시황제의 비밀관계
2. 이사와 한비자의 라이벌
3. 한신과 토사구팽
4. 사마상여와 탁문군의 사랑이야기
5. 화식열전과 상품경제

3부 진 · 한 제국시대의 열전

1. 여불위와 진시황제의 비밀관계

'기화(奇貨)' 를 챙겨둬야지

여불위(呂不韋)는 진시황제의 탄생 비밀과 관련해서 주목받고 있는 인물이다. 진시황제가 여불위의 아들이라는 얘기 때문이다. 이런 얘기가 나올 수 있었던 것은 당시 여불위의 삶과 밀접한 관계가 있다. 여불위는 당대 최고의 상인 출신이었다. 그는 복양(濮陽:하남성 복양 서남쪽)에서 태어났다. 그러나 사마천은 여불위의 출신 지역에 대해서는 언급하지 않았다. 다만 그를 양책(陽翟: 하남성 우현)의 대상으로만 소개하고 있다. 양책은 하나라 우임금이 거주했기 때문에 우현이라 불렀다. 여불위는 전국시대 한나라 출신이었다. 그가 태어난 곳은 영수(穎水)가 흐르는 영천군(穎川郡)의 중심지였다.

여불위는 전국시대의 장사꾼의 전형이었다. 그는 여러 곳을 다니면서 물건을 싸게 구입해서 다른 곳에 비싸게 판매했다. 그는 이 과정에서 천금(千金)의 재산을 모았다. 여불위는 장사로 모은 돈으로 권력을 사기로 작정했다. 그는 진나라 황실과 끈을 닿기 위해 진시황제의 아버지 장양왕에게 접근할 모략을 꾸미기 시작했다.

진시황제의 아버지는 자초(子楚)였다. 자초의 할아버지는 진나라 소왕(昭王)이었다. 소왕은 56년 동안 재위하면서 진나라가 전국사대를 통일하는 데 기초를 닦았다. 그는 「범수채택열전(范雎蔡澤列傳)」의 범수 등을 재상으로, 사마착(司馬錯)과 백기(白起) 등을 장수로 삼아 동진(東進) 정책을 펼쳐 한(韓)나라와 조(趙)나라, 위(魏)나라, 초(楚)나라 등과 싸워 승리를 거두었다. 더욱이 그는 주나라 난왕(赧王)의 항복을 받은 것은 물론 산동의 여섯 나라가 맺은 합종책(合從策)마저 붕괴시켜 진나라를 강대국으로 만들었다. 소왕은 태자가 일찍 죽자 둘째 아들 안국군(安國君)을 태자로 삼았다. 안국군에게는 20명의 아들이 있었다. 자초는 안국군의 둘째 아들이었다. 자초의 생모는 하희(夏姬)였지만 남편에게 총애를 받지 못했다. 그래서 조나라의 볼모로 갔다. 자초는 조나라에서 제대로 대우를 받지 못하고 곤궁한 생활로 세월을 보내야만 했다. 그의 할아버지가 조나라를 공격했기 때문이다.

여불위는 조나라의 수도 한단에서 장사를 하다가 자초의 사정을 듣고 그에게 접근했다. 그는 속으로 "진귀한 재화(財貨)는 사서 둘 만하다."라고 생각하면서 자초를 만났다. 여불위가 자초를 유혹한 과정은 다음과 같다.

> "저는 당신의 가문을 대성시킬 수 있습니다."라고 말했다. 그러자 자초가 웃으면서 "우선 따로 그대의 가문을 크게 이루고 나서야 그에 따라 나의 가문도 커진다네!"라고 했다. 이에 여불위는 "당신은 잘 이해하지 못하는군요. 저의 가문은 당신 가문이 커짐에 따라 커집니다."라고 대답했다. 자초는 말뜻을 깨닫고 이에 함께 자리할 것을 권하여 밀담을 나누었다. 여불위가 "진나라 왕은 이미 늙었고, 안국군이 태자가 되었습니다. 제가 듣기로 안국군은 화양부인을 총애합니다. 비록 화양부인에게 아들이 없으나 후사를 내세울 수 있는 사람은 오직 화양부인뿐입니다. 지금 당신의 형제는 20여 명입니다. 그 중 그대는 둘째의 서열이고, 그다지 총애를 받지 못하고 있습니다. 곧 대왕이 죽고 안국군이 왕위에 오르면 맏형과 여러 형제들이 아침저녁으로 임금 앞에서 태자가 되려고 하는 싸움도 당신은 할 수 없습니다."라고 말했다. 자초는 "그렇군요. 이를 어찌하오?"라고 물었다. 여불위는 "당신은 가난하고, 이곳에서 손님의 처지이니, 어버

이제 헌신하고 빈객과 교제할 방도가 없습니다. 저는 비록 가난하나 천금(千金)으로 당신을 위해서 서쪽으로 가서 안국군과 화양부인을 섬겨 당신이 후사로 정해지게 하려는 것입니다."라고 대답했다. 자초는 이에 머리를 숙여 경의를 표하고 "반드시 그대의 계략대로 된다면 진나라를 그대와 함께 나누어 누리도록 하겠소."라고 언약했다."

킹메이커, 여불위

여불위는 자초와의 언약을 지키기 위해 그에게 500금을 주었다. 과연 여불위가 자초에게 준 500금은 어느 정도의 금액일까. 금은 전국시대 제나라, 초나라, 한나라, 조나라, 위나라, 노나라, 송나라 등에서 광범위하게 사용되었다. 이 때 금의 중량 단위는 일(鎰)이었다. 1일은 10근(斤)이었지만 당시의 근은 지금의 근과 단위가 달랐다. 당시의 1근은 2양(兩)과 같고, 1일은 20냥이었다. 1일의 무게는 대략 300그램이었다. 여불위가 자초에게 준 돈은 500일에 해당한다. 500일은 엄청난 금액이다. 여불위가 자초에게 준 엄청난 금액은 자초의 빈객 교유 비용이었다.

여불위는 나머지 500금으로 진기한 패물(佩物)을 사서 서쪽 진나라로 가지고 갔다. 그가 진기한 패물을 산 것은 진나라 안국군의 화양부인에게 환심을 사기 위해서였다. 그는 먼저 화양부인의 언니에게 접근해서 진기한 패물을 화양부인에게 전달하도록 했다. 아울러 그는 패물을 전달하면서 다음과 같이 자초의 마음을 화양부인에게 전달했다.

"자초는 천하의 제후국 빈객들과 두루 교류하며, 언제나 '자초는 화양부인을 하늘같이 여깁니다. 밤낮으로 태자와 부인을 흠모하여 눈물을 흘립니다.'"

여불위의 작전은 매우 순조롭게 진행되었다. 언니를 통해 패물과 자초의 마음을 전해들은 화양부인은 무척 기뻐했다. 여불위는 내친 김에 한 단계 더 나아가 언니로 하여금 화양부인에게 자초를 양자로 삼도록 했다. 여불위가 자초를 양자로 삼도록 계획한 것은 화양부인에게 아들이 없었기 때문이다. 화양부인의 언니가 전달한 여불위의 계략은 다음과 같다.

> "제가 듣기에 미모로써 섬기는 자가 미모가 쓰러지면 사랑도 사그라진다고 합니다. 지금은 부인이 태자를 가까이하고, 대단히 총애를 받으나 아들이 없으니, 일찌감치 아들 중에서 재능 있고 효성스러운 자와 인연을 맺어 그를 후사로 발탁해서 아들로 삼아야 할 것입니다. 남편이 살아 있어도 존중받고, 남편이 죽은 후에도 아들이 왕이 되므로 결국 세력을 잃지 않을 것인데, 이 한마디 말로써 긴 이로움을 얻을 것입니다. 영화를 누릴 때 터전을 세워 놓지 않고 곧 미모가 쓰러지고 사랑이 식은 후에 비록 한마디 말을 하고 싶어도 어떻게 할 수 있겠습니까? 지금 자초는 현명한데다 차남이라서 스스로 후사가 될 수 없는 서얼임을 알고 있으며, 그의 생모도 사랑을 받지 못하기 때문에 알아서 부인에게 달라붙을 것이고, 부인께서 진심으로 이 시기에 후사로 삼아 발탁한다면, 부인께서는 곧 일생 동안 진나라에서 존경을 받을 것입니다."

여불위는 여자의 자존심을 이용해서 고도의 전략을 구사하고 있었다. 여불위의 작전대로 화양부인은 남편에게 눈물을 흘리는 연극까지 마다하지 않고 자초를 극찬했다. 안국군은 아들은 없지만 총애하는 부인의 말대로 자초를 후계자로 삼겠다는 약속과 함께 자초에게 넉넉한 물건까지 베풀었다. 이로써 자초의 명성은 제후국에서 날로 높아갔다.

여불위의 다음 작전은 미인계였다. 그는 조나라 수도 한단의 첩들 중에서 가장 아름다운 여자를 얻어 동거하기 시작했다. 그러던 중 동거녀가 임신하자 마지막 작전에 들어갔다. 어느 날, 자초가 여불위 집에서 술을 마시다가 그녀를 보는 순간 한 눈에 반하고 말았다. 자초는 여불위에게 마음에든 여자를 달라고 요구했다. 여불위는 겉으로 화를 냈지만 속으로 쾌재를 부르면서 자기의 동거녀를 자초에게 바쳤다. 여불위의 동거녀도 임신 사실을 숨기고 자초의 여자가 되었다. 동거녀가 아들을 낳았으니, 이름은 '정(政)'이었다. 자초는 여불위의 동거녀를 아내로 삼았다. 여불위의 동거녀가 낳은 정이 바로 진시황제다.

진시황제의 탄생 배경에 대한 사마천의 기록은 얼마나 신빙성이 있을까? 사마천이 진시황제의 탄생과정을 설명하면서 여불위와의 관련설을 기록한 것은 후대에 항간의 얘기를 가감 없이 전달하려는 의도가 강하게 깔려 있다. 그러나 사마천은 『사기 · 진시황본기』에서 진시황은 자초, 즉 장양왕의 아들이라는 것을 분명히 기록했다. 그래서 사마천은 진시황제의성을 '조(趙)'라고 기록했던 것이다. 그런데도 진시황제의 탄생에 대한 소문은 계속되었다. 그 이유는 『사기 · 진시황본기』말미에 붙어 있는 반고(班固, 32-92)가 쓴 후한(後漢) 효명제(孝明帝)의 재위 17년 10월 15일 을축일의 표문(表文) 때문이었다. 진시황제가 여불위의 아들이라는 사실은 표문의 첫 문장에 등장한다.

> "주나라의 운명은 벌써 오래 전에 옮겨갔다. 진나라는 그 인(仁)이 주나라를 대신하기에 부족했는데도 천자의 자리를 대신했다. 여불위 소생인 진시황 여정(呂政)은 잔인하고 포악했다."

반고의 시황제 출신에 대한 서술은 근거가 없다. 반고의 진시황제와 그 이후 사실에 대한 서술도 사마천과 상당히 다르다. 반고의 진나라 역사에 대한 평가는 한나라의 진나라에 대한 부정적인 인식 때문이다. 한나라는 진나라의 잘못을 들추면서 자신들의 왕조가 정당하다는 것을 강조하고 싶었던 것이다. 그러나 한나라는 진나라의 정치제도를 대부분 계승했다.

진시황제의 즉위와 여불위의 몰락

여불위의 원대한 작전은 위기에 더욱 빛났다. 진나라가 조나라 수도 한단을 공격하자, 조나라에서는 자초를 죽이려 했다. 그러나 여불위와 자초는 금 600근(斤)으로 자초를 지키는 관리를 매수하여 탈출해서 귀국할 수 있었다. 아울러 자초의 부인과 아들도 무사히 귀국했다. 진나라로 귀국한 자초는 할아버지가 죽은 뒤 아버지가 왕위를 계승하자 태자의 자리에 올랐다. 화양부인도 황후의 자리에 올랐다. 그런데 안국군은 왕위에 오른 지 1년 만에 죽고 자초가 왕위에 올랐다. 이 사람이 진시황제의 아버지 장양왕이었다. 장양왕은 자기를 태자로 삼아준 화양부인을 화양태후로, 생모 하희를 하태후로 받들었다.

장양왕은 즉위하자마자 약속대로 여불위를 승상(丞相)으로 삼고 문신후(文信候)에 봉했다. 장양왕이 여불위에게 준 식읍(食邑)은 하남(河南) 낙양의 10만 호였다. 그러나 장양왕은 3년 만에 죽고, 그의 아들 정이 13살의 나이에 왕위를 계승했다. 정은 아버지와 마찬가지로 여불위를 상국(相國)으로 모시면서 작은 아버지로 삼았다. 이는 어린 정을 대신해서 화양태후가 내린 조치였다. 화양태후는 여불위와 간통까지 서슴지 않았다. 당시 여불위의 집에는 하인이 1만 명에 이르렀다.

여불위는 무소불위의 권력을 행사했을 뿐 아니라 화양태후와의 부적절한 관계도 계속했다. 그러나 여불위는 진시황이 점차 장년에 이르자 발각될까봐 두려워 자기 대신 음경이 아주 큰 노애를 가신(家臣)으로 삼고, 노애를 환관이라 속여 화양부인에게 바쳤다. 화양부인은 노애와 지내면서도 부적절한 관계가 들통날까봐 노애를 데리고 옹 땅에 가서 살았다. 노애를 화양부인을 즐겁게 해준 덕분에 엄청난 재산을 받았다. 그래서 노애의 가신도 수천 명에 이르렀다. 그러나 진시황제가 즉위한 지 7년, 어떤 사람이 황제에게 노애가 환관도 아닐뿐더러 태후와 부적절한 관계를 맺었다는 사실까지 고발했다. 이에 노애는 삼족이 죽었으며, 태후가 낳은 두 아들도 죽었다. 태후는 옹 땅으로 추방되었다.

시황제는 여불위가 연루되었다는 것을 알았지만, 차마 그간의 공로와 죽이는 것을 반대하는 신하들 때문에 파면하고 촉(蜀) 땅으로 추방했다. 여불위는 시황제의 은혜로 목숨만은 건졌으나 목이 잘릴까봐 두려워서 결국 스스로 독약을 마시고 죽었다. 사마천은 아주 명료하게 공자의 말을 빌려 여불위의 삶을 '명성만 있고 실속이 없는 자'라고 평가했다.

『여씨춘추』의 내용과 가치

여불위는 위(魏)나라의 신릉군(信陵君), 초(楚)나라의 춘신군(春申君), 조(趙)나라의 평원군(平原君), 제(齊)나라의 맹상군(孟嘗君)이 경쟁적으로 부국강병을 위해 빈객을 극진히 대후하자, 선비를 불러들였다. 그래서 그의 식객이 3,000명에 달했다. 아울러 그는 식객들의 의견을 모아 책을 편찬했다. 『여씨춘추(呂氏春秋)』는 이렇게 탄생했다.

『여씨춘추』는 진나라 이전 제자백가의 설을 종합한 작품이다. 반고는 『한서(漢書) · 예문지(藝文志)』에서 『여씨춘추』의 내용을 26편 2만여 자로 구성되어 있다고 기록했다. 이것이 지금의 『여씨춘추』다. 『여씨춘추』는 반고가 잡가(雜家)로 분류했지만, 내용을 면밀하게 검토하면 도가사상을 종합한 황로사상을 담고 있다. 『여씨춘추』의 춘추가 제1부의 사계절을 세 시기로 나눈 「십이기(十二紀)」 때문이다.

『여씨춘추』의 가치는 중국의 전통 정치 및 학술 사상을 형성한 한학(漢學)의 원류라는 점에 있다. 사마천은 다음에서 보듯이 『여씨춘추』의 가치를 분명히 짚었다.

"여불위는 식객의 견해를 팔람(八覽), 육론(六論), 십이기(十二紀)로 모았는데, 모두 20만여 언(言)이나 되었다. 이로써 천지 만물에 대한 고금(古今)의 일을 갖춘 것으로 여겼고, 『여씨춘추』라고 불렀다. 그것을 함양(咸陽)의 성문에 진열하고, 그 위에 천금(千金)을 걸어 놓고 제후국의 유사(遊士)나 빈객 중에 한 글자라도 증감할 수 있는 자에게 천금을 주겠다고 널리 알렸다."

사마천의 글에서는 여불위의 자신감을 읽을 수 있다. 그런데 사마천은 『여씨춘추』의 순서로 「십이기(十二紀)」를 끝에 놓고, 「팔람」을 가장 먼저 언급했다. 따라서 사마천은 「팔람」을 『여씨춘추』의 핵심으로 본 것이다. 「팔람」은 '유시람(有始覽:천지의 시작)', '효행람(孝行覽:효는 천하 다스림의 근본)', '신대람(愼大覽: 잘 나갈 때 조심하라)', '선식람(先識覽:미래를 미리 알려면)', '심분람(審分覽:신하들의 직분과 명분을 명확히 정해주다)', '심응람(審應覽:군주의 대화법)', '이속람(離俗覽:속물성을 버린 사람들)', '시군람(恃君覽:임금을 세워야 하는 이유)'등이다. 그러나 『여씨춘추』의 구성은 사마천의 평가와 달리 「십이기」에서 시작할 뿐 아니라 「십이기」는 제목도 '춘추'라는 제목과 부합한다.

여불위가 『여씨춘추』를 편찬한 것은 곧 다가올 통일에 대비하기 위해서였다. 따라서 이 작품은 통일준비서인 셈이다. 통일신라시대 때 화엄경의 '일즉다(一卽多)', '다즉일(多卽一)'을 통해 통일의 이념을 만들었듯이, 진나라에서도 전국시대를 통일하기 위해서는 통일의 이념이 필요했던 것이다.

2. 이사와 한비자의 라이벌

법가 사상의 특징

전국시대의 각국들은 치열한 경쟁에서 이기기 위해 변법(變法)을 실시했다. 변법의 목표는 부국강병이었다. 각국의 군주들은 부국강병을 실현할 수 있는 전문가를 초빙했다. 당시 지식인들은 너나없이 부국강병을 위한 방법론을 제시했다. 이른바 제자백가의 주장은 모두 부국강병과 처세에 대한 방법론의 차이에 불과했다. 군주들은 법가를 가장 선호했다. 법가의 논리가 가장 구체적이고 실현 가능성이 높았기 때문이다.

춘추 · 전국시대 법가 사상이 발정한 곳은 주로 산동지역의 제나라를 비롯해서 산서성의 삼진(三晋)이었다. 그런데 제나라의 법가 사상과 삼진의 법가 사상은 차이가 있었다. 제나라의 법가 사상은 경제 발전을 위한 부국강병이었던 반면 삼진의 법가 사상은 중앙집권적인 왕권 강화와 강병정책이었다. 제나라의 법가 사상은 제나라의 재상을 지낸 관중의 『관자(管子)』에서 찾을 수 있다. 관중의 논리는 상인 출신이었던 그의 출신 배경과 무관하지 않다. 그래서 관중은 군주가 백성을 위해서 경제적인 부강을 추구해야 하고, 경제적인 부강을 위한 농업 중시정책을 강조했다.

전국시대를 이끌었던 삼진의 한 · 위 · 조는 변법을 통해 부강한 나라가 되었다. 법가 사상가들이 삼진에서 활동할 수 있었던 것은 삼진이 왕권강화를 추구했기 때문이다. 삼진의 법가 사상은 크게 세 파로 나눈다. 그 중 하나는 법치주의(法治主義)이고, 다른 하나는 술치주의(術治主義)며, 나머지 하나는 세치주의(勢治主義)다. 즉 삼진의 법가 사상은 법 · 술 · 세로 나눌 수 있다. 이첨(李詹)과 상앙 등은 법치주의를 주장했다. 이첨은 『이자(李子)』를 지었지만 전하지 않는다. 다만 상앙의 『상군서(商君書)』에 일부 내용이 수록되어 있다. 법치의 대상은 백성이다. 이들은 법률을 만들어 이를 근본으로 삼고, 엄한 형벌과 큰 상을 수단으로 엄격하게 백성을 통제하고, 군권을 강화하며 부국강병책을 추진했다. 이첨은 위나라 문후 밑에서 변법을 추구했으며, 상앙은 진나라 효공을 도와 2차에 걸쳐 변법을 실시했다. 진나라의 통일은 상앙의 변법을 기초로 이루어졌다. 술치주의를 주장한 대표적인 인물은 신불해(申不害)다. 그는 한나라의 재상으로 활동했다. 술치의 대상은 관료다. 술치는 신하를 통솔하고 충신과 간신을 구분해서 상벌을 가하고, 군주를 두렵게 여겨 잘못을 저지르지 못하게 했다. 세치주의를 주장한 사람은 조나라 출신 신도(愼到)다. 그는 군주의 절대적 세력, 즉 권위가 군주 권력의 원천이라 주장했다. 신하가 군주에 복종하는 것은 군주의 세력때문이지 결코 군주의 덕행 때문은 아니라고 주장했다. 신도의 술치 사상은 그 어떤 주장보다 군주의 마음을 사로잡았다. 당시의 모든 군주들은 세력을 통해서 권력을 차지했기 때문이었다. 반면 법가 사상가들이 비판한 유가의 덕을 통한 통치, 즉 덕치(德治)는 모든 군주가 받아들일 수 없는 사상이었다. 그들은 애초부터 덕을 무시하고 권력을 잡았던 존재였기 때문이다.

이사의 출세 과정

이사의 삶과 죽음은 전국시대의 시대상을 가장 잘 보여준다. 전국시대는 이른바 '출세지상주의'혹은 '능력지상주의'였다. 누구나 능력만 있으면 가장 높은 자리까지 오를 수 있는 기회의 시대였다. 그래서 그런 자리에 오르기 위해 목숨을 바치는 사람들이 아주 많았다. 그런 과정에서 죽음을 맞는 사람도 그에 비례해 많았다. 이사가 바로 그런 사람이었다.

이사는 초(楚)나라 상채(上蔡) 사람이다. 상채는 지금 하남성 여녕부(汝寧府)에 속한다. 이곳은 주나라 무왕이 상나라를 멸망시킨 후 숙도(叔度)에게 채(蔡)를 분봉하면서 이름이 시작되었다. 상채는 춘추시대 때 생긴 지명이다. 사마천은 이사가 어떻게 출세의 길을 걸었는지를 다음과 같이 소개했다.

> "이사는 젊었을 때 군(郡)의 하급 관리였다. 어느 날 그는 관청의 변소에서 쥐가 오물을 먹다가 사람이나 개가 가까이 가면 자주 놀라고 두려워하는 것을 보았다. 또 어느 날 이사는 창고에 들어가서 곡식을 먹는 창고의 쥐들이 넓은 건물 안에 살고 있었으므로 사람이나 개를 겁내지 않는 것을 보았다. 그래서 이사는 탄식하기를 "사람의 잘나고 못난 것이 쥐와 같으니, 그것은 스스로 처한 바에 달렸을 뿐이로다."라고 했다."

이사는 변소에서 쥐가 살아가는 모습을 보고 출세를 위해서는 작은 나라를 떠나 큰 나라로 가야 한다고 생각했다. 그는 순자에게 군주의 통치술을 배운 후 서쪽의 진나라로 가기로 결심했다. 이사는 진나라로 가기 전에 순자에게 하직 인사를 하러 가서 다음과 같이 말했다.

> "저는 때를 얻으면 놓치지 말라고 들었습니다. 지금은 만승(萬乘)의 제후국들이 싸우는 때라 유세가가 정치를 주도하고 있습니다. 오늘날 진나라는 천하를 삼켜 황제(皇帝)라고 칭하며 다스리고자 합니다. 지금은 포의(布衣)의 선비가 바삐 다닐 시기로 유세가에게는 다시없는 기회입니다. 비천한 지위에 있으면서 자기의 계획을 실행하지 않는 것은 새나 짐승이 고기를 보고서도 사람이 앞에 있어서 억지로 참고 지나가는 꼴일 뿐입니다. 그러므로 비천함보다 더 큰 부끄러움은 없으며, 빈궁함보다 더 심한 슬픔은 없습니다. 오랫동안 비천한 지위와 고달픈 지경에 놓여 있으면서 세상을 비관하고 이기심을 탓하며 실행하지 않는 것에 자신을 의탁한다면 이는 선비의 진심이 아닐 것입니다. 그러므로 저는 장차 서쪽으로 가서 진나라의 왕에게 유세하고자합니다."

이사는 자신의 철학을 실천하기 위해서 주저 없이 진나라로 갔다. 그러나 이사가 진나라에 도착했을 당시 군주였던 장양왕(莊襄王, 재위: 기원전 249-기원전 247)이 죽었다. 장양왕은 조나라에 볼모로 잡혔다가 진나라로 돌아와 왕위에 올랐다. 그러나 겨우 3년 간 왕위에 있었다. 장양왕은 곧 진시황제의 아버지다. 이사는 부득이 당시 진나라의 재상이었던 문신후(文信侯)즉 여불위(呂不韋)의 가신(家臣)이 되었다. 이렇게 만난 이사와 여불위는 진나라의 앞날을 좌우했다. 상인 출신의 여불위는 한 눈에 이사의 능력을 파악하고 그를 곧 시위관(侍위官)에 임명했다. 이로써 이사는 자신이 원했던 유세할 기회를 얻었다. 그는 진시황제를 만나 다음과 말했다.

> "소인배는 기회를 놓칩니다. 큰 공을 세우는 자는 상대방의 약점을 틈타서 잔인하게 수행합니다. 옛날 진나라 목공(穆公)이 패자였을 때 끝내 동쪽의 여섯 나라들을 병합하지 못한 것은 무슨 까닭입니까? 제후들이 아직 많고, 주나라의 위세가 아직 쇠퇴하지 않았기 때문에 오패(五霸)가 번갈아 흥기하여 주나라 왕실을 받들었습니다. 진나라 효공(孝公) 이래 주나라 왕실의 영향력이 미약해져서 제후들이 서로 병합했고, 함곡관(函谷關) 동쪽이 여섯 나라들로 이루어져 있으며, 진나라가 승세를 잡고 제후들을 통제한 지 모두 여섯 대(代)가 되었습니다. 그러므로 지금 제후들이 진나라에 복종하는 것은 진나라의 군현(郡縣)에 비유할 수 있습니다. 진나라의 강대함과 대왕의 현명함이라면 부뚜막을 청소하듯이 제후국들을 멸망시키고, 황제(皇帝)의 대업을 성취하면서 천하를 통일할 수 있습니다. 이것은 만년 만에 한 번 있을 기회입니다. 지금 게을리해서 빨리 성취하지 않으면 제후국들이 다시 강해져 서로 모여 합종(合縱)하는 맹약을 하여 비록 황제와 같이 현명할지라도, 통합시킬 수 없을 것입니다."

천하를 빨리 무력으로 정복하라는 이사의 유세는 진시황제의 마음을 사로잡았다. 진시황제는 이사를 장사(長史: 승상과 태위의 속관)로 삼았다. 이사는 승승장구해서 순식간에 객경(客卿:외국 출신의 대신)의 자리까지 올랐다. 그러나 이사는 곧 위기에 봉착했다. 한나라의 정국(鄭國)이라는 사람이 진나라를 이간질하러 왔다가 발각되어 유세가의 문제점을 지적했기 때문이다. 정국은 진시황제에게 잡혀가서 진나라에서 활동하는 유세가가 자신처럼 진나라를 이간질하는 사람이라고 말했다. 진시황제는 이에 유세가를 축출하기로 했다. 이사는 이 소식을 듣고 깜짝 놀라 황급히 황제에게 글을 올렸다. 이 때 이사가 황제에게 올린 글이 바로 『상진황축객서(上秦皇逐客書)』다. 이 글은 자신처럼 다른 나라에서 온 사람들의 역할이 얼마나 중요한지를 절박한 심정으로 아뢰는 내용이다. 이사는 만약 진시황제가 자신의 얘기를 수용하지 않으면 바로 쫓겨날 상황이었다. 이사는 과연 절체절명의 위기에서 어떻게 벗어났을까. 조금 길더라도 이사의 육성으로 들어보면 다음과 같다.

> "지금 왕께서는 곤강(昆崗:신강성 화전현)의 옥을 가지고 계시고, 수씨(嫂氏)와 화씨(和氏)의 벽옥(璧玉)을 보유했으며, 명월주(明月주)를 차고 태아(太阿)의 명검을 가지고 있습니다. 섬리마(纖離馬)를 타고 취봉기(翠鳳旗)를 세우시고, 영타(靈鼉)의 북까지 가졌습니다. 이러한 보물들은 진나라에서 하나도 생산되지 않지만 왕께서 그것을 좋아하는 것은 무슨 까닭입니까? 반드시 진나라에서 생산된 것이라야 한다면, 야광주(夜光珠)로 조정을 장식할 수 없으며, 코뿔소의 뿔이나 상아로 만든 노리개를 만들 수 없을 것입니다. 정(鄭)나라와 위(衛)나라의 미녀들도 후궁으로 충원할 수 없으며, 결제(駃騠)와 같은 준마들도 바깥 마구간을 채울 수 없을 것입니다. 강남의 금과 주석도 쓸 수 없으며, 서촉(西蜀)의 단청(丹靑)으로 색칠할 수도 없을 것입니다. 후궁을 장식하고 희첩들을 꾸며서 마음을 기쁘게 하고 귀와 눈을 즐겁게 하는 것도 반드시 진나라에서 난 것이라야 한다면, 완주(宛주)의 비녀, 부기(傅璣)의 귀고리, 아호(阿縞)로 지은 옷, 금수(錦繡)의 장식들도 왕의 앞에 나타나지 못할 것이며, 세속의 유행에 따라 우아하고 아름답게 차린 조나라의 미녀들도 왕의 곁

에 서지 못할 것입니다.

항아리를 두들기고 질장구를 치거나 쟁(箏)을 타며, 넓적다리를 치면서, 어야디야 노래를 불러 귀를 즐겁게 하는 것이 참다운 진나라의 음악소리입니다. 정(鄭), 위(衛), 상간(桑間), 소(昭), 우(虞), 무(武), 상(象) 등은 다른 나라의 음악 입니다. 지금 항아리를 두들기며 질장구를 치던 것을 버리고 정, 위의 음악을 취하며, 쟁을 타던 것을 물리치고 소, 우의 음악을 받아들인 이유는 무엇입니까? 당장 마음을 즐겁게 하고, 눈으로 보기에 적합할 따름이옵니다. 그러나 지금 인재를 얻는 데는 그렇지 않습니다. 사람됨이 옳은지 그른지를 묻지 않고, 굽은지 곧은지를 따지지 않고, 진나라 사람이 아니면 빈객들을 축출하려고 합니다. 그렇다면 여색, 음악, 주옥 등은 소중히 여기고, 사람을 경시하는 것입니다. 이것은 대국에 군림하며 제후들을 제압하는 방법이 아닙니다.

신이 듣건대, 땅이 넓으면 곡식이 많고, 나라가 크면 백성이 많으며, 병력이 강하면 병사가 용감합니다. 즉 태산(泰山)은 한 줌의 흙도 양보하지 않았으므로 그 높음을 이룰 수 있으며, 하해(河海)는 작은 물줄기도 가리지 않았으므로 그 깊음을 이룰 수 있습니다. 이로써 국토는 사방으로 끝이 없고, 백성에게는 이국(異國)이 없으며, 사시사철 아름다움이 충만하고, 귀신이 복을 내립니다. 이는 오제(五帝)와 삼왕(三王)께 적이 없었던 바와 같습니다. 지금에 이르러 진나라는 백성을 버려서 적국을 이롭게 하고, 빈객을 물리쳐서 제후에게 공을 세우게 하며, 천하의 인재로 하여금 물러나게 하여 감히 서쪽 진나라로 향하지 못하게 하고, 발을 묶어 진나라로 들어오지 못하게 합니다. 이것은 이른바 '적에게 병사를 빌려주고 도적에게 양식을 보내 주는 격'입니다.

진나라에서 생산되지 않은 물건 중에 보배로운 것이 많으며, 진나라에서 태어나지 않은 인재 중에 충성을 바치려는 자가 많습니다. 지금 빈객들을 축출하여 적국을 이롭게 하고, 백성을 줄여서 적국에게 보태 주어 나라 안으로는 저절로 텅 비게 되고 나라 밖으로는 제후들에게 원한을 사게 되면, 나라를 구하고 위기를 없애려 해도 어찌할 수가 없습니다."

이사의 얘기는 정말 청산유수처럼 막힘이 없다. 특히 그의 비유법은 매우 놀랍다. 지금까지 진나라의 역사와 정치에서, 특히 황제의 삶에서 중요한 보물과 미녀를 진나라에서 장만할 수 없다는 이사의 논리는 결국 황제의 마음을 바꿔놓았다. 진시황제는 축객령을 거뒀으며, 이사는 기사회생할 수 있었다. 이사는 다시 황제의 신임을 얻어서 정위(廷尉:형벌 담당) 벼슬까지 얻었다. 20여 년 뒤 황제는 이사의 계략을 수용해서 기원전 221년 전국을 통일했다. 이사는 진나라 통일제국의 첫 승상(丞相:재상)의 자리에 오르는 영광을 차지했다. 진나라는 주나라의 멸망 원인을 봉건제에서 찾았다. 그래서 진나라는 춘추시대부터 일부 시작한 군현제(郡縣制)를 실시했다. 군현제는 봉건제의 지방분권형의 권력 구조가 아니라 전제군주제의 중앙집권형의 권력구조를 의미한다.

이사의 전횡: 분서갱유와 정략결혼

승상의 자리에 오른 이사는 거침없이 행동했다. 그 중에서도 이른바 분서갱유(焚書坑儒), 즉 책을 불사르고 유가를 땅에 묻는 정책은 이사의 거침없는 행동을 극적으로 보여준다. 분서갱유는 기원전 213년 진나라의 수도 함양의 궁궐에서 이루어진 연회에서 시작되었다.

> "옛날에는 천하가 어지러워 이를 통일시킬 수 없었으며, 이리하여 제후들이 동시에 일어났고, 사회 여론은 모두 과거의 일을 인용하여 당시의 것을 힐난했으며, 헛된 말을 꾸며서 실제를 혼란하게 했습니다. 사람들은 저마다 개인적 지식을 옳다고 여기고, 이로써 중앙에서 세운 법제를 거부했습니다. 지금 폐하께서는 천하를 병합했고, 흑백을 분별하여 오직 한 분의 황제만이 존재합니다. 그런데 개인적인 견해를 주장하는 자들은 서로 모여 조정에서 정한 법제를 비방합니다. 조칙을 들으면 곧 저마다 개인적인 견해로써 그것을 논합니다. 집에서는 마음속으로 비방하고, 밖으

로 나와서는 거리에서 따집니다. 군주를 비방하는 것을 명예로 여기고, 의견이 다른 것을 고상하다고 여겨 여러 추종자들을 이끌고 비방을 일삼고 있습니다. 이러한 것을 금지하지 않으면, 위로는 군주의 위상이 떨어지고, 아래로는 당파가 생깁니다. 신은 『시경(詩經)』과 『서경(書經)』, 그리고 여러 제자백가의 저서들을 폐기시킬 것을 간청합니다. 금지령이 내린 지 30일이 지나도록 폐기하지 않으면 이마에 먹물을 들이는 형벌을 내려 4년 동안 아침 일찍 일어나 성곽을 쌓도록 하십시오. 폐기하지 않아도 되는 책은 의약서와 복서(卜筮), 그리고 농림(農林)에 관한 것입니다. 만약 배우고자 하는 자는 관리를 스승으로 삼으면 충분합니다."

진시황제는 이사의 주장에 따라 당시 자신의 정책에 가장 반대했던 유가의 서적을 불질러버렸다. 아울러 진시황제의 부덕을 얘기한 방사(方士) 노생(盧生)을 잡는 과정에서 함양의 유가 460여 명을 생매장했다. 진시황제와 이사의 이러한 정책은 결국 진나라의 멸망을 재촉했다. 분서갱유는 진시황제가 죽기 4년 전에 발생했기 때문이다. 분서갱유는 이후 시대의 역사 평가에서 이사를 비롯한 진시황제를 괴롭히는 사건으로 작용했다. 특히 유가 후계자들의 정권은 이사와 진시황제를 무참히 비판했다.

이사는 권력을 남용하여 자신의 장남인 이유(李由)를 삼천군(三川郡: 하남성 낙양 관할)의 군수로 임명했다. 이사는 이유가 휴가를 얻어 수도 함양으로 돌아오자 술잔치를 베풀었다. 이 때 고위 관리들이 모두 참석했으며, 대문과 뜰에 수레와 말이 수천에 이르렀다. 이사는 이러한 모습에 감격하면서 다음과 같이 말했다.

"아아! 나는 순경(筍卿)께서 사물이 지나치게 가득해지는 것을 금해야 한다는 말씀을 들었다. 이사 이 몸은 상채(上蔡)에서 태어난 평민이고, 집단 민가에서 자란 백성일 뿐인데, 폐하께서 나의 재능이 모자람을 알지 못하고 발탁해서 지금에 이르도록 해주었다. 현재의 신하들 가운데 나보다. 윗자리에 있는 자가 없으니 부귀가 극도에 달했다고 할 수 있다. 만물이 극도에 이르면 쇠퇴하거늘, 내가 어디서 멈추어야 할 바를 모르겠다."

이사는 평민의 집안에서 태어나 전국을 통일한 진나라의 재상에 이르렀으니 감회가 남다를 수밖에 없다. 이사도 스스로 막강한 권력과 막대한 부가 자신을 곤궁에 빠뜨릴 수 있다는 사실을 알고 있었다. 그러나 이사는 쉽게 멈출 수 없는 것이 권력이라는 것을 예상하지 못했다. 그는 자식 중 남자는 모두 진나라의 공주와, 딸은 모두 진나라의 귀공자와 결혼시켰다. 그는 모든 자식을 정략적으로 결혼시킨 것이다.

진시황제의 순유와 죽음

진시황제는 일 중독자였다. 상상할 수 없는 통치 영역을 관리하고 감당하기 어려운 현안을 처리하는 데 여념이 없었기 때문이다. 진나라의 영토는 동쪽으로 동해와 조선, 서쪽으로 임도(臨洮)와 강중(羌中), 남쪽으로 북향호(北嚮戶), 북쪽으로 황하를 요새로 삼아 음산(陰山)을 아우르고 요동까지 이르렀다. 아울러 전국의 부자 12만 호를 수도 함양으로 이주시켰다. 제후를 평정할 때마다 그곳의 궁궐을 모방해서 조묘(祖廟), 장대궁(章臺宮), 상림원(上林苑)을 조성했다. 궁궐은 남쪽으로 위수(渭水)에 닿아 있어 옹문(雍門)에서 동쪽으로 경수(涇水)와 위수까지 이르렀다. 궁궐 사이는 구름다리와 주각(周閣)으로 이어져 있고, 제후에게 빼앗은 미인과 종고(鍾鼓)가 이곳을 가득 채웠다. 그는 국가를 효율적으로 다스리기 위해 사상의 통일, 문자의 통일, 도량형의 통일 등 각종 통일정책을 실시했다.

진시황제의 이러한 통일정책은 대부분 이사의 아이디어였다. 진시황제는 자신의 막강한 권력을 과시하고, 반란을 예방하기 위해 순유(巡遊)를 실시했다. 진시황제가 순유한 길은 치도(馳道)를 이용했다. 치도는 일종의 황제 전용 고속도로다. 그의 순유는 5차례에 걸쳐 이루어졌다. 전국을 통일한 다음 해인 기원전 220년 시작한 제1차 순유는 수도 함양을 떠나 롱서(隴西: 감숙성 임조현 남쪽)·북지(北地:감숙성 영현)에서 계두산(鷄頭山: 영하성 융덕현)과 회중궁(回中宮: 섬서성 농현 서북)을 거쳐 돌아오는 코스였다. 진시황제의 첫 순유 코스는 서역과 인접한 서쪽이었다. 첫 순유는 함양에서 가장 가까운 곳이기도 했지만 진나라를 위협했던 흉노, 강족 등 유목민이 많았던 곳이었다. 기원전 219년 제2차 순유는 함양에서 역산(嶧山:산동성 추현)으로 가서 태산(泰山: 산동성), 지부(之罘:산동성 위해), 낭야대(琅琊臺)를 돌고 난 후, 다시 남으로 내려 팽성(彭城:강소성 서주)에서 안휘성의 회수(淮水)를 건너 호북성의 남군(南郡)으로 가서 양자강에서 배를 타고 호남성 상산(湘山)에 이르러 다시 북상해서 남군과 섬서성의 무관(武關)을 거쳐 돌아왔다. 진시황제의 2차 순유는 1차에 비해 코스도 훨씬 많았을 뿐 아니라 기간도 한층 길었다. 기원전 218년 제3차 순유는 함양에서 동쪽으로 가서 양무(陽武:하남성 원양현 남쪽)를 거쳐 지부, 낭야대에 이르고, 상당(上黨:산서성 노성현)을 거쳐 돌아왔다. 3차 순유는 거리는 멀었지만 코스는 많지 않았다. 기원전 215년 제4차 순유는 함양에서 갈석(碣石:하북성 서북)으로 가서 상군(上郡: 섬서성)을 거쳐 돌아왔다. 기원전 210년 제5차 순유는 함양에서 남하해서 호남성 운몽(雲夢)에 가서 양자강을 타고 내려와서 강소성 단양(丹陽)에 이른 후 절강성 전당(錢塘)에 도착해서 회계산(會稽山)에 오르고, 동해안으로 올라와 낭야대와 지부를 돌아본 후 평원진(平原津:산동성 평원현)에서 병이 나서 사구(沙丘:하북성 평향현)에서 죽었다. 그의 나이 50세였다.

다섯 차례에 걸친 진시황제의 순유는 기원전 220년에서 기원전 210년 사이 10년에 걸쳐 진행되었다. 다섯 차례의 순유 중 제1차에서 제3차까지는 1년마다 진행되었지만, 제3차에서 제4차까지는 3년, 제4차에서 제5차까지는 5년 만에 진행되었다. 다섯 차례의 순유 중 가장 두드러진 특징 중 하나는 제1차를 제외한 나머지 네 차례는 우리나라 신라 진흥왕척경비처럼 모두 7개의 각석(刻石)을 세웠다는 점이다. 역산 각석을 제외한 6개 각석의 내용은 『진시황본기(秦始皇本紀)』에 전문이 실려 있다. 진시황제의 다섯 차례 순유의 또 다른 특징은 산동성을 가장 많이 찾았다는 점이다. 그가 산동성을 많이 찾은 것은 불로장생과 관련이 있었다.

진시황제의 순유는 그를 죽음으로 몰아넣었지만, 순유 과정은 많은 것을 남겼다. 그 중에서 도로 건설은 이후 왕조들의 통치를 아주 원활하게 만들었다. 진시황제 통치 기간에 실시한 토목 공사는 진나라의 멸망 원인이자 백성의 원한이었다. 그러나 만리장성을 비롯한 각종 건물과 도로 정비는 중국의 중요한 자산으로 남았다. 아울러 진나라가 구축한 권력구조인 황제지배체제를 비롯해 중앙과 지방의 행정 제도 등은 중국의 모든 왕조들의 모델이었다. 한 가지 더 추가하면 진시황제가 산동 태산에서 제단을 쌓고 하늘에 제사를 지내고 돌아오는 길에 갑자기 바람이 불어 나무 아래 쉬었는데 그 나무에게 '오대부(五大夫)'를 내린 얘기도 지금까지 중요한 문화로 남아 있다. 이런 연유로 소나무를 의미하는 한자 '송(松: 木+公)'이 탄생했다거나 나무에게 벼슬을 내린 유래가 생겼다. 우리나라에서도 조선 세조가 속리산의 소나무에게 정2품을 내린 사례도 있다.

산동성 태산의 오대부 소나무

이사와 조고의 반역과 최후

진시황제의 죽음은 통일제국 진나라의 위기였다. 그러나 이사는 위기를 기회로 만드는 재주를 유감없이 발휘하기 시작했다. 진시황제의 죽음은 정말 누구도 예상하지 못했다. 진시황제는 절강성 회계산을 노닐다가 해안을 따라 북상하여 산동성 낭야에 이르렀다. 이 때 진시황제를 수행한 핵심 인물은 승상 이사와 중거부령(中車府令) 조고(趙高)였다. 조고는 환관이었다. 아울러 진시황제의 20여 명의 아들 중 총애했던 어린 아들 호해(胡亥)만 따라갔다. 진시황제는 사구에서 죽음을 예견하고 조고를 시켜 장남 부소(扶蘇)에게 편지를 써서 보내도록 했다. 편지의 내용은 "군대는 몽염 장군에게 맡기고 함양에 와서 나의 영구(靈柩)를 맞아 장사지내라"였다. 그러나 시황제는 편지를 보내기도 전에 죽었다.

시황제가 객사하자, 조고가 딴 마음을 먹기 시작했다. 그는 옥새가 찍힌 부소에게 보내는 편지를 가지고 공자(公子) 호해에게 찾아가서 반역을 꾸미기 시작했다. 조고는 호해에게 달려가서 천하의 대권을 잡느냐 마느냐 하는 것은 공자와 자신과 승상에게 달려 있다는 점을 강조했다. 그러나 호해는 처음에는 조고의 얘기를 수용하지 않았다. 그러나 조고가 거듭 다음과 같이 설득하자 반역에 나섰다.

> "제가 듣건대, 탕왕(湯王)과 무왕(武王)은 각각 자기의 임금을 죽였지만 천하가 의롭게 칭송하며 불충(不忠)하다고 여기지 않았습니다. 위(衛)나라 임금이 자기 아버지를 죽였지만 위나라 백성들은 그 덕을 받들었으며, 공자도 이 사건을 기록하면서 불효라고 생각하지 않았습니다. 대저 큰일을 행할 때에는 작은 일에 주의할 필요가 없고, 큰 덕이 있는 사람은 일을 사양하지 않습니다. 그러므로 작은 일을 돌아보다가 큰일을 잊으면 나중에 반드시 해로울 것이며, 의심하여 주저하면 나중에 반드시 후회합니다. 결단을 내려 감행하면 귀신도 그것을 피해가며, 나중에 성공할 것입니다.

공자(公子)께서 이를 실행하길 바랍니다."

조고는 호해의 승낙을 얻은 후 즉시 이사와 반역을 실행에 옮겼다. 호해는 장남 부소 대신 진시황제의 뒤를 이어 2세 황제에 올랐다. 호해의 황제 즉위는 세 사람이 부조에게 보낸 편지를 다음과 같이 조작했기 때문에 가능했다.

> "짐이 천하를 순시하며 명산의 여러 신들에게 기도드리고 제사를 지내어 목숨을 연장하려고 한다. 지금 부소는 장군 몽염과 함께 수십만 대군을 이끌고 변경에 주둔한 지가 벌써 10여 년이 지났으나 전진하지 못하고, 병력을 많이 소모하면서 한 치의 공훈이 없으면서도 여러 차례 상서를 올려 직언하여 짐이 하는 일을 비방하며, 현재의 직분을 그만두고 태자의 지위로 돌아올 수 없어서 밤낮으로 원망만 하고 있다. 부소는 아들의 도리로 효성스럽지 못하므로, 칼을 내리니 자결하라! 장군 몽염은 부소와 더불어 궁 밖에 머물면서 바르게 시정하지 못했으므로 마땅히 그 지모(智謀)를 알았도다. 신하된 자로서 충성스럽지 못하였으므로 죽음을 내리고, 군대는 부장(副將)인 왕리(王離)에게 맡겨라."

반역은 세 사람의 예상대로 착착 진행되었다. 반역을 기획한 조고는 낭중령(郎中令:궁전 경비 담당)의 자격으로 궁중에서 황제를 모시며 권력을 장악했다. 조고는 어린 황제를 대신해서 자신의 권력을 방해하는 모든 세력을 엄격한 법으로 처리하면서 권력을 독점하기 시작했다. 이에 진나라의 법령과 형벌은 날로 가혹해져 여러 신하들과 사람들이 스스로 위협을 느꼈고, 모반하려는 자가 많아졌다. 아울러 백성들은 아방궁 건설을 비롯해서 계속된 토목 공사로 세금과 부역에 시달릴 수밖에 없었다. 급기야 초(楚)땅의 수비병인 진승(陳勝)과 오광(吳廣) 등이 중국 최초의 농민 반란을 일으켰다. 어떤 왕조든 농민의 반란은 왕조의 끝을 상징적으로 보여주는 사례다. 가장 보수적인 농민이 농사를 그만두고 반란을 일으킨다는 것은 왕조의 근간이 무너지고 있다는 증거이기 때문이다.

조고의 횡포는 날로 심해졌다. 그는 자신의 권력에 방해가 되는 이사를 제거하기로 계획을 세우기 시작했다. 조고는 이사를 황제와 이간시키면서 그를 제거하기로 했다. 이사도 조고의 음모를 눈치 채고 반격을 시도했지만 황제는 이사의 말을 믿지 않았다. 결국 이사는 조고의 음모로 옥에 갇히는 신세가 되었다. 이사는 이 때 탄식하면서 다음과 같이 말했다.

> "아아, 슬프구나. 도리를 모르는 군주에게 무슨 계책을 말할 수 있을까! 옛날 하(夏) 걸왕(桀王)은 관용봉(關龍逢)을 죽였고, 은(殷) 주왕(紂王)은 왕자 비간(比干)을 죽였으며, 오왕(吳王) 부차(夫差)는 오자서(伍子胥)를 죽였다. 이 세 신하가 어찌 충성을 바치지 않았겠는가! 그럼에도 죽음을 모면하지 못했는데, 그것은 이 왕들이 그들의 충성을 받을만한 군주가 못 되었기 때문이다. 지금 나의 지혜가 그들 세 사람보다 못하고, 2세 황제의 무도함은 걸왕, 주왕, 부차 등보다 더 심하니, 내가 충성하였기 때문에 죽는 것도 당연하도다. 그리고 2세 황제의 다스림이 어찌 어지럽지 않겠는가! 지난날 그는 자기 형제들을 죽이고 스스로 즉위했고, 충신을 죽이고 미천한 자를 귀하게 여기며, 아방궁을 짓느라고 천하 백성들로부터 세금을 징수했다. 내가 직언하지 않은 것이 아니라, 그가 나의 말을 듣지 않았을 뿐이다. 무릇 옛날 훌륭한 임금들은, 식사할 때에도 예절을 지녔고, 수레나 물건에도 일정한 수를 따졌으며, 궁궐을 짓는 데도 한도가 있었다. 조칙을 내려 어떤 일을 함에는 비용을 들이되 백성에게 아무런 이익이 없는 것을 하지 않았으므로, 오래 동안 평온하게 다스렸던 것이다. 그는 지금 형제에게 도리에 어긋난 행위를 하고도 그 허물을 돌아보지 않고, 충신을 죽이면서도 그 재앙을 생각하지 않는다. 크게 궁실을 지으며, 백성들에게 과중한 세금을 부과하고, 그 비용을 아껴쓰지 않는다. 이 세 가지가 이미 자행되고 있는 한 천하의 만백성들은 그에게 복종하지 않을 것이다. 지금 반역자가 천하의 반을 차지하였건만, 황제는 아직도

> 깨닫지 못한 채, 조고를 보좌관으로 삼고 있으니, 나는 반드시 도적들이 함양에까지 쳐들어와서, 고라니와 사슴이 조정에서 노는 꼴을 보겠구나."

이사는 옥에 갇혀서도 목숨을 건지기 위해 황제에게 편지를 썼다. 그러나 이사의 탄원서는 조고에게 압수당해 황제에게 도착하지도 못했다. 이사는 결국 조고의 음모로 기원전 208년 수도 함양 시장바닥에서 허리를 잘리는 형벌을 받았다. 이사가 죽음을 맞이하기 위해 옥에서 나오며 함께 투옥되었던 둘째 아들을 돌아보며 다음과 같이 말했다.

> "내가 너와 함께 다시 한 번 누런 개를 끌고서 고향 상채의 동쪽 변두리로 나가 토끼 사냥을 하려고 했는데 어쩔 수가 없게 되었구나!"

부자가 서로 울음을 터뜨렸고, 삼족(三族)이 모두 처형되었다.

조고는 이사가 죽고 나서 중승상(中丞相)의 자리까지 올랐다. 조고의 권력은 하늘을 찔렀다. '위록지마(指鹿爲馬)'는 조고의 권력이 어느 정도였는지를 보여주는 고사다.

> "조고는 자기의 권한이 막중함을 알고, 이에 사슴을 바치면서 말이라고 했다. 2세 황제가 좌우의 신하에게 "이것은 사슴이지?"라고 묻자, 신하들은 모두 "말이옵니다."라고 대답했다. 2세 황제는 놀라면서 스스로 정신 이상이라고 여겼다."

조고는 2세 황제 호해를 죽이고 황제의 자리에 올랐다. 그러나 그를 따르는 자가 한 사람도 없었다. 그래서 그는 부득이 진시황제의 손자 자영(子嬰)을 3세 황제로 임명했다. 자영은 즉위하자 조고가 두려워 병을 핑계대고 정사를 돌보지 않고 환관 한담(韓啖)과 아들과 함께 조고를 죽이기로 작정했다. 마침 조고가 황제를 뵙고자 문병을 청하자 이에 그를 불러들이고 한담을 시켜서 그를 찔러 죽였다. 조고도 이사와 똑같이 삼족이 처형되었다. 그러나 조고를 죽인 3세 황제는 항우(項羽)에 의해 처형되었다. 기원전 207년 진나라는 멸망했다.

이사에 대한 역사 평가는 상당히 부정적이다. 그러나 역사의 평가는 기본적으로 당대의 상황을 충분히 고려해야 한다. 그렇지 않으면 사실을 왜곡할 수 있다. 사마천의 이사에 대한 평가는 냉정하다.

> 이사는 빈민 출신으로 제후들에게 유세하다가 진나라로 들어와 섬겼다. 열국(列國)들은 서로 다투고 있었다. 그는 진시황(秦始皇)을 보필하여 결국 황제의 대업을 성취하게 했다. 이사는 삼공(三公)의 지위까지 올랐으니 높게 등용되었다고 할 수 있다. 그러나 이사는 육예(六藝)의 귀결을 알면서도 군주의 결점을 보완하는 공명정대한 정치에 힘쓰지 않았다. 작위와 봉록의 막중함을 유지하면서 군주에게 아부하고 구차하게 영합했다. 조칙을 엄히 하고 형벌을 혹독하게 했으며, 조고의 간사한 말을 듣고서 적자를 폐하고 서자를 즉위하게 했다. 제후들이 이미 반란을 일으킨 뒤 이사는 이에 직언했으니, 어찌 늦지 않았으랴! 사람들은 모두 이사가 극진하게 충성했으나 오형(五刑)을 당하여 죽은 줄 알지만, 그 본말을 살펴보면 세속의 공론과는 다르다. 그렇지만 않았더라면 이사의 공적도 주공(周公)이나 소공(召公)과 같은 대열이었을 것이다.

한비자의 삶과 『한비자』의 내용

한비자는 법가 사상을 집대성한 사람이다. 사마천은 한비자를 「노자한비열전 (老子韓非列傳)」에서 다뤘다. 한비자는 전국시대 사람이지만 노자는 춘추시대 말 사람이다. 이처럼 사마천이 시대가 다른데도 두 사람을 같이 다룬 것은 『한비자』에 「노자를 해석하다[解老]」와 「노자에 비유하다[喩老]」가 실려 있는 것처럼 한비자의 사상이 노장사상과 닮은 점이 있었기 때문이다. 한비자는 노자의 '무위(無爲)'사상에 우호적이었다. 한비자에게 무위는 '아무것도 하지 않는 것이 아니라'자연의 법칙을 정확하게 인식한 후 생활하라는 의미다. 한비자가 주장하는 법도 자연법칙처럼 인위성을 배제하고 순리대로 처리해야 공평하고 권위가 있었다.

한비자는 삼진의 한나라의 비(非)다. 그는 한나라 공자(公子)였다. 한비자는 한나라가 쇠퇴하던 시기에 활동했다. 당시 한나라는 전국의 칠웅(七雄) 중에서도 약소국이었다. 전국시대 강대국의 조건 중 하나인 한나라의 영토는 사방 천리에도 미치지 못했다. 더욱이 한나라는 서쪽으로 진나라, 동쪽으로 송나라와 제나라, 북쪽으로 위나라, 남쪽으로 초나라와 국경을 맞대고 있었다. 그래서 한나라는 잠시도 평온하지 못했다. 한나라는 이런 상황에서도 부국강병에는 힘쓰지 않았다. 한비자는 한나라의 이러한 상황을 안타까워하면서 부국강병책을 주장했지만 왕은 그의 말을 수용하지 않았다.

한비자는 태어나면서부터 말더듬이였다. 이사와 함께 순자 밑에서 공부했다. 그는 말은 서툴렀지만 저술에는 뛰어난 재주를 지녔다. 그는 청렴하고 강직한 사람들이 사악한 권신(權臣)들에 의해서 배척당하는 것을 슬퍼하면서 예전 정치의 성패와 득실의 변천을 관찰해서 여러 편의 글을 남겼다. 그 중에서도 한비자가 가장 심혈을 기울인 작품은 「세난(說難)」이었다. 이 작품은 '유세의 어려움'을 의미한다. 한비자에게 유세는 무척 어려운 일이었다. 한비자가 이사의 모함에 죽었던 것도 유세의 어려움과 결코 무관하지 않았다.

> "무릇 유세의 어려움이란 나의 지식으로 상대방을 설득시키는 어려움이 아니며, 또 나의 언변으로 나의 뜻을 분명히 밝히지 못하는 어려움도 아니다. 또 내가 감히 해야 할 말을 자유분방하게 다 하기 어렵다는 것도 아

> 니다. 유세의 어려움이란 상대방, 즉 군주의 마음을 잘 알아 나의 말을 거기에 들어맞게 하는 데 있다."

한비자는 유세의 본질을 잘 알고 있었다. 그는 성공적인 유세의 사례를 구체적으로 언급하고 있을 만큼 유세에 대해 깊이 연구했다. 두 가지 사례를 살펴보면 다음과 같다.

> "송(宋)나라에 한 부자가 있었다. 그런데 비가 와서 그의 집 담장이 무너졌다. 그의 아들이 "다시 쌓지 않으면 도둑이 들 것입니다"라고 말했고, 이웃집 주인도 그렇게 말했다. 날이 저물자 도둑이 들어 많은 재물을 잃었다. 부자 집에서는 아들을 매우 똑똑하다고 여기면서도 이웃집 주인에게는 의심을 품었다. 예전에 정무공(鄭武公)이 호(胡)나라를 정벌하려고 하면서도 자기 딸을 호나라 군주에게 시집보냈다. 그런 후 대신들에게 "내가 전쟁을 일으키려고 하는데 어느 나라를 치면 좋겠는가?"하고 묻자, 관기사(關其思)라는 자가 "호나라를 쳐야 합니다"라고 했다. 그러자 정무공은 "호나라는 형제의 나라인데 그대는 어찌 호를 치라고 하는가?"라고 말하며 관기사를 죽였다. 호나라 군주는 이 소식을 듣고 정나라를 친밀한 우방이라고 여기고 정나라의 공격에 대해서 방비하지 않았다. 그러자 정나라 군사들이 호나라를 습격하여 함락시켰다. 이웃집 주인과 관기사가 알고 있는 것은 모두 타당한 것이었지만, 심한 자는 죽음을 당하고 가벼운 자는 의심을 받았다. 따라서 안다는 것이 어려운 일이 아니라 아는 것을 어떻게 처리하느냐가 어려운 일이다."

한비자는 일을 아는 것과 처리하는 것이 다르다는 것을 강조하고 있다. 그래서 상대방의 마음을 정확하게 읽고 말하기란 매우 어렵다. 같은 말이라도 상대방이 처한 상황에 따라 다르게 받아들이기 때문이다. 말은 결국 상대와의 관계를 맺거나 전달하기 위해서 필요하다. 그래서 말은 말하는 사람의 입장이 중요한 것이 아니라 듣는 상대방의 입장이 중요하다.

> "용이란 동물은 잘 길들이면 그 등에 탈 수도 있다. 그러나 그 목 줄기 아래에 한 자 길이의 거꾸로 난 비늘이 있는데 사람이 이것을 건드리면 반드시 그 사람을 죽인다. 군주에게도 용처럼 거꾸로 난 비늘이 있으니, 유세하는 사람이 군주의 거꾸로 난 비늘을 건드리지 않을 수 있으면 거의 성공적인 유세라고 할 수 있다."

위 내용은 '왕의 노여움을 산다'는 역린(逆鱗)의 고사다. 역린의 고사는 이후 우리나라 왕조시대의 정치권에서도 자주 사용했다. 아무리 훌륭한 말이라도 상대방의 마음을 얻지 못하면 실현시킬 수 없다는 점을 감안하면, 심지어 자칫 잘못하면 죽음에까지 이를 수 있다는 점을 생각하면, 한비자의 주장은 매우 타당하다. 그러나 안타깝게도 한비자는 유세의 어려움을 깊이 연구했지만 정작 자신의 목숨을 보존하지 못했다.

진시황제의 마음을 빼앗은 「고분」과 「오두」

한비자는 시대를 정확하게 분석한 사람이었다. 그는 유가와 묵가가 옛날 성인들의 주장에 기댄 것과 달리 현실의 문제를 해결하는 방법을 제시했다. 진시황제가 한비자의 글을 보고 감탄한 것도 바로 그의 탁월한 현실 분석력 때문이었다. 특히 진시황제는 한비자의 「고분(孤憤)」과 「오두(五蠹)」 2편의 문장을 보더니 "아! 과인이 이 사람을 만나 그와 사귈 수 있다면 죽어도 여한이 없을 것이다"라고 할 정도였다. 그러나 옆에서 진시황제의 얘길 듣고 있던 이사는 가슴이 철렁 내려앉았다. 이사는 진시황제에게 그 작품이 한비자의 글이라는 것을 얘기했다. 진시황제는 이사의 말을 듣고 곧 한나라를 공격했다. 한비자를 얻고 싶었기 때문이었다.

한나라 왕은 진나라가 공격하자 급히 한비자를 진나라에 보내기로 했다. 그러나 이사는 한비자가 진나라에 온다는 소식에 깜짝 놀라 진시황제에게 한비자를 다음과 같이 비방했다.

> "한비는 한나라의 공자(公子)입니다. 지금 왕께서 천하를 통일하려 하시는데, 한비는 결국 한나라를 위하지 진나라를 위하지 않으리라는 것은 인지상정입니다. 그러나 지금 왕께서 등용하지 않고 오랫동안 억류했다가 돌려보낸다면 이는 스스로 후환을 남기는 일이오니, 차라리 잘못을 잡아내어 법대로 처형하는 것이 좋을 것입니다."

이사의 주장은 모순이었다. 그는 한나라 정국이 다른 나라에서 온 자신을 쫓아내고자 할 때 온갖 감언이설로 자신의 필요성을 강조하면서 위기를 모면했기 때문이다. 그러나 그는 상황이 바뀌자 한비자를 몰아내는 데 정국의 논리를 사용하고 있다. 진시황제는 이사의 말을 듣고 옥리에게 한비자를 넘겨 처리하도록 했다. 이사는 사람을 시켜 한비에게 사약을 보내어 자살하도록 했다. 한비자는 직접 진시황제에게 말하고자 했지만 그를 만날 방법이 없었다. 진시황제는 뒤늦게 한비자를 옥에 가둔 것을 후회하고 석방하고자 했으나 그가 죽은 뒤였다.

진시황제가 칭찬한 「고분」은 32편 중 제8편에, 「오두」는 32편 중 마지막 편에 실려 있다. 「고분」은 '홀로 분개한다'는 뜻이다. 한비자는 자신의 주장을 알아주지 않자 울분에 가득 찬 마음을 토해냈던 것이다. 「고분」의 첫 단락은 다음과 같다.

> "통치술에 정통한 인재는 반드시 멀리 내다보고 일을 정확하게 파악한다. 일을 정확하게 파악하지 못하면 이익을 추구하려는 음모를 밝혀낼 수 없다. 법도를 잘 지키는 인재는 반드시 굳건하고 강직하다. 굳건하고 강직하지 않으면 간사한 자들을 바로잡을 수 없다."

한비자는 아래 글에서 나라의 근심이 군주의 측근에서 시작된다는 것을 강조하고 있다.

> "현재 법치를 실행하기 어려운 것은 만승의 큰 나라에서나 천승의 작은 나라에서도 똑같다. 군주의 측근은 반드시 지혜롭지 않다. 그런데 군주가 어떤 사람을 지혜롭다고 여겨 그의 의견을 들은 후 측근의 신하들과 그 의견에 대해 의논한다면 그것은 어리석은 사람들과 함께 지혜로운 사람을 평가하는 것이다."

「고분」의 마지막 문장은 다음과 같다.

> "대신들은 우매하고 타락한 자들을 옆에 끼고 위로는 군주를 속이고 아래로는 백성들에게 이득을 거둔다. 그들은 패거리를 만들어 서로 두둔하며 말을 맞추어 군주를 미혹시키고 법도를 어지럽힌다. 이에 인사와 백성들을 혼란스럽게 하고 나라를 위태롭게 해서 영토를 깎이게 하고, 군주가 고통을 받고 욕을 당한다. 신하에게 큰 죄가 있는데도 군주가 금하지 않고 있으니, 이는 군주의 큰 잘못이다. 위로는 군주에게 큰 잘못이 있고 아래로는 신하에게 큰 잘못이 있는데도 나라가 망하지 않을 방책을 구한다는 것은 소용없는 일이다."

「오두」는 '나무를 갉아 먹는 다섯 종류의 좀벌레'를 뜻한다. 한비자가 주장하는 다섯 좀벌레는 인의(仁義) 도덕정치를 주장하는 유가(儒家) · 세객(說客) · 종횡가(縱橫家), 사사로운 무력으로 나라의 질서를 어지럽히는 유협(游俠), 공권력에 의존해서 병역과 조세의 부담에서 벗어나는 권문귀족(權門貴族), 농민의 이익을 빼앗는 상공인(商工人)이다.

「오두」의 처음 내용은 인의 도덕을 외치는 시대착오적 유가를 비판하고 있다. 그는 '수주대토(守株待兎)'의 고사를 통해 과거지향적인 유가를 조롱하고 있다.

"송(宋)나라에 밭을 경작하는 농부가 있었다. 밭 가운데 그루터기가 있었다. 어느 날 토끼가 달려가다 그루터기에 부딪혀 목이 부러져 죽었다. 그러자 농부는 쟁기를 놓고 그루터기를 지키며 다시 토끼 얻기를 기다렸다. 토끼는 다시 얻을 수 없었으며, 그는 송나라 사람들의 웃음거리가 되었다. 지금 고대 제왕의 정치를 좇아 현재의 백성을 다스리려고 하는 것은 모두 그루터기를 지키는 것과 유사한 것이다."

한비자의 비판은 아래와 같이 한 단계 올려서 계속된다.

"고대에는 남자는 경작을 하지 않아도 초목의 열매를 충분히 먹을 수 있었고, 여자는 길쌈을 하지 않아도 금수의 가죽을 충분히 입을 수 있었다. 그들은 힘껏 일하지 않아도 살기에 충분했고, 인구가 적어 재산은 여유가 있었으므로 다투지 않았다. 이 때문에 두터운 상을 내리지 않고 무거운 형벌을 가하지 않아도 백성들은 저절로 다스려졌다."

한비자는 송나라 농부를 곧 백성이 저절로 다스려진 시대로 착각하면서 살아가는 모습에 비유했다. 그의 이러한 비유는 유가가 요순시대를 들먹이면서 현실 문제를 해결하는 것과 같다고 비판한 것이다. 다만 한비자가 언급한 시대를 그렇게 평가할 수 있는지의 여부는 논외로 할 수밖에 없다. 한비자가 비판하려는 요지는 현실에 대한 직시이기 때문이다. 그래서 한비자는 시대가 다르면 대책도 달라야 한다고 주장한 것이다.

"애공(哀公)은 재능이 적은 군주였다. 그러나 그가 군주가 되자 백성들 중에서 신하가 되지 않는 자가 없었다. 백성이란 진실로 권세에 복종하고, 권세는 진실로 사람들을 쉽게 복종시킨다. 그래서 공자는 오히려 신하가 되고, 애공은 도리어 군주가 된 것이다. 공자는 애공의 의(義)에 감화된 것이 아니라 그의 권세에 복종한 것이다. 이 때문에 의에 기초하면 공자는 애공에게 복종하지 않았을 것이지만 권세에 의지해서 애공이 공자를 신하로 삼은 것이다. 지금 학자들은 군주에게 반드시 사람들을 복종시키는 권세를 쓰지 말고 인의를 실행하는 데 힘쓰면 왕이 될 수 없다고 말한다. 이것은 군주가 반드시 공자 못지않은 인물이 되고 세상의 백성들이 모두 공자의 제자처럼 되길 요구하는 것이다. 이것은 실현 불가능한 이치다."

한비자의 유가에 대한 비판은 아주 선명하다. 춘추전국시대에는 유가처럼 인과 의로써 천하를 통일하는 것 자체가 불가능한 시대였다. 한비자는 유가의 한계를 정확하게 짚고 있었던 것이다.

한비자의 주장 중에서 상공업을 오두 중 하나로 꼽을 것을 눈여겨볼 필요가 있다. 화식열전에서 보았듯이 중국은 한나라 이전부터 상공업이 아주 발달했다. 한비자는 상공업의 발달이 수단과 방법을 가리지 않는 부정과 부패, 그리고 매관매직 등 나라를 어지럽히는 원인을 제공한다고 보았다. 한비자의 지적은 여불위를 비롯해서 당시에 비일비재했다. 한비자는 군주가 다섯 종류의 좀벌레를 제거하지 않고 바른 도리를 지키는 사람을 양성하지 않으면 천하에 부서져 멸망하는 나라와 영토가 줄어 멸망하는 조정이 있더라도 이상하게 생각하지 말아야 한다고 주장했다.

한비자의 「오두」에서 보듯이 '좀벌레'는 아주 부정적인 뜻을 드러낼 때 사용하는 개념이다. 그러나 성리학자들이 사용한 '좀벌레'는 자신을 낮추는 겸양의 개념이었다. 이는 조선시대 '동방오현(東方五賢)'중 한 사람인 일두(一蠹) 정여창(鄭汝昌, 1450-1504)을 통해 확인할 수 있다. 정여창은 한훤당(寒暄堂) 김굉필(金宏弼, 1454-1504)과 함께 점필재(佔畢齋) 김종직(金宗直, 1431-1492)의 제자였다. 두 사람 모두 무오사화로 탄압을 받았다. 대구광역시 달서구의 이로정(二老亭)은 일두와 한훤당 두 사람이 세상을 한탄하면서 보낸 곳이다.

경남 함안군 일두 정여창 고택

3. 한신과 토사구팽

가랑이 사이로 지나가다[胯下之辱]

한신은 한나라의 일등공신이었지만 수명대로 살지 못하고 죽었다. 그는 평민으로서 제나라 왕의 자리까지 올랐다. 그는 회음(淮陰) 출신이다. 그가 태어난 곳은 지금의 안휘성 회수(淮水)의 남쪽이다. 회수는 안휘성을 상징한다. 그래서 청말 양무운동을 이끌었던 안휘성 출신 이홍장(李鴻章, 1823-1901)의 군대를 '회군(淮軍)'이라 불렀다. 한신을 회음후(淮陰侯)라 부르는 것은 한나라 유방(劉邦, 기원전 256-기원전 195) 고조가 기원전 201년 고향 지명을 따서 그에게 제후로 임명했기 때문이다. 그래서 사마천도 그의 열전을 「회음후열전(淮陰侯列傳)」이라 정리했다.

한신의 젊은 시절은 가난의 연속이었다. 그는 밥조차 먹지 못할 만큼 가난했다. 그는 마을의 남창정장(南昌亭長)에게 여러 번 밥을 얻어먹었다. 그러나 여러 달이 지나자 정장의 아내가 그를 미워해서 새벽에 밥을 지어 먹었다. 그런 줄도 모르고 한신은 늘 밥을 얻어먹던 시간에 그 집을 찾아갔다. 한신은 결국 허탕 치고 돌아와 다시는 그 집을 찾아가지 않았다. 한신은 고향 근처 성 아래서 낚시로 시간을 보냈다. 낚시터에는 여러 여인들이 빨래를 했다. 그 중 한 여인이 한신이 밥을 굶고 있다는 것을 알아차리고 그에게 밥을 주었다. 한신은 밥을 얻어먹은 후 다음과 같이 말했다.

"내 반드시 은혜에 크게 보답하겠다."

밥을 준 여인은 한신의 말에 다음과 같이 대답했다.

"대장부가 스스로 밥을 먹지 못해 내가 왕손(王孫)을 불쌍히 여겨 밥을 주었으니 어찌 보답을 바라리오!"

한신은 왕의 후손이었다. 성이 '한'이니 한나라 왕의 후손인 것이다. 그래서 당시 마을 사람들은 그를 왕손으로 불렀던 것이다. 그러나 끼니조차 해결할 수 없을 정도로 완전히 몰락한 왕손이었다. 그래서 동네 백정(白丁) 마저 한신을 놀림감으로 삼았다. 어느 날 백정 중 젊은이가 한신에게 다음과 같이 말했다.

"네가 비록 장대하고 칼 차기를 좋아하나 속은 겁쟁이일 뿐이다. 네가 용기가 있으면 나를 찌르고, 용기가 없다면 내 가랑이 밑으로 기어라."

한신은 죽을 만큼 심한 모욕을 참고 그를 자세히 쳐다보다가 몸을 구부려 그의 가랑이 밑으로 기어 나갔다. 동네 사람들은 이날 이후부터 한신을 비웃으며 겁쟁이라 놀렸다.

드디어, 칼을 뽑다

한신이 갖은 모욕을 참은 것은 때를 기다렸기 때문이다. 그는 전국시대 말 초(楚)나라의 장수 항연(項燕)의 아들이자 항우(項羽)의 숙부인 항량(項梁)이 회수를 건너자, 칼을 차고 그를 따랐다. 그러나 항량이 패하자 항우 밑에 들어갔다. 한신이 항우 밑에 들어가면서 본격적으로 장수로서 활동하기 시작했다. 항우는 한신에게 낭중(郎中)에 임명했다. 한신은 빨리 출세할 마음으로 항우에게 여러 번 계책을 올렸지만, 항우는 한신의 계책을 수용하지 않았다. 한신은 항우가 자신을 신임하지 않는다는 것을 알고 유방이 촉 땅에 도착하자 그에게 몸을 의탁했다.

한신은 유방에게 의탁했지만 자기만의 역할을 찾지 못했다. 오히려 법을 어겨 참형에 처해졌다. 그러나 그는 위기를 기회로 만드는 담력과 기지를 갖고 있었다. 그는 법을 어긴 13명이 모두 죽음을 당한 후 자신의 차례가 되자 기회를 포착했다. 한신은 고개를 들어 쳐다보다가 하후영(夏侯嬰) 등공(滕公)을 발견하고 대뜸 다음과 같이 말했다.

> "왕께서는 천하를 취하지 않으실 것입니까? 어찌 장수를 죽이려고 합니까!"

등공은 한신의 당돌한 말에 그를 기특하게 여겨 죽이지 않고 오히려 유방에게 추천했다. 한신이 기사회생하는 순간이었다. 한신이 유방에게 받은 첫 관직은 '치속도위(治粟都尉:식량과 말먹이를 관리하는 군관)'였다. 그러나 유방은 한신에게 큰 관심을 갖지 않았다. 한신의 미래는 소하(蕭何)를 만나면서 바뀌기 시작했다. 소하는 한나라의 승상을 지낸 사람이다. 한신은 소하와 자주 만나면서 그를 이용하기로 작정했다. 한신이 소하를 이용하기로 마음먹은 것은 그가 자신을 믿고 있다는 것을 알았기 때문이다.

한신은 여러 장수들이 섬서성 남부의 남정(南鄭)에 이르자 도망갔다. 한신도 이 때 인생에 승부를 걸기로 하고 도망갔다. 한신의 예상대로 소하가 유방에게 알리지도 않고 한신을 쫓아갔다. 그런데 어떤 사람이 유방에게 소하가 도망갔다고 말했다. 유방은 크게 놀라 안절부절 갈피를 잡지 못했다. 다행히 며칠 뒤 소하가 돌아오자 유방은 그를 꾸짖으면서도 무척 반겼다. 한신은 한바탕 소동을 겪은 후 소하의 추천으로 졸지에 대장의 자리까지 올랐다. 소하는 유방에게 한신을 대장에 추천하면서 다음과 같이 부탁했다.

> "왕은 한신을 불러 임명하고자 했다. 소하가 말하기를 "왕께서는 평소 오만무례해서 지금 대장에게 벼슬 내리는 것을 마치 어린아이 부르듯 하니, 이와 같은 이유로 한신이 떠난 것입니다. 왕께서 그를 대장으로 임명하려면 좋은 날을 골라 재계(齋戒)하고, 단장(壇場)을 설치해서 의식을 갖추어야 가능할 것입니다"라고 했다. 왕이 이를 허락했다."

한신이 대장에 임명되자 주변의 장수들이 모두 놀랐다. 한신이 예를 마치고 자리에 올라가자 유방이 다음과 같이 물었다.

> "승상 소하가 자주 장군의 이야기를 하였소. 장군은 무엇으로 나에게 계책을 가르치겠소?"

한신은 사례하고 유방에게 다음과 같이 말했다.

> "대왕께서 스스로 생각하기에, 용감하고 사납고 어질고 굳세기가 항우와 견주어 누가 더 낫다고 생각합니까?"

유방은 한신의 당돌한 질문에 당황했다. 그러나 화를 참고 잠시 머뭇거리다가 다음과 같이 말했다.

"내가 항우만 못하오."

한신의 유방에 대한 시험은 유방의 이 한마디로 끝났다. 그는 유방에게 두 번 절하고, 그 동안 매일 매일 이 날만을 기다리면서 준비한 계책을 유방에게 다음과 같이 말했다.

"신은 일찍이 그를 섬겼기에, 청컨대 항왕의 사람됨을 말씀드리겠습니다. 항왕이 성내어 큰 소리로 꾸짖으면 천 사람이 모두 엎드리지만, 어진 장수를 믿고서 병권을 맡기지 못하니 이는 필부의 용기일 따름입니다. 항왕이 사람을 대하는 태도는 공경스럽고 자애로우며 말씨도 부드럽습니다. 누가 병에 걸리면 눈물을 흘리며 음식을 나누어줍니다. 그러나 자기가 부리는 사람이 공을 이루어 마땅히 봉작해야 할 때에 이르러서는 그 인장이 닳아 망가질 때까지 차마 내주지 못합니다. 이것은 이른바 아녀자의 인(仁)일 뿐입니다. 항왕이 비록 천하의 패자가 되어 여러 제후들을 신하로 삼았지만, 관중(關中)에 있지 못하고 팽성(彭城)에 도읍했습니다. 또 진나라 의제(義帝)와의 약속을 저버리고 자기가 친애하는 자를 차례로 왕과 제후로 삼은 것은 불공평한 일입니다. 제후들은 항왕이 의제를 옮겨 강남(江南)으로 쫓는 것을 보고, 모두 자기 나라로 돌아가서 그 임금을 쫓아내고 자신들이 좋은 땅의 임금이 되었습니다. 항왕의 군대가 지나간 곳은 학살과 파괴가 없는 곳이 없습니다. 천하의 많은 사람들이 그를 원망하고 백성들이 친밀하게 따라주지 않습니다. 다만 그의 강한 위세에 위협당하고 있을 뿐입니다. 그러니 항왕이 비록 패자라고 불리나 사실은 천하의 인심을 잃은 것입니다. 그렇기 때문에 그의 강대함을 약화시키기 쉽습니다. 대왕께서 항왕의 정책과 반대로 천하의 용맹한 자들에게 모든 것을 믿고 맡긴다면, 멸하지 못할 적이 어디 있겠습니까? 천하의 성읍

(城邑)을 공신(功臣)들에게 봉한다면 심복하지 않을 신하가 어디 있겠습니까? 정의를 내세운 군사를 거느리고 동쪽으로 돌아가고 싶어 하는 병사를 따른다면 흩어져 달아나지 않을 적이 어디 있겠습니까? 삼진(三秦)의 왕들은 본디 진(秦)나라의 장군들이었습니다. 그들이 진나라의 자제를 거느린 여러 해 동안에 죽이고 달아나게 한 숫자는 이루 헤아릴 수 없습니다. 그런데도 휘하의 병사들을 속여 제후에게 항복하고 신안(新安)으로 왔는데, 항왕은 진나라에서 항복한 병졸 20만여 명을 속여서 구덩이에 묻어 죽였습니다. 그래서 진나라 백성들 가운데 그들을 사랑하는 사람은 없습니다. 그런데 대왕께서는 무관(武關)에 들어가서 터럭만큼도 백성들을 해치는 일이 없었으며, 진나라의 가혹한 법을 폐지하고 진나라 백성들에게 삼장(三章)의 법만을 두겠다고 약속했습니다. 그래서 진나라 백성들 가운데 대왕께서 진나라의 왕이 되는 것을 바라지 않는 자가 없습니다. 제후끼리 먼저 관중에 들어간 자가 왕이 된다고 약속한 만큼 대왕이 마땅히 관중의 왕이 되어야 합니다. 관중의 백성들도 이 사실을 알고 있습니다. 대왕께서 항왕 때문에 정당한 자리를 잃고 한중으로 들어가자, 관중의 백성들 가운데 원망하지 않는 이가 없습니다. 이제 대왕께서 군사를 이끌고 동쪽으로 쳐들어가면, 저 삼진의 땅은 격문 한 장으로 평정될 것입니다."

유방은 한신의 청산유수 같은 계책에 입을 다물지 못했다. 오히려 유방은 그를 일찍 만나지 못한 것을 후회할 정도였다. 유방은 한신의 계략대로 여러 장군들에게 공격 대상을 알려줬다. 한신의 계략대로 유방의 군대는 동으로 삼진을 평정한 것을 시작으로 파죽지세로 연전연승했다. 위기에 빠진 항우는 여러 사람을 동원해서 한신을 달랬지만 한신은 자신을 알아준 유방을 배반하지 않았다. 한신은 관상가 괴통이 지금의 어지러운 정국을 이용해서 항우와 유방처럼 나라를 세우길 권했는데도 다음의 이유로 거절했다.

> "한왕은 나를 후하게 대해줍니다. 자기의 수레로 나를 태워주며, 자기의 옷으로 나를 입혀주며, 자기의 먹을 것으로 나를 먹여주었습니다. 내가 들으니 남의 수레를 타는 자는 그의 걱정을 제 몸에 싣고, 남의 옷을 입는 자는 그의 걱정을 제 마음에 품으며, 남의 밥을 먹는 자는 그의 일을 위해서 죽는다고 합니다. 내 어찌 이익을 바라고 의리를 저버릴 수 있겠습니까?"

한신의 유방에 대한 신뢰는 그 누구도 막을 수 없을 만큼 강고했다. 괴통은 한신이 자신의 말을 듣지 않자, 계속해서 지난날의 구체적인 사례를 언급하면서 그를 설득했다. 괴통이 한신을 설득한 내용은 결국 유방이 한신을 죽일 것이라는 것이었다. 그러나 한신은 유방에 대한 믿음을 바꾸지 않았다. 괴통은 마지막으로 한신에게 다음과 같이 말했다.

> "남의 의견을 잘 들으면 성패의 조짐을 쉽게 예상할 수 있고, 거듭 헤아릴 수 있다면 쉽게 성패의 시기를 장악할 수 있습니다. 진언을 잘못 받아들이고 계략에 실패했는데도 오래도록 편안히 지낸 자는 드뭅니다. 진언을 분별하여 판단에 실수하지 않으면 자잘한 말로는 혼란시킬 수가 없습니다. 계략이 본말을 잃지 않으면 교묘한 말로분란을 일으킬 수가 없습니다. 대체로 말을 기르는 자는 천자(天子)가 될 만한 권위를 잃어버리고, 한두 섬의 봉록이나 지키기에 급급한 자는 경상(卿相)의 지위를 지키지 못합니다. 그래서 지혜는 일을 결단하는 힘이 되며, 의심은 일을 방해하는 장애가 되는 것입니다. 터럭같이 작은 계획에 몰두하다보면 천하대세를 잊어버립니다. 지혜로 그것을 알고 있으면서도 결단하여 감행하지 않는 것이 바로 모든 일의 화근입니다. 그래서 이런 말이 있습니다. '아무리 맹호라도 머뭇거리고 있으면 벌이나 전갈만한 해도 끼치지 못하며, 아무리 준마라도 앞으로 나가지 않으면 노둔한 말이 천천히 가는 것만 못하며, 맹분[孟賁:제나라의 역사(力士)]과 같은 사람도 머뭇거리면 필부가 일을 결행하는 것만 못하다. 비록 순(舜)임금이나 우(禹)임금과 같은 지혜

가 있더라도 입을 다물고 말하지 않으면 벙어리나 귀머거리가 손짓 발짓으로 말하는 것만도 못하다.' 이것은 능히 실행하는 것이 귀하다는 말입니다. 대체로 공은 이루기 힘들고 실패는 쉬우며, 시기란 얻기 어렵고 잃기는 쉽습니다. 좋은 때를 만나는 일은 두 번 다시 오지 않습니다. 족하께서는 자세히 살피십시오."

한신은 괴통의 끈질긴 설득에도 넘어가지 않았다. 그러나 괴통은 목숨이 위태로워 거짓으로 미친 척하면서 무당으로 살아갔다. 한신은 고릉(固陵:하남성 태강현 남쪽)에서 궁지에 몰린 유방을 구하는 공로로 초왕(楚王)이 되었다.

한신은 금의환향했다. 그는 초나라에 도착한 후 가난했던 시절 성 밑에서 낚시할 때 자기에게 밥을 준 여인을 불러 천금을 내렸다. 아울러 설령 자신에게 밥을 주지 않기 위해 새벽에 밥을 지어 먹은 남창정장(南昌亭長)에게도 100전(錢)을 주었다. 그러나 한신은 그에게 다음과 같은 말도 잊지 않았다.

"그대는 소인이다. 남에게 은덕을 베풀면서 끝까지 하지 않고 중도에서 끊었다."

특히 한신은 자기를 가랑이 밑으로 기어 나가라고 욕보인 자도 불러 초나라 중위(中尉)로 임명한 후 여러 장군들과 재상들에게 다음과 같이 말했다.

"이 사람은 장사이다. 나를 욕보일 때 내가 어찌 이 사람을 죽일 수 없었겠는가? 죽인다하더라도 이름날 것이 없어 참고서 오늘의 공업을 성취한 것이다."

토끼를 잡으면 사냥개를 삶아 먹는다[토사구팽]

한신의 꿈은 고향에서 이루어지는 듯했지만, 항우가 죽자 도망 온 장군 종리매(鐘離昧)를 만나면서 깨어지기 시작했다. 종리매가 도망해서 이려(伊廬)의 집에 숨은 것은 한신과 관계가 좋았기 때문이다. 종리매의 예상대로 한신은 그를 내치지 않았다. 그러나 종리매는 유방과 원수지간이었다. 일은 여기서 터져버렸다. 유방은 종리매가 한신과 함께 있다는 소식을 듣고 바로 체포하라고 명했다. 그러나 한신은 그를 체포하지 않았다.

한신은 초에 도착한 후 현읍(縣邑)을 순행할 때 군대를 벌여놓고 출입했다. 그런데 어떤 사람이 한신의 이런 모습을 모반이라 고발했다. 유방은 직접 한신의 행동을 확인하기 위해 운몽(雲夢:호북성 무한 인근)으로 갔다. 사실 유방은 이 기회를 이용해서 한신을 반역죄로 체포하고자 했다. 그러나 한신은 의심도 하지 않고 운몽으로 갔다. 어떤 사람이 한신에게 종리매를 체포해서 유방의 의심을 풀라고 충고했다. 한신은 종리매를 만나 어떻게 위기를 모면할지 의논했다. 종리매는 한신의 말에 다음과 같이 대답했다.

> "한나라가 초나라를 공격해서 빼앗지 못하는 까닭은 내가 그대 곁에 있기 때문이오. 만일 그대가 나를 체포해서 한나라에 잘 보이고 싶다면 나는 오늘이라도 죽겠소. 그러나 그 다음에는 공(公)도 망할 것이오. 공은 장자(長者)가 아니오."

종리매는 한신의 앞에서 자결했다. 한신은 의심도 하지 않고 종리매의 시체를 가지고 유방에게 갔다. 그러나 유방은 한신을 체포했다. 한신은 그때서야 유방의 속마음을 알아 차리고 다음과 같이 중얼거렸다.

> "과연 사람들의 말과 같구나. 교활한 토끼가 죽고 나면 훌륭한 사냥개를 삶아 죽이고, 높이 나는 새가 없어지면 훌륭한 활도 치워버린다. 적국을

깨뜨리고 나면 지모가 있는 신하를 죽인다고 했으니, 천하가 이미 평정된 뒤에 내가 삶기는 것은 당연하다."

한신의 최후

한신은 모반죄로 지금의 무한에서 낙양으로 끌려갔다. 유방은 한신을 낙양까지 끌고 간 뒤에야 그를 용서하고 회음후(淮陰侯)에 봉했다. 유방은 한신이 모반하지 않았다는 것을 잘 알고 있었지만 모른 채 하고 그를 체포했던 것이다. 유방이 이런 계략을 실행한 것은 한신처럼 군사력을 가진 제후를 약화시키기 위해서였다. 그러나 한신은 자신의 군사력과 신뢰만 믿고 정치권력의 속성을 이해하지 못했다.

회음후로 강등된 한신은 그때서야 유방이 자신을 두려워한다는 것을 깨닫고 늘 병을 핑계로 조회에 참석조차 하지 않았다. 한신은 유방이 자신을 배반한 사실에 견딜 수 없었다. 그래서 그는 유방을 제거하기로 작정했다. 어느 날, 진희(陳豨)가 거록(鉅鹿:하북성 남부)의 군수(郡守)로 임명되어 한신에게 작별인사를 왔다. 한신은 진희에게 자신의 속마음을 얘기했다. 진희는 기원전 197년에 한신의 말을 듣고 모반했다. 유방은 이 소식을 듣고 직접 군사를 이끌고 진압하러 갔다. 그러나 한신은 병을 핑계대고 출전하지 않았다. 대신 진희에게 사람을 보내어 "그저 군사만 일으켜라. 내 여기서 그대를 돕겠다."라고 말했다.

한신은 유방이 진희의 반란을 진압하러 나가자 곧장 밤중에 거짓 조서를 내려 각 관아의 죄인들과 관노들을 풀어주고 이들을 동원해서 여후(呂后)와 태자(太子)를 습격하려고 했다. 아울러 진희의 회답을 기다리고 있었다. 그러나 한신의 측근이 죄를 지어 죽음에 이르자 측근의 아우가 한신의 모반을 여후에게 얘기했다. 그러나 여후는 두려워서 바로 한신을 부르지 못하고 소하와 의논했다. 소하는 거짓으로 사람을 시켜 고조에게서 온 것처럼 "진희가 벌써 사형을 당했습니다. 여러 제후들과 신하들이 모두 축하하고 있습니다."라고 말하게 했다. 소하도 한신에게 "병중이지만 억지로 들어와서 축하하시오."라고 말했다.

여후는 한신이 궁 안에 들어가자 무사를 시켜 그를 포박했다. 한신은 장락궁(長樂宮) 종실(鍾室)에서 목이 잘렸다. 그는 죽으면 다음과 같이 말했다.

> "내가 괴통의 계책을 쓰지 못한 것이 안타깝다. 여자에게 속았으니 어찌 운명이 아니겠는가?"

모반죄는 삼족을 죽였다. 그래서 한신의 삼족도 죽음을 당했다. 유방은 진희를 토벌하고 돌아오자 한신이 죽은 것을 보고 다음과 같이 물었다.

> "한신이 죽을 때 무엇이라 하더이까?"

여후가 대답했다.

> "괴통의 계책을 쓰지 못한 것이 한스럽다고 말했습니다."

유방이 다시 말했다.

> "그는 제나라 변사요."

유방은 여후의 말을 듣고 곧장 괴통을 잡아올 것을 명령했다. 유방은 괴통이 잡혀오자 그를 삶아죽이라고 했다. 그러나 괴통은 눈 하나 깜짝 않고 변사답게 한신에게 나라를 세우도록 권한 사정을 유명에게 설명했다. 유방은 괴통을 말을 듣고 괴통을 용서했다.

한신은 어머니가 돌아갔을 때 매우 가난해서 장례조차 치를 수 없었다. 그래서 그는 초나라 왕으로 갔을 때 높은 넓은 땅에 어머니의 묘소를 만들었다. 사마천의 평가대로 한신의 최후가 비극으로 끝난 것은 도리를 배우고 겸양해서 자신의 공로와 능력을 자랑했기 때문이다. 사마천은 그가 그렇게 하지 않았다면 그의 업적이 주(周)나라의 주공(周公), 소공(召公), 태공(太公)과 견줄 수도 있다고 보았다.

한나라 고조 유방은 아직 권력 기반이 튼튼하지 못해서 군국제(郡國制)로 국정을 이끌었다. 유방이 진나라처럼 중앙집권의 군현제(郡縣制)를 실시하지 못한 것은 한신 같은 이성(異姓)제후 때문이었다. 따라서 유방이 한신을 제거한 것은 이성제후의 세력을 약화시키는데 결정적인 계기가 되었다. 유방에게 남은 과제는 자신과 성이 같은 동성(同姓)제후를 제거하는 것이었다. 동성제후는 유방의 손자 경제(景帝) 때 오초칠국(吳楚七國)의 난을 진압하면서 정리되었다. 경제의 아들 무제가 중앙집권으로 대외정책을 펼칠 수 있었던 것도 바로 제후들의 제거로 가능했다.

유방 밑에는 장군으로 활약하여 한왕(韓王)으로 봉해진 한신이 있었다. 회음후(淮陰侯) 한신(韓信)과 한자가 같아서 혼동할 가능성이 아주 높다. 그래서 두 사람을 구분하기 위해 그를 '한왕신(韓王信)'으로 부른다. 그는 흉노와 연합해서 반란을 일으켰다. 그러나 반란의 대가는 회음후 한신처럼 죽음이었다.

4. 사마상여와 탁문군의 사랑이야기

사마상여와 부(賦) 문학

사마상여(司馬相如, 기원전 179-117)는 중국 고대의 최고 문학가다. 그가 남긴 작품은 굴원과 비교할 정도다. 그는 촉군(蜀郡) 성도(成都:사천성의 수도) 출신이다. 그의 자(字)는 장경(長卿)이다. 그는 어릴 때 독서하기를 좋아하고 격검(擊劍)을 배웠으므로 부모가 그를 견자(犬子)라고 불렀다. 그러나 사마상여는 전국시대 조나라의 대신이었던 인상여(藺相如)를 좋아해서 이름을 상여(相如)라 고쳤다.

상여가 세상에 이름을 알린 것은 그의 문학작품이다. 그는 돈을 이용해서 낭(郞)의 벼슬을 얻은 뒤 효경제(孝景帝), 즉 문제(文帝)의 아들 경제를 섬겨 무기상시(武騎常時)에 올랐으나, 한나라 황제가 사부(辭賦)를 좋아하지 않자 벼슬을 그만뒀다. 이 당시 마침 경제의 동생인 양효왕(梁孝王)이 조정으로 들어와 황제를 알현했다. 이 때 유세객인 제(齊)나라의 추양(鄒陽), 회음(淮陰)의 매승(枚乘), 오(吳)의 장기(裝忌) 부자의 무리가 함께 따라왔다. 양효왕과 함께 온 사람들은 모두 문학가였다. 사마상여는 이들을 좋아했다. 그래서 상여는 병을 핑계로 양나라로 가서 문객으로 활동했다. 이 때부터 상여의 활동이 본격적으로 이루어졌다.

사마상여가 양나라에서 학자들과 함께 지내면서 지은 작품이 바로 『자허부(子虛賦)』였다. 이 작품은 자허가 초나라 왕을 위해 제나라 사신으로 가는 것을 가정해서, 제나라 왕앞에서 초나라 운몽의 거대함과 군신의 성대한 수렵 모습을 자랑하자 오유(烏有)선생이 제나라가 초나라에 비해 땅도 넓고 물산도 풍부하다고 자랑하는 내용이다. 『자허부』는 한나라 무제의 마음을 완전히 빼앗을 만큼 유명했다.

『자허부』의 '부'는 『시경』의 표현 방법의 하나다. 부는 작자의 생각이나 눈앞의 경치 같은 것을 있는 그대로 드러내는 것이었다. 부가 하나의 문학 장르로 자리 잡은 것은 굴원의 『초사』를 계승한 송옥(宋玉) 등에 의해서였다. 이들 작품은 모두 아름다운 글을 통한 풍자에 목적을 두었다. 그러나 부는 한나라 사마상여에 이르러 내용과 형식이 『초사』와 달리 '한부(漢賦)'라는 새로운 문체로 발전했다. 한부는 시(詩)라기보다는 산문적인 요소가 늘어났고 내용면에서 개성이나 개인의 감정이 사라지고 일정한 일이나 물건을 아름답게 그려내는 일에 중점을 두었다. 그런데 부는 한마디도 정의할 수 없을 만큼 시대마다 성격이 조금씩 달랐다. 북송시대 구양수(歐陽脩, 1007-1072)의 『추성부(秋聲賦)』와 소식(蘇軾, 1037-1101)의 『적벽부(赤壁賦)』는 명작 중의 명작으로 꼽힌다. 우리나라의 최초 부 작품은 신라 최치원(崔致遠)의 『영효부(咏曉賦)』다. 최치원 이후 우리나라에서도 많은 문인이나 임금이 『자허부』를 입에 올렸다.

사마상여와 탁문군의 운명적인 만남

상여는 양효왕이 죽자 고향으로 돌아와야만 했다. 고향에 돌아온 그는 직장조차 없었기 때문에 생활이 무척 곤궁했다. 그는 부득이 평소 사이가 좋았던 하남성 낙양 임공(臨功)의 현령인 왕길(王吉)의 집으로 갔다. 상여는 여기서 운명적인 여자 탁문군을 만날 줄 꿈에도 몰랐다. 그는 낙양의 도정(都亭)에 머물면서 시간을 보내고 있었다. 평소 사마상여를 공경했던 왕길은 무료하게 시간을 보내고 있는 그를 임공의 성 내에서 가장 부자인 탁왕손(卓王孫)에게 소개했다. 상여는 탁왕손이 베푼 잔치에 초대되었다. 잔치 분위기가 무르익자 왕길이 상여에게 거문고 연주를 부탁했다. 왕길은 상여의 거문고 연주가 뛰어나다는 것을 잘 알고 있었기 때문이다. 상여는 왕길의 부탁을 거절할 수 없어서 거문고를 연주하기로 했다.

탁왕손에게는 딸이 있었다. 딸은 16세에 아버지 친구의 아들에게 시집

갔으나 1년도 채 안 돼 남편을 여의고 친정에 있었다. 그녀의 이름은 문군(文君)이었다. 문군은 음악을 무척 좋아했다. 상여는 탁왕손에게 딸이 있다는 소식을 듣고 그녀를 연회장으로 끌어내기 위해 거문고를 연주하기 시작했다. 문군은 문틈으로 상여의 음악을 듣고 그를 좋아하게 되었다. 상여도 그녀의 아름다운 모습에 반해버렸다. 상여는 자신의 마음을 자신의 거문고 '녹기금(綠綺琴)'으로 〈봉구황(鳳求凰)〉을 연주하면서 그녀를 유혹했다. 〈봉구황〉은 '봉이 황을 구한다'는 뜻이다. '봉'은 수컷이고, '황'은 암컷이다. 이 음악은 곧 사마상여가 탁문군을 유혹한다는 뜻이다. 상여가 연주한 거문고 녹기금은 양효왕에게 선물로 받은 것이다. 양효왕은 사마상여가 『옥여의부(玉如意賦)』를 짓자 기뻐하면서 그에게 녹기금을 하사했다.

봉이 고향에 돌아 왔구나./鳳兮鳳兮歸故鄕
황을 찾아 천하를 날아 다녔네./翶遊四海求其凰
때를 만나지 못해 여태 찾지 못했으니/時未遇兮無所將
오늘밤 여기 올지 어찌 알았겠느냐./何悟今夕升斯堂
아름다운 여인은 규방에 있으니/有艶淑女在閨房
방은 가깝고 사람은 멀어 애간장 태우네./室邇人遐毒我腸
어떤 인연이면 그대와 한 쌍 원앙이 되어/何緣交頸爲鴛鴦
함께 저 높은 하늘을 날 수 있을까./胡頡頏兮共翶翔
황이여! 황이여! 나를 따라 둥지를 틀어다오/凰兮凰兮從我棲
꼬리를 비비며 영원한 짝이 되리./得托孳尾永爲妃
정 나누고 몸이 통하고 마음이 하나 되니/交情通體心和諧
깊은 밤 서로 좋게 지낸들 뉘 알리오./中夜相從知者誰
두 날개 활짝 펴고 높이 날아올라/雙翼俱起翻高飛
다시는 나를 슬프게 하지 마오./無感我思使於悲

사마상여의 노래는 아주 노골적이다. 그만큼 상여의 문군에 대한 사랑이 간절했던 것이다.

사랑을 위해 목숨을 걸다

탁문군의 마음도 사마상여의 마음과 같았다. 그러나 두 사람의 사랑은 쉽게 이루어질 수 없었다. 탁문군은 당시 과부이긴 했지만 엄청난 부자의 딸이었고, 사마상여는 가난한 선비에 지나지 않았기 때문이다. 그러나 탁문군은 사마상여의 마음을 알고 집을 뛰쳐나왔다. 두 사람은 밤에 상여의 고향 사천 성도로 갔다. 결국 두 사람은 사랑을 위해 야반도주한 것이었다. 그러나 두 사람이 도착한 상여의 집에는 사방의 벽만 있을 뿐 다른 도구는 없었다. 그만큼 찢어지게 가난했기 때문이다. 사마천은 사마상여의 집을 '가거사사벽(家居徒四壁立)', 즉 "집에 있는 것은 다만 사방에 벽만 서 있다"라고 표현했다. 여기서 유래한 말이 '가도사벽(家徒四壁)'이다. 이는 아주 가난할 때 사용하는 단어다.

탁왕손은 딸이 사마상여와 야반도주했다는 사실을 알고 노발대발했다. 주변 사람들이 탁왕손의 마음을 돌리려 했지만, 그는 딸을 용서하지 않았다. 두 사람은 탁왕손의 반대로 낙양 임공으로 쉽게 돌아갈 수 없었다. 그러나 탁문군은 사마상여의 집에서 더 이상 견딜 수가 없었다. 그녀는 상여에게 임공으로 갈 것을 요구했다. 그녀가 임공으로 가고자 했던 것은 아무리 힘들어도 지금 있는 곳보다는 낫다는 생각이 들었기 때문이다. 게다가 임공에는 아는 사람들도 있기 때문에 손을 벌릴 수도 있었던 것이다. 사마상여도 어쩔 수 없이 탁문군의 요구를 받아들일 수밖에 없었다.

두 사람, 술집을 차리다

다시 임공으로 돌아 온 두 사람은 가진 것을 모두 팔아서 술집을 사서 술을 팔기 시작했다. 탁문군은 술을 데우는 노(鑪)에서 술을 팔고, 상여는 독비곤(犢鼻褌:쇠코밤방이)을 입고 고용인과 함께 시장에서 술잔을 닦았다. 두 사람이 술을 판다는 소식이 탁왕손의 귀에 들어갔다. 그는 그 소식에 부끄러워 집 밖으로 나가지도 않았다. 그러자 형제와 어른들은 탁왕손에게 다음과 같이 설득했다.

> "그대에게는 아들 하나와 딸 둘이 있고, 부족한 것은 재산이 아닙니다. 지금 문군은 몸을 사마장경에게 버렸고, 장경은 오랫동안 유력한 사람으로 비록 가난하지만 그 사람됨과 재능은 의지하기에 충분합니다. 또한 그는 현령의 빈객인데, 어찌하여 이와 같이 서로 욕되게 하십니까!"

탁왕손은 결국 딸 문군에게 노복 100명, 돈 100만과 시집갈 때 의복, 이불, 재물을 나누어주었다. 이에 문군은 상여와 성도로 돌아가서 밭과 논을 사서 부자가 되었다.

사마상여의 작품과 한나라 무제

사마상여의 도피행각은 온갖 고생 끝에 해피엔딩으로 끝났다. 두 사람의 러브스토리는 마치 바보온달과 평강공주와 닮았다. 사마상여의 성공담은 그의 작품이 한나라의 무제와 만나면서 절정에 달한다. 무제가 상여의 작품을 접한 것은 촉(蜀)나라 사람 양득의(陽得意)가 구감(拘監:황제 사냥개 관리)시절 무제에게 소개하면서부터다. 무제는 상여의 작품 중 『자허부』를 읽고 난 뒤 다음과 같이 말했다.

> "짐은 어찌 이 사람과 같은 시대에 살지 못했던가!"

상여의 작품에 대한 무제의 극찬은 그를 단박에 전국의 스타로 만들었다. 무제는 자신이 읽은 작품이 이전 시대의 것으로 알고 있었다. 그런데 양득의가 자신의 마을에 사는 사마상여의 작품이라 말하자, 무제는 깜짝 놀라 바로 상여를 불렀다. 무제는 상여를 만나 자신이 읽은 작품을 직접 썼는지 확인했다. 상여는 무제 앞에서 자신이 쓴 기존의 작품은 제후의 일을 말한 것이라서 천자를 위해 새로이 『유렵부(游獵賦)』를 지어 바치겠다고 말했다. 무제가 허락하면서 상여에게 붓과 찰(札)을 주었다. 사마천은 상여가 무제에게 바친 작품을 소개하고 있다.

『유렵부』는 천자와 제후의 사냥을 중심으로 설정한 후 절약과 검약으로 마무리한 작품이다. 작품은 초나라의 자허가 제나라로 가서 사냥하는 것으로 시작한다. 사마상여의 작품을 통해 당시 초나라와 제나라의 사정을 구체적으로 이해할 수 있다. 물론 작품은 상여가 상상력을 동원한 것이지만, 내용 중에는 실제 상황을 반영하는 대목도 적지 않기 때문이다. 몇 단락을 통해 당시의 상황을 살펴보자.

우선 오유선생의 물음에 대해 자허가 대답한 운몽에 대한 얘기다.

> "초나라에는 일곱 개의 택지가 있습니다. 신은 그 중 하나를 보았고, 나머지는 아직 보지 못했습니다. 신이 본 것은 대체로 그 중에서 가장 작은 것으로 이름을 '운몽(雲夢)'이라 합니다. 운몽은 사방 900리이고, 그 가운데 산이 있습니다. 그 산은 굽이져 서려 있고 높이 치솟아 험준하고, 봉우리와 암석이 가지런하지 않아 해와 달을 가려 이지러집니다. 서로 교차하고 어지러이 뒤섞여 위로는 푸른 구름이 솟구치고, 차츰 산비탈은 느슨하게 경사가 져서 그 끝이 강과 시내에 닿았습니다. 그 흙은 단청(丹青), 자악(赭堊), 자황(雌黃), 백부(白坿), 석벽(錫碧), 금은(金銀) 등으로서 갖가지 빛깔이 광채를 발산하여 용의 비늘처럼 빛났습니다. 그곳의 돌로는 적옥(赤玉), 매괴(玫瑰), 임민(琳瑉), 곤오(琨珸), 감륵(瑊玏), 현려(玄厲), 연석(瑌石), 무부(武夫) 등이 있습니다. 그 동쪽으로는 혜포(惠圃)에 형란(衡蘭), 지약(芷若), 사간(射干), 궁궁(芎藭), 창포(菖蒲), 강리(江籬),

미무(蘼蕪), 감자(甘蔗), 박차(猼且)가 있습니다. 그 남쪽으로는 평원과 넓은 계곡이 있어 오르고 내림이 구불구불 구부러지고 길며, 움푹 패어 들어가고 편편하게 넓게 퍼집니다. 그 밖으로는 장강(長江)에 잇닿아 멀리 무산(巫山)으로 끝이 납니다. 높고 건조한 곳에는 짐(葴), 포(苞), 려(荔), 설(薛), 사(莎), 청번(青薠)이 나고, 그 낮고 습한 곳에는 겸가(蒹葭), 동장(東薔), 조호(雕胡), 연우(蓮藕), 고로(菰蘆), 암려(菴閭), 헌우(軒芋)가 납니다. 그 서쪽에는 솟아나는 샘물과 맑은 못이 있고, 급류가 서로 떠밀듯 흘러갑니다. 그 밖으로는 연꽃, 마름꽃들이 피어 있으며, 그곳에는 커다란 바위와 흰 모래를 숨기고 있습니다. 또 그 속에는 신령스러운 거북과 교룡, 악어, 대모(玳瑁), 별원(鼈黿) 등이 살고 있습니다. 또 그 북쪽으로는 그늘진 숲과 큰 나무들이 있고, 편남(楩楠), 예장(豫章), 계초(桂椒), 목란(木蘭), 벽리(蘗離), 주양(朱陽), 사리(樝梨), 영률(梬栗), 귤유(橘柚) 등이 향기를 뿜고 있습니다. 그 나무들 위에는 적원(赤猿), 구유(蠷蝚), 원추(鵷雛), 공작(孔雀), 난조(鸞鳥), 등원(騰遠), 사간(射干)이 살고 있습니다. 또 그 나무 아래에는 백호(白虎), 현표(玄豹), 만연(蟃蜒) 등이 살고 있습니다."

운몽에 대한 얘기는 단순히 자랑이 아니라 당시의 중요한 자연생태에 대한 정보를 제공한다. 옥과 길짐승과 나무, 그리고 생명체를 다양하게 소개하고 있기 때문이다. 이처럼 운몽의 자연생태는 초나라의 자랑이었던 것이다. 운몽은 초나라의 대표적인 '산림수택(山林藪澤)'이었다. 운몽 같은 산림수택은 고대부터 공통체의 재산이었다. 그러나 춘추·전국시대를 거치면서 생산수단의 발달과 각국의 부국강병 정책으로 점차 개발되기 시작했다. 특히 진나라가 전국을 통일하고 황제지배체제가 형성되면서 운몽과 같은 산림수택은 황제의 경제기반으로 바뀌기 시작했다. 다시 말해 운몽은 더 이상 공동체의 재산이 아니라 황제의 개인재산으로 전용되었던 것이다. 진나라와 한나라에서 황제지배체제를 완성할 수 있었던 것도 운몽과 같은 산림수택에서 나온 엄청난 재산을 확보할 수 있었기 때문이다. 사마상여의 작품은 운몽이 지닌 모습을 아주 구체적으로 보여주고 있다.

운몽은 자연생태만이 아니라 중국사에서 매우 중요한 의미를 갖고 있는 지역이다. 1975년 호북성 운몽 수호지(睡虎地) 진묘(秦墓)에서 묘의 주인을 묻은 관속에서 시체와 함께 있던 1000여 개의 신나라 법률 관련 죽간이 나왔기 때문이다. 죽간은 후한 때 채륜이 종이를 만들기 전까지 중국 고대 사회에서 대나무에 문자를 기록한 문서를 말한다. 1989년에는 운몽 용강(龍崗) 6호분에서 150매의 죽간 진률이 출토되었다. 이때의 죽간을 운몽에서 나와서 '운몽진간(雲夢秦簡)'이라 부른다. 운몽진간은 진시황제의 통치 내용을 구체적으로 보여주었다. 그 동안 학계에서는 진시황제가 엄격한 법을 통해 다스렸다는 사실만 알고 있었을 뿐 구체적인 법률 집행 과정을 몰랐다. 그러나 운몽진간 덕분에 진나라가 그 동안 알고 있던 것과 달리 아주 체계적으로 국가를 운영했다는 것을 알게 되었다. 이처럼 운몽진간이 2,100년 동안 남아 있는 것은 운몽이 늪지대였기 때문이다. 진간은 늪에서 썩지 않고 그대로 보존될 수 있었던 것이다.

자허의 얘기를 들은 오유선생은 제나라에 대해서 다음과 같이 자랑했다.

> "제나라는 동쪽으로는 큰 바다가 있고, 남쪽으로는 낭야산(琅琊山)이 있습니다. 성산(成山)에서 유람하고 지부산(之罘山)에서 활을 쏘며, 발해(渤海)에서 배를 띄우고, 맹제(孟諸)에서 놀며, 곁으로 숙신국(肅愼國)과 이웃했고, 오른쪽으로는 탕곡(湯谷)으로써 경계를 삼고 있습니다. 가을에는 청구산(青丘山)에서 사냥하고 자유롭게 바다 밖에서 소요하면 운몽과 같은 따위는 여덟 개나 아홉 개쯤 삼켜도 그 가슴속에서는 일찍이 개자(芥子)만큼도 걸리는 것이 없을 것입니다. 가슴이 막히지 않을 만큼 큰 인물과 다른 나라의 특이하고 기이한 조수(鳥獸)등 만물이 비늘처럼 많

이 모여 그 가운데 충만한 것을 말한다면 모두 다 기록할 수 없습니다. 우(禹)임금일지라도 그것에 모두 이름 붙일 수는 없을 것이며, 설(契)도 그 수를 헤아릴 수 없을 것입니다. 그렇지만 제후의 지위에 있기 때문에 감히 유희의 즐거움이라든지 원유(苑囿)의 크기를 말하지 않는 것입니다. 선생은 또 빈객으로서 대우받고 있습니다. 그러므로 제나라 왕은 사양하여 대답하지 않은 것이지, 어찌 대답할 것이 없어서 대답하지 않았다고 생각하십니까!"

오유선생은 제나라가 바다와 인접해 있다는 점을 강조하고 있다. 제나라는 산동 반도를 중심으로 발해와 인접해 있다. 그러나 제나라는 초나라와 기후와 토양이 매우 달라서 물산으로 보자면 초나라에 비해 부족하다.

자허와 오유선생의 얘기를 들은 무시공은 초나라와 제나라의 얘기를 평가절하하면서 섬서성의 천자 상림원(上林苑)에 대해 소개했다. 내용이 길지만 매우 중요한 정보를 제공하고 있다.

"창오(蒼梧)를 동쪽에 두고, 서극(西極)을 서쪽으로 하고, 단수(丹水)는 다시 그 남쪽에 있고, 자연(紫淵)은 그 북쪽을 가로질렀습니다. 패수(霸水)와 산수(滻水)는 수원(水源)과 수류(水流)가 모두 상림원 안에 있고, 경수(涇水)와 위수(渭水)는 모두 상림원 밖에서 들어와서 다시 원(苑) 밖으로 나갑니다. 풍(酆), 호(鄗), 요(潦), 휼(潏)의 네 강물이 굽이굽이 뒤틀려 상림원 안을 돌고 있습니다. 탕탕(蕩蕩)하게 흘러서 여덟 개의 냇물로 갈라집니다. 서로 등지고 각기 형태를 달리하면서 동서남북으로 뒤섞여서 흐릅니다. 다시 산초나무가 자라고 있는 언덕 사이로 나오고, 섬의 물기슭에 이르러 계림(桂林)의 속을 가로지르고, 넓은 들을 지납니다. 콸콸 흐르는 급류는 대지를 따라 흘러내려가 협소한 해안 사이로 달려갑니다. 이 물은 큰 돌에 부딪치고 돌출한 모래 언덕에 충돌하여 부글부글 끓어올라 노하여 소리를 지릅니다. 물이 뛰고 물이 되돌아오고 뭉치어 솟아오르기도 하며, 금방 또 달아나고 서로 육박하며 서로 칩니다. 옆으로 퍼지며 거꾸로 꺾이고 중첩해서 가볍게 달리고 소리가 요란하고 세력이 기복하고, 별안간 높았다가 별안간 낮았다가 뒹굴면서 한 쪽으로 꼬부라지고 뒤 물결은 앞 물결을 넘어서 푹 꺼진 곳으로 달려가고, 물소리가 쏴아 하며 급류의 여울을 내려갑니다. 바위를 치고 구부러진 언덕을 찌르면서 달려가 치솟아 올랐다가 깨어져 흩어집니다. 높은 곳에 다다라 낮은 곳으로 떨어지고 노호하는 물소리는 콸콸, 콸콸하며 속에서 끓어오르는 듯 물결을 달리게 하고, 거품을 튀기며, 급하게 내쏟아 달려서 저 아득한 쪽에서 아득한 쪽으로 흘러가고, 고요히 소리 없이 영원히 돌아갑니다. 그런 다음에는 끝없이 천천히 돌아서 호호하게 흰빛으로 빛이 나고, 동쪽으로 흘러서 태호(太湖)에 들어가고 작은 못에 넘쳐흐릅니다. 여기에 이르면 교룡(蛟龍), 적리(赤螭), 긍몽(鮔鰽), 점리(螹離), 옹용(鰅鱅), 건탁(鰬魠), 우우(禺禺), 허납(鱋魶) 등이 지느러미를 흔들고 꼬리를 흔들며, 비늘과 날개를 떨쳐 깊은 바위 속으로 잠깁니다. 물고기와 자라의 소리가 은은하게 들리는 듯하고, 만물은 매우 많습니다. 명월(明月)이라는 구슬이 강기슭에 반짝이고, 촉석(蜀石), 수정(水晶)의 덩이들이 여기저기에서 뒹굴면서 찬란한 광채를 번쩍이며, 서로 비치어 물 가운데 더미를 지어 쌓여 있습니다. 홍곡(鴻鵠), 숙보(鷫鴇), 가아(駕鵝), 촉옥(鸀鳿), 교청(鵁鶄), 환목(鸛目), 번목(燔鶩), 용거(鷛鶋), 교로(鵁鸕) 등 온갖 물새들이 물 위에서 떼를 지어 떠서 바람 따라 흔들리고 물결 따라 움직입니다. 풀이 우거진 물가로 몰려가서는 물풀을 쪼아 먹고 연과 마름을 씹고 있습니다.

(중략)

경물(景物)의 풍부함과 치밀함을 두루 살펴보면, 망망하고 황홀하여 끝이 없고 한정이 없습니다. 해는 동쪽 못에서 나와서 서쪽 언덕으로 들어갑니다. 동산의 남쪽에는 기후가 따뜻하여 엄동(嚴冬)에도 초목이 무성하게 자라고 물이 생동하고 물결은 뛰놉니다. 짐승은 모(旄), 맥리(貘犛), 침우(沈牛), 주미(麈麋), 적수(赤首), 환제(圜題), 궁기(窮奇), 상서(象犀) 등이 있습니다. 그 북쪽에는 한여름에도 얼음이 얼어 땅이 터집니다. 얼음 위를 걸어서 옷자락을 걷어들고 하수(河水)를 건너게 됩니다. 그곳의 짐승으로는 기린(麒麟), 각단(角端), 도도(騊駼), 낙타(駱駝), 공공(蛩蛩),

결제(駃騠), 여마(驪馬), 나마(騾馬)등이 있습니다.

이궁(離宮)과 별관(別館)은 산에 가득하고 골짜기에 이어져 있으니, 높다란 회랑은 사방으로 처마를 드리우고, 2층 누각과 굽은 주랑(走廊)이 서로 이어져 있습니다. 단청한 서까래 위에 옥으로 장식하여 임금의 수레가 갈 수 있는 길이 즐비하게 이어져 있습니다. 첨하의 주랑은 길게 둘러져 있어서 그 길은 중간에 반드시 머물러야만 할 정도입니다. 종산(宗山)을 평평하게 닦아서 집을 짓고, 높은 누대를 겹쳐 쌓아올려서 바위틈의 깊숙한 곳에 방을 꾸미니, 그곳에서는 아득히 멀어서 보이는 것이 없고, 쳐다보면 대들보가 높아 하늘을 만질 수 있을 것만 같습니다. 유성은 궁궐 안의 작은 문을 지나가고, 무지개는 난간에 길게 당겨져 있고, 청룡은 동상(東箱)에 꿈틀거리고, 상여(象輿)는 서상(西廂)에 서립니다. 영어(靈圉)는 고요하나 집에서 휴식하고, 악전(偓佺:신선)의 무리는 남쪽 처마의 햇볕 속에 몸을 드러내고 있습니다. 단 샘물은 깨끗한 방 안에서 솟아오르고, 통과하는 냇물은 안뜰을 지나갑니다. 반석을 벼랑으로 가지런하게 끌어 세우고, 가지런하지 않은 작은 산을 닦고 높고 험준한 산봉우리를 정리하며 조각한 듯 기이한 천연석을 보존시킵니다. 매괴(玫瑰)와 벽림(碧林)의 구슬들과 산호(珊瑚)가 무더기로 더부룩하게 났고, 민옥(瑉玉)과 문석(文石)에는 무늬 비늘이 있습니다. 적옥(赤玉)은 아롱진 무늬를 띠고 그 사이에 섞여 있습니다. 수수(垂綏), 완염(琬琰), 화씨벽(和氏璧)이 이곳에서 산출되었습니다.

노귤(盧橘)은 여름에 익고, 황감(黃柑), 유자(帷子), 비파(枇杷), 소조(小棗), 산리(山梨), 후박(厚朴), 양매(楊梅), 앵도(櫻桃), 포도(葡萄), 은부(隱夫), 울체(鬱棣), 여지(荔枝) 등 온갖 과일들이 후궁에 있고, 북쪽 동산에 이어 있고, 언덕에 이어지고 평원으로 이어져 내려갑니다. 푸른 이파리와 붉은 줄기가 생동하는 그 사이에 붉은 꽃을 피웁니다. 붉은 꽃봉오리는 빼어나서 찬란하게 넓은 들에 비쳐 빛이 납니다. 사당(沙當), 역저(櫟櫧), 화범(華氾), 벽로(檗櫨), 유락(留落), 서여(胥余), 빈랑(檳榔), 종려(棕櫚), 단(檀), 목란(木蘭), 예장(豫章), 여정(女貞) 등 진기한 나무들은 키가 큰 것은 천 길이나 되고, 굵은 것은 아름드리가 됩니다. 꽃가지는 곧고 시원스러우며 열매와 잎은 크고 무성합니다. 모여 서로 뭉쳐서 서로 의지하며 휘감기고 겹쳐 뒤엉켜 있는 것이 구불구불 서리고 뒤섞여서 헝클어져 있습니다. 꼿꼿하게 혹은 비스듬하게 척척 휘어진 사이로 떨리는 꽃은 펄펄 나부낍니다. 바람은 나뭇가지를 울리고 금석(金石)의 소리는 피리소리를 듣는 것 같습니다. 이러한 여러 나무들이 길고 짧음이 가지런하지 않은 모습으로 후궁을 둘러싸고 떼를 지어 모여 있으며 뒤섞여 겹쳐 있습니다. 산을 덮고 골짜기를 수놓으며 언덕을 따라서 습지로 이어졌습니다. 이것은 보아도 끝이 없고 탐구해도 끝이 없습니다."

상림원은 중국 진(秦) · 한(漢) 대의 황제의 동산 이름이다. 상림의 위치는 장안, 지금의 서안을 중심으로 주위 300리 정도였다. 그러나 상림원은 진나라 때 만들었지만 전쟁과정에서 훼손되었을 뿐 아니라 관리 소홀로 황폐해졌다. 상림원은 한나라 무제 때 다시 회복되었다. 무시공의 얘기는 무제 때 복원한 상림원의 상황을 설명한 것이다. 사마상여가 상림원을 강조한 것도 바로 무제를 위해서였다. 사마상여가 언급한 상림원이 중요한 것은 이곳이 단순히 황제의 동산만을 의미하는 것이 아니라 중국 고대의 원림(苑林:園林)을 이해하는데 매우 중요한 사료이기 때문이다.

상림원의 식물과 동물은 중국의 생물학 연구에서도 매우 중요한 위치를 차지한다. 그러나 인문학에서는 주로 상림원을 황제 권력의 사치로 이해하는데 활용했다. 중국 고대의 경우 상림원을 비롯한 원림은 황제 권력의 사치를 상징적으로 보여준다. 그들이 원림을 소성하는데 엄청난 돈을 투자했기 때문이다. 문제는 그들이 투자한 원림이 백성들의 삶을 한층 고단하게 만들었다는 점이다. 이러한 점을 가장 극적으로 비판한 사람이 맹자였다. 관련 얘기는 『맹자 · 양혜왕장구상』에나온다.

"맹자가 양혜왕을 만났는데 왕이 연못가에 있다가 큰 기러기와 사슴을 돌

아보고 말했다. '어진 사람도 이것을 즐기십니까?'
맹자가 대답했다. '어진 사람이 된 뒤에야 즐거워할 수 있으니, 어지지 못한 사람은 비록 이것을 가지고 있더라도 즐거워하지 못합니다.'"

맹자는 어지지도 않으면서 원림에서 즐기는 양혜왕을 비판했다. 그런 후 양혜왕을 일깨워주기 위해 다시 『시경(詩經)·대아(大雅)·영대(靈臺)』를 인용하면서 말을 이어갔다.

"『시경』에 이르길, '영대(靈臺)를 처음 경영하여 이것을 헤아리고 도모하니, 서민들이 와서 일 한지 하루 만에 완성했다. 경영하길 급히 하지 말라고 했지만 서민들은 아들이 아버지 일에 달려오는 듯 했다. 왕이 영유(靈囿:동산)에 있으니, 사슴이 그곳에 가만히 엎드려 있다. 사슴들은 살쪄 빛나고, 백조는 깨끗하고 희다. 왕이 영소(靈沼)에 있으니, 아! 연못에 가득히 고기가 뛰논다,'했으니, 문왕(文王)이 백성의 힘을 이용하여 대를 만들고 소를 만들었으나 백성들이 그것을 즐거워해서 그 대를 '영대', 그 소를 '영소'라 불렀다. 문왕이 큰 기러기와 사슴, 고기와 자라를 소유하길 좋아했으나 옛사람들은 백성과 더불어 즐겼기 때문에 즐길 수 있었던 것입니다."

맹자는 백성과 더불어 즐거워하는 지노자들 원했다. 그러나 전국시대의 지도자들은 혼자서 즐기는 '독락(獨樂)'에 빠져 있었다. 맹자는 지도자가 독락에 빠진 결과를 다음과 같이 말했다.

"『서경(書經)·상서(商書)·탕서(湯誓)』에 이르길, '이 태양이 언제 없어질고? 내 너와 더불어 망하겠다.'했으니, 백성들이 그와 더불어 망하겠다고 하면 비록 영지와 오수(鳥獸)를 가지고 있더라도 어찌 홀로 즐거워할 수 있겠습니까?"

동방삭은 한나라 무제가 상림원을 대대적으로 확장코자 하니 『한서(漢書)·동방삭전(東方朔傳)』에서 다음과 같이 반대했다.

> "하늘이 변이를 내리지 않는다면 삼보의 땅도 모두 폐하의 동산이 될 것인데, 굳이 주절(盩厔)과 호(鄠)와 두(杜)까지 확장할 필요가 있겠습니까. 그러나 사치하는 것이 법제에 정해져 있는 도를 넘으면 하늘이 변이를 내릴 것이니, 지금의 상림원이 작으나 신의 생각에는 크다고 생각합니다."

중국 황제의 원림을 상징하는 상림원은 사치에 대한 비판이면서도 자연생태의 보고라는 사실도 잊지 말아야 한다. 상림원은 분명 지배층의 사치공간이었지만 자연생태의 관점에서 보면 긍정적인 측면을 충분히 갖고 있다. 우리나라의 왕릉이나 양반층의 무덤은 분명 지배층의 사치와 무관하지 않지만, 왕릉의 자연생태는 세계문화유산으로 지정되는 데 큰 몫을 담당했다. 중국 고대의 상림원은 우리나라 경상남도 함양의 상림에도 영향을 주었다. 신라시대 최치원은 이곳의 책임자로 있을 때 홍수를 방지하기 위해 하천 주변에 나무를 심었다. 현재 상림은 우리나라 최초 인공 숲이자 천연기념물 제154호다. 함양은 진나라의 수도 함양(咸陽)과 한자도 같다. 고려시대 이곡(李穀)의 『가정집(稼亭集)·잡록(雜錄)』에서도 상림원에 대한 내용을 확인할 수 있다.

> 먼 곳의 귀한 황곡 한 마리가/ 黃鵠遠見珍
> 동쪽 바닷가에서 날아왔네./ 飛來東海濱
> 붉은 해 떠오르는 상림원의 새벽이요/上林紅日曉
> 푸른 물결 넘실대는 태액지의 봄이네./太液碧波春
> 나래 떨치는 것이 어찌 그리도 빨랐던지/振翮一何迅
> 은혜를 받드는 것이 여기서 새로우리./ 承恩從此新

나는 모습은 하늘의 길에 가까운 한림원이요/羽儀近天路
공덕을 칭송하는 노래는 천자의 신하들을 뒤흔들었네./ 歌頌動王臣

조선시대 창덕궁에도 후원(後苑), 즉 상림원이 있었다. 상림원은 담당 관리를 비롯해서 수리 등 적지 않은 비용이 들었다. 그러나 상림원은 창덕궁이 세계문화유산으로 지정되는 데 큰 역할을 담당했다.

사마상여의 죽음과 마지막 작품

사마상여는 무제에게 바친 작품 덕분에 벼슬자리를 얻었다. 그러나 그는 벼슬로 생계를 유지하고 싶은 마음은 많지 않았다. 그는 가능하면 정치와 행정에는 관여하고 싶지 않았다. 상여는 질병을 핑계로 한가하게 보내길 원했다. 상여는 일찍부터 소갈병, 즉 당뇨를 앓고 있었기 때문이다. 당뇨를 앓고 있었던 상여는 늘 건강을 챙기지 않을 수 없었다. 그러나 짙푸른 눈썹 색이 멀리 보이는 산의 색과 같고, 화사한 두 뺨이 늘 연꽃 같고, 피부가 엉긴 기름처럼 보드랍고 매끄러웠던 아내 탁문군을 미치도록 사랑했기 때문에 소갈병을 관리하지 못했다. 그래서 그는 자신을 경계하는 『미인부(美人賦)』를 지었다.

상여는 무제의 행동에 대해서도 직언하는 성격이었다. 그는 어느 날, 무제가 수양버들 축축 늘어진 장양궁(長楊宮)에서 사냥할 때 함께 따라 갔다. 그 때 무제가 직접 곰, 산돼지를 쏘고, 말을 달려 야수를 쫓자 상여가 다음과 같이 중지할 것을 간언했다.

"신이 듣건대, 생물에는 유(類)는 같으면서도 그 능력이 다른 것이 있습니다. 그러므로 힘은 오획(烏獲)을 일컫고, 날랜 것은 경기(慶忌)를 말하며, 용감한 것은 맹분(孟賁)과 하육(夏育)을 기대한다고 합니다. 신의 어리석은 생각으로 가만히 생각하니, 사람에게는 진실로 그러한 면이 있습니다. 짐승도 마땅히 이와 같을 것입니다. 지금 폐하께서는 막히고 험난한 곳을 돌보지 않고 쫓아가 즐겨 맹수를 쏘고 있습니다. 만일 갑자기 특출한 맹수와 만나 생각지 못했던 곳에서 놀라 폐하를 따르던 수레가 일으킨 먼지를 범한다면, 수레는 바퀴를 돌릴 겨를이 없을 것이고, 사람은 기교를 부릴 틈이 없을 것입니다. 이때에는 오획, 봉몽(逢蒙)의 기술이 있을지라도 힘을 쓸 수 없을 것이니, 마른 나무와 썩은 그루터기도 모두 해가 될 것입니다. 이것은 마치 호(胡)와 월(越)이 수레의 바퀴통 밑에서 일어나고, 강(羌)과 이(夷)가 수레 뒤의 횡목(横木)에 침범한 것과 같은 것입니다. 어찌 위태하지 않겠습니까? 가령 만전을 기하여 화가 발생하지 않는다고 할지라도 본래 천자께서 마땅히 가까이 가야 할 곳이 아닌 것입니다.

저 길을 쓸어 깨끗이 한 다음에 가고, 도로의 중앙을 달릴지라도, 때로는 말이 재갈을 벗어버리고 날뛰는 변이 있습니다. 그런데 하물며 무성한 풀 속에서 지나가고 구릉을 달리면서, 앞에는 짐승을 쫓아가는 즐거움이 있고 속으로는 의외의 사변에 방비하는 것이 없으니, 아마 그것이 화를 만드는 것 또한 어렵지 않을 것입니다. 하오니 만승의 천자의 소중한 몸을 가볍게 여기시는 것을 안전하다고 할 수는 없습니다. 그러므로 만에 하나 위험이 있는 길로 나가는 것을 즐겨 하여 그것을 오락으로 삼으신다면 사사로이 폐하를 위하는 산으로서는 폐하께서 이와 같이 하셔서는 안 된다고 생각합니다.

대체로 선견지명이 있는 자는 싹이 트기 전에 일을 미리 알고, 지혜가 있는 자는 위험을 미연에 피하는 것입니다. 화라는 것은 본래부터 대부분 쉽게 발각되지 않는 곳에 숨어 있다가 사람들이 소홀하게 하는 곳에서 발생하는 것입니다. 그러므로 속담에도 "집에 천금을 쌓아놓으면 집 가장자리에 앉지 않는다."라고 하는 것입니다. 이 말이 비록 하찮은 듯하나, 그것으로써 큰 것을 비유할 수 있을 것입니다. 신은 폐하께서 유의하시어 신의 마음을 살펴주시기를 희망합니다."

사마상여는 탁문군을 얻을 때 열정적이면서도 신중한 성격이었다. 무제는 이러한 상여를 좋아했다. 상여는 무제의 총애를 받으면서 그를 위해

『대인부(大人賻)』를 지어 바쳤다. 이 작품은 무제가 신선사상에 빠져있다는 것을 알아차리고 만든 것이다. 이처럼 상여는 마음만 먹으면 뚝딱 한 편의 글을 만드는 탁월한 제주를 갖고 있었다. 무제는 즉위 초에 진시황제처럼 황로사상에 빠져 있었다. 그러나 무제는 동중서(董仲舒, 기원전 176?-기원전 104)를 만나면서 유교를 국교로 삼는 등 새로운 정치체제로 국정을 운영했다.

소갈병은 사마상여의 삶에 큰 타격이었다. 그는 벼슬에서 완전히 물러나 무릉(茂陵)의 집에서 만년을 보냈다. 상여가 살았던 무릉은 무제의 묘가 있는 곳이다. 무릉은 괴리(槐里)의 무향(茂鄕)에서 유래했다. 그는 한나라 수도 서안에서는 꽤 먼 거리였지만 진나라 수도 함양과는 아주 가까운 곳에 살았다. 그는 결국 소갈병을 고치지 못하고 62세의 나이에 죽음을 맞이했다. 무제는 사마상여가 위독하다는 소식을 듣고 다급하게 다음과 같이 말했다.

> "사마상여의 병이 위독하다. 가서 그의 책을 모두 가져오는 것이 좋겠다. 만일 그렇게 하지 않는다면 뒤에 그것을 잃을 것이다."

무제의 예상대로 무제의 명을 받은 소충(所忠)이 상여의 집에 도착하자 그는 죽은 뒤였다. 소충이 두려워서 상여의 아내 탁문군에게 책이 있는지 물으니, 탁문군이 다음과 같이 대답했다.

> "장경은 본래 가지고 있는 책이란 없었습니다. 때때로 저술하면 사람들이 가져갔기 때문입니다. 장경이 아직 죽기 전에 한 권의 책을 저술하여 말하기를 '사자가 와서 책을 요구하거든 이것을 올리시오.'라고 했을 뿐, 다른 책은 없습니다."

소충이 무제에게 이 사실을 보고했다. 소충에게 사마상여의 책을 받은 무제는 그것을 소중하게 여겼다. 상여가 남긴 마지막 글은 '봉선(封禪:하늘에 지내는 제사)'에 관한 것이었다. 아래 글은 사마상여의 편지다. 명문장가의 편지가 어느 수준인지 알 게 해주는 작품이다.

"천지가 처음 열려 하늘이 백성을 낳았습니다. 역조(歷朝)의 임금을 거쳐서 진(秦)나라에 이르렀습니다. 가까운 자의 유적을 살피고 먼 자의 유풍을 들으면, 예부터 군주가 된 자는 많지만 이름이 묻혀 서적에 기록되지 않는 자는 이루 셀 수 없습니다. 순임금과 우임금의 뒤를 이어 밝고 큰 덕을 계승하여 생전의 이름과 사후의 시호를 높이 받들어 후세에 일컬을 만 한 자는 대략 72명의 군(君)이 있습니다. 그 누구도 선을 따르고도 창성하지 않은 자는 없었고, 그 누구도 덕을 잃고 보전한 자는 없습니다. 헌원씨[軒轅氏: 황제(黃帝)] 이전의 일은 멀고 아득하여 그 자세한 것을 얻어 들을 수 없습니다. 그러나 오제와 삼왕의 치적이 육경의 서적에 전하는 것은 볼 만합니다 『상서(尙書)』, 즉 『서경』에 말하기를 "원수(元首)는 현명하구나, 신하는 선량하구나."라고 했습니다. 이것에 근거하여 말한다면, 군왕은 당요(唐堯:요임금)보다 성대한 이가 없고, 신하는 후직(后稷)보다 현량한 이가 없습니다. 후직은 사업을 당(唐)에서 시작했고, 공류(公劉)는 공적을 서융(西戎)에 드러냈습니다. 문왕(文王)이 제도를 고치니, 이에 주나라가 크게 융성하고 대도(大道)가 여기에서 이루어졌습니다. 그리고 뒤로 점차 쇠미하여 천년에 이른 뒤에 그 성교(聖敎)는 끊어졌습니다. 어찌 처음을 잘하고 끝도 잘한 것이 아니겠습니까? 그렇게 된 것에 다른 까닭이 있는 것은 아닙니다. 그것은 앞의 것을 따르는 데 삼가고, 그 교화를 삼가 지켜왔기 때문입니다. 그러므로 주나라의 사적은 평이하여 따르기 쉽고, 은택은 깊고 광대하여 풍부하게 되기 쉬우며, 법도는 명백하고 본받기가 쉽고, 전통을 드리우는 것이 이치에 순응하기 때문에 계승하기가 쉬웠던 것입니다. 이렇기 때문에 왕업은 성왕(成王) 때에 성취되었고, 공적은 이후(二后:주나라 문왕과 무왕) 때 으뜸이었습니다. 그러나 그 처음을 살피고 그 마친 바를 자세히 살피면, 특히 두드러지게 이상하리만큼 뛰어난 사적은 지금의 한나라와 비교할 만한 것이 없습니다. 그러나 오히려 한나라는 태산과 양보산(梁父山)에 올라 봉선(封禪)하여 영광스러운 명예를 세우고 높은 명성을 이루었습니다. 대한(大漢)의 덕은 왕성하게 솟아오름이 샘물과 같아서 성대하게 넘치고 퍼져서 널리 사방에 미칩니다. 무위(武威)는 구름처럼 퍼지고 안개처럼 흩어져서 위로는 구천(九天)에 사무치고 아래로는 팔방의 극에 흘러갑니다. 살아 있는 모든 것은 천자의 은택에 잠기어 윤택해집니다. 화기(和氣)는 옆으로 흐르고, 무위는 질풍같이 빨리 퍼져나갑니다. 가까운 자는 그 근원에서 놀고, 먼 자는 그 말류에서 헤엄칩니다. 곤충도 화락하여 모두 머리를 돌려 안으로 향하고 천자의 은택을 입습니다. 그렇게 한 뒤에 추우(騶虞)와 같은 진귀한 짐승을 원유(苑囿:동산)에서 기르고 미록(麋鹿)과 같은 괴수를 국경에서 잡았습니다. 한 줄기에서 여섯 이삭이 달린 곡식을 부엌에서 골라서 종묘에 바치고, 주나라에서 길렀던 거북을 기산(岐山)가에서 얻었습니다. 취황색(聚黃色)의 용을 못에서 부릅니다. 귀신은 영어(靈圉)와 접촉하여 한관(閑館)에 빈객으로 대우합니다. 기이한 물건의 괴이함과 다양한 변화는 이보다 더할 수 없습니다. 진실로 존중해야 할 일입니다. 좋은 기운이 이에 이르렀지만 오히려 엷다고 겸손해하며 감히 봉선할 것을 말하지 않습니다. 대체로 주나라에서는 무왕(武王)이 상나라 주왕(紂王)을 칠 때 펄펄 뛰는 백어(白魚)가 배에 떨어진 것을 아름다운 징조라 해서 구워서 하늘에 제사를 지냈습니다. 이와 같은 미세한 것을 징험이라고 하여 태산에 올라가 봉선했던 것입니다. 또한 부끄럽지 않습니까! 주나라의 지나침과 한나라의 겸양이 어찌 이렇게 다릅니까?"

사마상여의 마지막 글도 무제를 감동시켰다. 그는 오로지 글재주로 황제의 마음을 움직인 사람이었다. 무제는 상여의 편지대로 토지신에게 제사를 지내고 태산에 가서 봉선했다. 사마천은 사마상여의 글을 공허한 말과 자유분방한 설명이 많다고 평가하면서도, 전체 내용은 절약과 검소라고 요약했다. 사마천의 사마상여에 대한 인색한 평가는 문학작품을 적극적으로 인정하지 않았기 때문이다. 사마천은 여전히 춘추시대처럼 유교 경전을 최고의 작품으로 생각하고 있었다.

5. 화식열전과 상품경제

화식열전과 중국 고대 사회

「화식(貨殖)열전」은 중국 고대사회의 경제를 이해하는데 매우 중요한 사료다. 사마천이 열전에 돈을 버는 방법과 부자들을 소개한 것은 특별한 의미를 갖는다. 사마천은 누구보다도 돈의 소중함을 절감하고 있었다. 그가 궁형을 면할 수 없었던 것도 집안에 돈이 없었기 때문이다. 그래서 사마천은 집안 대대로 사관으로서의 자부심으로 살아왔지만 정작 위기에 처했을 때는 그 자부심이 아무짝에도 소용없다는 것을 절실하게 깨달았다.

중국은 고대부터 상업이 발달했다. 중국의 청동기시대를 열었던 상(商)나라는 국명부터 상업의 발달을 상징적으로 보여준다. '상'은 은나라가 만든 갑골문자부터 등장한다. '상'은 '높은 건물'을 뜻하지만 상나라가 망하자 나라를 잃은 백성들이 다니면서 장사를 시작했다. 그래서 나라이름인 상이 '장사'를 의미하는 글자로 쓰이기 시작했다. 춘추시대 위(衛)나라 출신의 상앙(商鞅)처럼 '상'을 성(姓)으로 삼은 경우도 있었다. 상업의 발달은 상나라가 정주(鄭州)와 낙양 등 황하 중류 주변에 자리 잡고 있었기 때문이다. 정주와 낙양 인근에 자리 잡은 춘추 · 전국시대의 진(晋)과 삼진(三晋) 지역에서 중국의 대표적인 장사꾼이 탄생한 것도 결코 우연이 아니었다.

춘추 · 전국시대는 불열과 불안의 시대였지만 치열한 경쟁을 통해 상업이 발달했다. 이런 과정에서 예전에 볼 수 없었던 부자들이 탄생했다. 사마천의 얘기를 들어보자.

"부자가 되는 것에는 정해진 직업이 없고, 재물에는 일정한 주인이 없는 것이다. 재능이 있는 자에게는 재물이 모이고, 못난 사람에게서는 기왓장 흩어지듯 재물이 흩어져버린다. 천금의 부자는 한 도시의 군주와 맞먹고, 수만금을 모은 자는 왕처럼 즐겼다."

화식열전은 이러한 시대적 배경을 충분히 반영하고 있다. 그런데 사마천이 화식열전의 첫머리에서 노자의 얘기부터 시작하고 있는 것이 흥미롭다.

"노자가 말하기를 '지극히 잘 다스려지는 시대는 이웃 나라와 서로 마주 보이고, 닭과 개 짖는 소리가 서로 들릴 정도이며, 백성들은 각자 자신들의 음식을 달게 먹고, 그들의 의복을 아름답게 여기고, 풍속을 편안하게 여기며, 자신들의 일을 즐거워하고, 늙어 죽을 때까지 서로 왕래하지 않는 것.'이라고 했다. 그러나 만약 이러한 것을 목표로 삼아 요즘의 풍속을 옛날처럼 돌이키려 하거나 백성의 눈과 귀를 틀어막는 것은 아마 실행할 수 없을 것이다."

노자가 꿈꾸는 세상은 원시공동체사회와 유사하다. 그러나 노자가 살았던 춘추시대 말은 결코 그런 사회를 실현할 수 없었다. 노자의 꿈은 개인의 처세술로써 가치를 지닐지 몰라도 시대의 대안 철학으로 평가할 수는 없을 것이다. 노자의 인식은 시대의 변화에 역행하기 때문이다. 사마천도 노자의 시대 역행적인 사고를 비판하고 있다. 사마천의 시대 철학은 다음에서 보는 것처럼 노자와 전혀 달랐다.

"나는 신농씨 이전의 일에 대해서는 잘 모른다. 그런데 『시경』이나 『서경』에 쓰여 있는 우(虞:순임금)나 하(夏:우임금)와 같은 나라 이후의 상황을 보자면, 눈과 귀는 아름다운 소리나 모습의 좋은 점을 힘껏 보고 들으

> 려 하고, 입은 여러 고기 등의 좋은 맛을 보고 싶어 한다. 몸은 편하고 즐거운 것을 두려워하고, 마음은 권세와 재능이 가져다준 영화로움을 자랑하려 하니, 이러한 풍속이 백성들을 전염시킨 지 이미 오래되었다. 이 때문에 오묘한 이론을 가지고 집집마다 들려주어도 도저히 교화시킬 수가 없다. 그러므로 정치를 가장 잘하는 자는 자연스러움을 따르고, 그 다음은 이익으로 백성들을 이끌고, 그 다음은 깨우치도록 가르치고, 그 다음은 백성들을 가지런히 바로잡는 사람이고, 가장 못하는 자는 백성들과 다투는 사람이다."

사마천은 중국 사회가 인간의 물욕을 다스릴 수 없는 지경까지 이르렀다는 것을 적극적으로 수용하고 있다. 그래서 사마천은 가장 뛰어난 정치가는 시대의 흐름에 따르는 것이라 단언하고 있다. 그러나 중국사회는 끊임없이 상업과 농업 간의 갈등을 통해 바뀌었다. 봉건 지배층은 늘 농업을 권력 기반으로 삼을 수밖에 없었다. 농업은 권력을 지탱하는 세금을 가장 쉽고 안정적으로 확보할 수 있었기 때문이다. 그래서 지배자들은 농업을 "농자천하지대본(農者天下之大本)", 즉 농업은 천하를 유지하는 근본으로 받들었다. 그러나 시대의 변화에 따라 농업만으로는 천하를 유지할 수 없었다. 상업의 발달은 자연스러운 현상이었다. 중국은 상나라에서 한나라까지 끊임없는 변화 속에서도 상업을 지속적으로 발달시켰다. 상업의 발달은 단순히 인구의 증가, 교통의 발달만이 아니라 생산수단의 발달과 밀접한 관계가 있었다. 상나라 시대에 등장한 청동기는 이전과 전혀 다른 전쟁을 가능하게 만들었을 뿐 아니라 산지의 개발을 부추겼다. 아울러 춘추시대의 철기는 농업의 발달 뿐 아니라 수공업의 발달에도 큰 영향을 주었다.

사마천의 부자 철학

사마천은 인간의 삶 자체가 부자를 위한 과정이라 생각했다. 사마천의 이러한 인식은 인간의 본성이 곧 부자와 맞닿아 있다는 뜻이다. 인간의 본성을 도덕적인 관점에서 바라본 유가의 인식과는 아주 거리가 먼 발상이다. 그만큼 사마천의 시대는 도덕을 논하기 어려울 만큼 부를 추구하는 풍조가 팽배했던 것이다. 사마천의 아래 주장은 인간의 본성을 아주 적나라하게 들춰내고 있다.

> "어진 사람이 조정에 들어가 일을 깊게 도모하거나 정치를 토론하고 믿음을 지켜 절개에 죽는 것이나, 선비가 바위 동굴에 은거하여 세상에 명성을 드러내는 것은 무엇 때문인가? 결국 부귀를 위한 것이다. 이 때문에 과욕 않고 청렴한 관리로 오랫동안 일하다 보면 봉록만으로도 갈수록 부유하고, 턱없이 비싼 값을 부르지 않는 공정한 장사꾼도 결국은 신용을 얻어 부자가 되는 법이다. 부유함이란 사람의 본성이라서 배우지 않아도 모두 추구할 수 있다. 그래서 건장한 병사가 전쟁 중에 성을 공격할 때 먼저 오르거나 적진을 함락시키고, 적군 장수의 목을 베고 깃발을 빼앗으며 돌멩이와 화살을 무릅쓰고 전진하며 화상을 당할 어려움을 마다하지 않는 것 등은 모두 후한 상을 받기 위해서다. 반면에 강도질을 일삼고, 사람을 죽인 후 묻어버리고 협박하며, 나쁜 일을 하고, 도굴하고, 위조지폐를 만들며, 제멋대로 못된 짓을 하고 독점하며, 자기 패거리를 대신해서 복수를 하고, 후미진 곳에서 물건을 빼앗고 사람을 내쫓는 등의 행동을 하는 젊은이도 있다. 그들이 금지령에도 아랑곳하지 않고 죽을 곳을 향해 뛰어 달리는 말처럼 날뛰는 것도 모두 재물을 얻기 위함일 뿐이다. 또한 조나라, 정나라의 미인들은 얼굴을 아름답게 꾸미고, 거문고를 연주하며, 긴 소매를 나부끼고, 경쾌한 발놀림으로 춤을 추면서 보는 이의 눈과 마음을 유혹한다. 그들이 천리 길도 멀다 않고 늙은이와 젊은이를 가리지 않는 것도 많은 재물을 향해 달려가는 것이다. 한가한 귀공자들이 관과 칼로 치장하고 수레와 말을 끌고 다니는 것도 자신들의 부귀를 과시하기 위한 것이다. 주살을 쏘아 물고기와 짐승을 잡으며, 밤낮을 가리지 않고 눈과 서리를 무릅쓰고 깊은 골짜기를 뛰어다니고, 맹수의 위험도 피하지 않

는 것은 맛 좋은 짐승고기를 얻기 위해서이다. 도박, 경마, 닭싸움, 개싸움 등을 하면서 안색이 변해가며 서로 과시하고 반드시 이기려는 것은 남에게 지는 것을 매우 싫어하기 때문이다. 의사, 도사, 여러 기술로 먹고 사는 사람들이 노심초사하며 재능을 다하는 것도 경제적인 수입을 중시하기 때문이다. 관리가 교묘한 농간으로 문서와 도장을 위조하며 자신에게 내려질 형벌도 피하지 않는 것은 뇌물에 탐닉했기 때문이다. 농·공·상(商: 돌아다니는 장사)·고(賈:앉아서 하는 장사)들이 재물을 키우는 것도 본래는 재산을 더욱 늘리려는 것이다. 이렇게 지식과 능력을 모두 짜내서 일을 완성하는 것은 결국 온 힘을 통해 재물을 탈취하기 위함이다."

인간의 모든 삶이 부자를 위한 과정에 불과하다는 사마천의 믿음은 시대적 산물이다. 사마천의 이러한 인식은 인간의 내면을 끝까지 들여다보지 않고서는 짚어낼 수 없는 경지다. 죽음의 문턱까지 경험한 사마천의 삶이 인간의 본성을 꽤 뚫어보는 혜안을 만들었다. 인간의 모든 행동은 자신의 삶을 위한 몸부림에 지나지 않는다. 그 외의 평가는 전부 시대마다 다른 가치관의 반영에 불과하다. 시대의 가치관은 다양한 개념으로 본질을 덮기도 하고, 때론 금강석보다 강한 이념으로 변신한다. 그러나 모든 생명체의 삶을 아무리 포장하더라도 극한 상황에 다다르면 본질은 수면 위로 드러나는 법이다. 사마천은 그런 경지에서 인간의 본성을 보았던 것이다.

부자 사례

사마천이 「화식열전」에서 소개한 부자들은 기원전 1만 년 즈음의 신석기시대부터 한나라까지 중국 사회가 얼마나 변했는지를 보여준다. 상나라의 청동기시대부터 점차 발생한 빈부의 격차가 한나라에 이르러 점차 그 격차가 벌어지고 있었다. 빈부의 격차는 생산수단의 차이에서 생기지만, 화식열전에서는 다양한 방법을 통해 탄생한 부자들을 만날 수 있다.

* 땅 부자와 고리대 부자

지금 관에서 주는 봉록도 없고, 작위나 봉읍에 의한 수입도 없지만, 이것을 가진 사람들처럼 즐겁게 사는 사람이 있다. 이를 일러 '소봉(素封)'이라고 한다. 봉(封)은 조세 수입으로 사는 것이다. 예를 들면 한 해에 집집마다 200전의 세금을 걷는다고 하면, 1,000호의 영지를 가진 자는 20만 전이나 수입이 있다. 이 같은 수입은 조정에 들어가는 비용이나 교제비 등이 모두 여기서 나올 수 있다. 서민인 농 · 공 · 상 · 고의 경우 원금 만 전이 있으면 한 해에 이자가 2,000전이다. 따라서 100만 전의 재산을 가진 집은 이자가 무려 20만전이니 병역이나 요역을 대신해 줄 요금이나 토지세 등을 이 이자에서 낼 수 있다. 이러한 사람들은 입고 싶고 먹고 싶은 대로 좋은 것을 취할 수가 있다.

* 축산, 양어장, 식물 재배 부자

말 50마리, 소 166마리, 양 250마리를 키울 수 있는 목장이나, 돼지 250마리를 키울 수 있는 습지대, 연간 1,000석(石)의 고기를 양식할 수 있는 못, 큰 목재 1,000그루를 벌채할 수 있는 산림, 안읍(安邑: 산시성 하현)의 대추나무 1,000그루, 연(燕) 지방, 진(秦) 지방의 밤나무 1,000그루, 촉(蜀) 지방, 한(漢) 지방, 강릉(江陵) 지방의 귤나무 100그루, 회북(淮北) 지방, 상산(常山) 지방 이남 및 하수와 제수(濟水) 지방 사이의 개오동 1,000그루, 진(陳) 지방, 하(夏) 지방의 옻나무 밭 1,000무, 제(齊) 지방, 노(魯) 지방의 뽕나무 혹은 삼밭 1,000무, 위천(渭川) 지방의 대나무 숲 1,000무, 각국의 만 호 이상 도시의 교외에서 1무에 1종(鍾: 무게 단위)의 수확이 있는 밭 1,000무 혹은 치자나무나 꼭두서니 밭 1,000무, 생강과 부추 밭 1,000고랑 등 어느 한 가지라도 소유한 사람들은 모두 그 수입이 1,000호의 영지를 가진 제후와 같다.

「화식열전」에서 나무로 부자가 된 사람을 소개하고 있는 점은 매우 중요한 정보다. 사마천의 정보에서 주목할 것은 나무의 종류다. 부자들이 심은 나무 종류는 갈매나뭇과의 갈잎 떨기나무 대추나무, 참나뭇과의 갈잎 큰키나무 밤나무, 운향과의 늘푸른 떨기나무 귤나무, 능소화과의 갈잎 개오동, 옻나뭇과의 갈잎 큰키나무 옻나무, 뽕나뭇과의 갈잎 큰키나무 뽕나무, 벼과의 늘푸른 대나무, 꼭두서니과의 늘푸른 떨기나무 치자나무 등이다. 사마천이 소개하고 있는 나무들은 우리나라 전역에서 흔히 만날 수 있다. 소개한 나무들의 공통점은 사람들의 삶에 매우 중요한 나무라는 사실이다. 대추나무는 제사와 약재로 아주 긴요하게 쓰이는 나무다. 대추의 이름은 한자 대조(大棗)에서 유래했다. 대추를 제사에 올리는 것은 열매가 붉게 익으면 변치 않기 때문이다. 아울러 대추는 열매 안에 씨앗이 하나다. 하나는 양을 의미하고 양은 남자를 뜻한다. 그래서 대추는 후손들이 조상에 대한 효를 보여주는 것이다. 대추의 붉은 색깔은 오행에서 동쪽을 의미하기 때문에 제사상에서 동쪽에 놓는다.

대추나무는 열매가 많이 열리기 때문에 농업사회에서는 다산(多産)을 상징하는 나무다. 그래서 우리나라에서도 '대추나무 시집보내기'라는 풍속이 있었다. 마을에서는 처녀들을 모아서 각각 돌을 가져오게 한 후 두 갈래로 갈라진 대추나무의 줄기에 끼웠다. 그 중에서 가장 잘 맞는 돌을 골라서 축제를 벌였다. 돌은 남자를 상징한다. 충청남도 보령에서는 대추나무 열매로 딸을 시집보낼 만큼 대추 농사를 많이 했다. 그런데 대추나무에 꽃이 필 즈음 비가 많이 내리면 처녀들이 눈물을 흘렸다는 속담이 있다. 비가 많이 내리면 대추나무에 열매가 많이 열리지 않고, 대추 열매가 많이 열리지 않으면 시집 갈 돈을 마련할 수 없었기 때문이다. 대추나무는 늦은 봄에서야 잎을 만들고 초여름에 이르러 꽃이 핀다. 그러나 초여름에는 장맛비가 올 가능성이 적지 않았다.

밤나무는 대추나무와 함께 제사의 필수 품목이다. 밤을 제사에 올리는 것은 밤나무의 생태가 조상을 잊지 않는 특성을 갖고 있기 때문이다. 밤은 땅에서 뿌리를 내리더라도 열매의 껍질이 아주 오랫동안 붙어 있다. 대부분의 열매는 뿌리를 내리면 뿌리에서 떨어진다. 그래서 후손들은 조상들의 은혜에 보답하기 위해 밤을 제사에 올린다. 밤은 깎으면 흰색이기 때문에 제사상에서 서쪽에 놓는다. 흰색은 오행사상에서 서쪽을 의미한다. 귤나무는 중국 남쪽을 대표하는 나무다. 중국 강소성 태호(太湖)를 비롯해서 호남성 동정호의 동정귤(洞庭橘) 등 양자강 이남 지역에는 귤을 아주 많이 재배한다. 귤을 찬양한 『초사 · 구장(九章) · 귤송(橘頌)』은 귤이 얼마나 소중한지를 알려주는 대표적인 작품이다.

> 하늘 아래 아름다운 나무, 귤이 내려왔도다.
> /后皇嘉樹, 橘徠服兮.
> 천명을 받아 성품을 바꾸지 않고, 남국에서 자라네.
> /受命不遷, 生南國兮.
> 뿌리 깊고 튼튼해 옮기기 어렵고, 더욱이 곧은 심지를 가졌네.
> /深固難徙, 更壹志兮.
> 녹색 잎, 하얀 꽃, 무성해서 사람을 즐겁게 하네.
> /綠葉素榮, 紛其可喜兮.
> 겹겹의 가지 날카로운 가시, 둥근 열매 맺혔네.
> /曾枝剡棘, 圓果摶兮.
> 푸르고 누른색이 뒤섞여, 찬란하게 빛나네.
> /青黃雜糅, 文章爛兮.
> 붉은 껍질 흰 속살, 도의를 품은 것 같네.
> /精色內白, 類任道兮.
> 무성하고 잘 다듬어져 아름답고 추하지 않네.
> /紛縕宜修, 姱而不醜兮.

아! 어릴 적 너의 꿈을 찬미하노니, 남들과 다른 곳이 있네.
/嗟爾幼志, 有以異兮.
홀로 서고 옮기지 않았으니, 어찌 기뻐하지 않겠는가?
/獨立不遷, 豈不可喜兮.
깊고 튼튼해 옮기기 어렵고, 마음은 넓어 다른 것을 구하지 않네.
/深固難徙, 廓其無求兮.
세상에 홀로 깨어, 듯대로 하며 시류에 휩싸이지 않네.
/蘇世獨立, 橫而不流兮.
욕심을 절제하고 스스로 삼가 해서, 끝내 잘못하지 않네.
/閉心自愼, 不終失過兮.
덕을 지녀 사사로움이 없으니, 천지와 하나 되네.
/秉德無私, 參天地兮.
원컨대 세월과 함께 흘러도 오랫동안 그대와 벗하고 싶네.
/願歲幷謝, 與長友兮.
아름다우면서 방탕하지 않고, 굳세면서 도리를 지키네.
/淑離不淫, 梗其有理兮.
나이는 어려도 스승과 어른이 될 수 있네.
/年歲雖少, 可師長兮.
행실이 백이와 견줄 만하니, 그대를 곁에 두고 본보기로 삼으리.
/行比伯夷, 置以爲像兮

귤은 아주 귀한 과일이기도 하고 나무의 생태가 차나무와 동백나무, 그리고 소나무처럼 뿌리를 땅속 깊이 내리는 직근성(直根性)이라서 절개를 상징한다. 조선시대에는 임금에게 진상하는 과일이었다. 제나라 관자와 더불어 명재상으로 꼽히는 안자(晏子)의 얘기를 모은 『안자춘추(晏子春秋)』에는 안자가 초나라에 가서 한 말 중 '남귤북지(南橘北枳)'가 있다. 이는 "남쪽의 귤을 북쪽에 심으면 탱자가 된다."는 뜻이다. 식물이든 사람이든 환경에 따라 본성이 바뀐다는 뜻이다.

개오동은 천자의 관을 만들거나 인쇄의 판목에 아주 긴요한 나무였다. 옻나무는 전국시대 장자가 옻을 담당하는 칠리(漆吏) 벼슬을 지낸데서 알 수 있듯이 옻칠한 그릇 즉 칠기(漆器) 제작에 필수였다. 중국 한나라 마왕퇴무덤에서 나온 각종 칠기 제품에서 옻나무의 비중을 확인할 수 있다. 중국의 칠기는 낙랑시대의 유물에서도 확인할 수 있다. 뽕나무는 중국의 세계적인 명품 브랜드인 비단을 생산하는 원료다. 대나무는 중국 남쪽의 건축과 죽제품, 그리고 종이가 나오기 전까지 글자를 새긴 죽간(竹簡), 대나무 요리 등에서 보듯이 중국 남쪽 사람들에게는 매우 긴요한 나무였다.

* 제철업 부자

촉 지방 탁씨의 조상은 조나라 사람으로 제철업으로 부자가 되었다. 처음 진나라가 조나라를 격파했을 때 탁씨를 이주시켰다. 탁씨는 재물을 모두 빼앗겼으므로 부부 둘이서 작은 수레를 밀고 이주지로 갔다. 그와 함께 옮겨간 사람 중에 재산이 조금 남아 있던 자들은 앞 다투어 관리에게 뇌물을 바치고 가까운 곳으로 가게 해달라고 부탁하여 가맹(葭萌:사천성 광원현)에 거주했다. 그러나 탁씨는 '가맹은 땅이 좁고 척박하다. 내 듣자니 민산 아래는 땅이 기름져 큰 감자가 잘 돼서 굶지 않으며, 주민들은 거래를 아주 잘하여 장사하기에 쉽다더라.'라고 했다. 이에 그는 멀리 보내줄 것을 요구했다. 임공(臨邛)으로 보내진 그는 매우 기뻐하며 철광이 있는 산으로 들어가 쇠를 녹여 그릇을 만들었다. 또한 여러 모로 꾀를 써서 전(滇)과 촉 땅의 주민들을 압도했다. 그는 노비 1,000명을 부렸으며, 사냥과 고기잡이하는 즐거움은 임금에 버금갈 정도였다.

한나라의 경제 · 사회변화

사마천의 「화식열전」은 한나라의 경제와 사회 변화의 단면을 보여준다.

한나라 시대에는 대규모 개간사업으로 경작지가 크게 늘어났으며, 수리사업도 이루어져 농업생산력이 크게 향상되었다. 아울러 농업기술의 발달도 한나라 농업 생산력 향상에 크게 기여했다. 한나라 때는 이전의 춘추 · 전국시대보다 철기가 널리 사용되었다. 특히 철제 쟁기의 보급은 우경을 크게 보급했을 뿐 아니라 철의 사용량을 크게 늘렸다. 제철업 부자가 탄생할 수 있는 조건을 갖추고 있었던 것이다. 광산에서 채굴한 생철(生鐵)로 물품을 주조하고, 주철을 다시 녹여 철기를 만드는 기술이 크게 보급되었다.

농업과 수공업의 발달은 상업의 신장과 함께 화폐경제와 도시의 발달을 가져왔다. 사마천의 시대에는 중농억상(重農抑商) 정책에 따라 상업 및 상인은 국가의 탄압을 받았다. 그러나 한나라의 정책은 대세를 거스르지 못하고 성공하지 못했다. 오히려 상업은 한층 활발해지면서 상인들의 세력도 크게 높아졌다. 반면 농민들의 삶은 한층 팍팍해졌다. 전한(前漢) 후기 때 농민은 무거운 토지세와 요역에 시달릴 뿐 아니라 가뭄과 홍수로 파산할 경우 자작농에서 소작농으로 전락했다.

중국 주변 국가의 열전

4부

1. 흉노열전
2. 조선열전

4부 중국 주변 국가의 열전

1. 흉노열전

흉노와 유목

흉노는 고대 중국에서 가장 벅찬 존재였다. 그래서 중국사에서 흉노에 대한 이해는 두 가지 측면에서 매우 중요하다. 하나는 고대 왕조와의 관계이고, 다른 하나는 중국사를 이해하는 시각 때문이다. 흉노는 고대 중국의 역사에 늘 핵심이었다. 흉노 세력의 강약과 흥망이 중국 고대 왕조의 장래에 중대한 영향을 주었기 때문이다. 사마천은 열전 중 흉노 외에도 남월(南越), 동월(東越), 조선(朝鮮), 서남이(西南夷), 대원(大宛) 등 중국 주변 국가에 대해서도 서술했다. 그러나 다른 주변 국가들은 흉노에 비해 비중이 아주 낮다. 이러한 특징은 서술 분량만 봐도 충분히 짐작할 수 있다. 흉노가 주변국가 중에서 고대 중국사에 가장 큰 영향을 줄 수 있었던 것은 상대적으로 세력이 컸기 때문이다. 다른 이유는 흉노의 근거지가 고대 중국 왕조의 중심지와 밀접한 관계가 있었기 때문이다. 따라서 흉노는 고대 중국과 지정학적으로 숙명의 관계였던 것이다. 고대 중국사에서 흉노는 중국의 안위를 결정할 만큼 위협적인 존재였다.

중국은 고대부터 끊임없이 흉노의 위협과 공격에 시달렸다. 그래서 흉노는 중국의 입장에서 보면 눈엣 가시 같은 존재였다. 중국이 흉노를 방어하는 방법 중 하나는 방어선을 쌓는 것이었다. 중국의 만리장성(萬里長城)이 흉노의 위력이 어느 정도였는지를 단적으로 보여준다. 장성은 춘추시대부터 존재했다. 춘추시대에도 유목민족이 중국을 괴롭혔다. 상나라의 경우도 끊임없이 유목 강족(羌族)의 침략에 시달렸다. 상나라가 쌓은 읍성은 바로 강족의 침입에 대비하기 위한 것이었다. 상나라가 쌓은 토성이 지금도 일부 남아 있다. 상나라는 강족을 죽인 후에도 혹 다시 살아날까봐 겁이 나서 죽은 자의 목을 모두 잘랐다. 그만큼 강족의 세력이 컸다는 뜻이다.

강족이 쇠퇴한 이후 흉노가 중국의 가장 큰 위협세력으로 등장했다. 진나라는 만리장성을 통해 흉노의 진출을 어느 정도 막을 수 있었다. 그러나 진나라는 만리장성을 쌓으면서 생긴 여러 가지 문제로 멸망의 길을 걸었다. 한나라는 진나라가 쌓은 만리장성 덕분에 진나라처럼 막대한 토목공사에 시간과 돈을 투자하지 않아도 되었다. 따라서 한나라가 왕망이 세운 신나라를 제외한 300여 년 동안 왕조를 유지할 수 있었던 것은 진나라의 유산 덕분이었다.

흉노는 진나라가 망하자 다시 일어서기 시작했다. 그러나 한나라는 왕조를 건설하느라 흉노의 침략을 효과적으로 방어하지 못했다. 그래서 한나라 시대의 열전에는 흉노를 비롯한 유목민족과 내통하는 사례를 자주 볼 수 있다. 그러나 무제의 등장으로 흉노는 새로운 국면을 맞았다. 무제가 그간 고대 중국 왕조가 보여주지 못한 행동을 실행했기 때문이다. 흉노는 무제의 대외원정으로 역사 이래 최대의 위기를 맞았다. 그런데 무제가 흉노를 대상으로 대외원정을 감행할 수 있었던 것은 무제의 할아버지인 문제와 아버지인 경제 시대의 안정된 정치와 튼튼한 국가재정 덕분이었다. 문제와 경제 는 중국 한나라 전체는 물론 중국사 전체에서도 후대 왕조들이 본받고 싶었던 인물이었다. 우리나라에서도 문제와 경제를 선정(善政)의 모델로 삼고 있었다.

유목민족은 중국사를 이해하는 중요한 기준 중 하나이지만, 중국의 사가들은 중국사에서 유목민의 역할을 아주 과소평가한다. 중국 역사들의 이러한 역사 인식은 이른바 '흡수이론'에 기초하고 있기 때문이다. 흡수이론은 중국의 높은 문화 수준에서 출발한다. 중국은 스스로 일찍부터 높은 문화를 소유하고 있었다고 믿는다. 그래서 주변 국가들을 모두 야만[오랑캐]이라 생각했다. 설령 오랑캐들이 힘으로 중국을 침략하더라도 결국 그들은 중국의 문화에 흡수되어버린다고 생각했다. 중국인들이 사용한 '오랑캐[夷]'는 실체를 인정하지 않는다는 뜻이다. 그러나 중국사에서 유목민족이 세운 국가와 통치기간 모두 한족이 세운 왕조와 마찬가지로 절반이다. 상황이 이러한데도 중국의 사가들은 여전히 유목민족이 중국사에 미친 영향을 흔쾌히 인정하지 않는다. 중국 사가의 이러한 역사 인식은 매우 위험하다.

흉노를 비롯한 유목에 대한 이해는 중국사를 정확하게 이해하는 데 필수다. 아울러 유목민에 대한 이해는 우리나라 고대사 연구에서도 매우 중요하다. 우리나라의 경우 중국의 사료를 수용하는 태도는 학자들마다 달라서 간혹 역사 자체를 오해한다. 『삼국지(三國志)·위서(魏書)·동이전(東夷傳)』의 내용만 해도 각자 다르게 해석하는 경우도 많고, 중국의 연구를 처음부터 무시하는 사례도 적지 않다. 그러나 유목민족에 대한 정확한 이해 없이는 우리나라 고대사에 대한 이해도 불가능하다. 그런데 유목민족에 대한 이해는 유목민족이 살았던 자연생태부터 정확하게 파악하는 것이 급선무다. 그러나 한국 고대사 연구에서는 유목민족 근거지의 자연생태에 대해서는 아직 거의 관심을 기울이지 않고 있다. 유목민족 근거지에 대한 자연생태는 그들의 삶과 사료에 등장하는 내용을 파악하는 데 필수다.

흉노의 역사와 풍속

사마천이 열전 중 흉노를 높은 비중으로 다룬 것도 그만큼 한나라까지 흉노가 중국사에서 매우 중요하다고 생각했기 때문이다. 그는 열전을 흉노의 역사부터 시작하고 있다. 흉노(匈奴)의 선조는 하후씨(夏后氏:우임금이 세운 하나라)의 후예인 순유(淳維)였다. 흉노의 선조가 하나라의 후손이라면 곧 흉노의 역사가 중국의 첫 왕조인 하나라에서 시작한다는 뜻이다. 요임금과 순임금 이전 시대의 흉노는 산융(山戎), 험윤(獫狁), 훈육(葷粥) 등으로 불렀으며, 여러 종족들이 북쪽의 미개척지에서 유목생활을 하고 있었다. 그들은 주로 말, 소, 양을 길렀지만, 낙타, 나귀, 노새, 버새, 도도(騊駼), 탄해 등도 기르고 있었다. 흉노의 이러한 풍속은 곧 이들이 목축과 더불어 말을 타고 다니는 기마민족(騎馬民族)이라는 것을 의미한다.

흉노족은 어린아이 때부터 양과 말을 탔다. 그들은 양과 말을 타고 다니면서 활로 새나 쥐를 쏘고, 좀 자라면 여우나 토끼를 사냥해서 양식을 충당했다. 남자들은 자유자재로 활을 다룰 수 있었다. 유목민족의 이러한 생활은 곧 삶이 전쟁훈련 과정이라는 것을 의미한다. 그들이 먼 거리에 쓰는 무기는 활과 화살이고, 짧은 거리에 쓰는 무기는 칼과 창이었다. 싸움이 유리할 때에는 나아가고, 불리할 경우에는 후퇴했다. 그들은 도주하는 것을 수치로 여기지 않았다. 오로지 이익을 위해서 일을 꾸밀 뿐 예의는 고려하지 않았다. 그들은 지도층을 비롯해서 모두 가축의 고기를 먹었으며, 그 가죽이나 털로 옷이나 침구를 만들었다. 그런데 건장한 사람들은 맛있는 음식을 먹은 반면 노약자들은 그 나머지를 먹었다. 이는 전쟁에 필요한 건장한 사람이 중요했기 때문이다. 아버지가 죽으면 아들이 아버지의 후처를 아내로 맞이하고, 형제가 죽으면 남아 있는 형이나 아우가 그의 아내를 차지했다. 그들은 서로 이름을 불렀다. 성(姓)이나 자(字)는 없었다.

하 · 은 · 주 삼대의 쇠퇴와 유목민족의 득세

유목민족이 중국 영토로 들어오기 시작한 것은 하나라가 쇠퇴하면서부터였다. 하나라가 쇠퇴하자 주나라의 시조 후직의 손자인 공유(公劉)가 직관(稷官:농업 관직의 우두머리)의 벼슬을 잃고 지금의 섬서성 임현 지역인 빈(豳)에 도읍했다. '빈'은 바로 『시경(詩經)·빈풍(豳風)』에 나온다. 그런데 공유가 도읍한 곳은 지금의 섬서성과 감숙성에서 활동한 서융(西戎)의 근거지였다. 300년 뒤에 서융이 주족(周族:주나라 민족)의 우두머리 고공단보(古公亶父)를 공격했다. 고공단보는 서융의 공격을 피해 기산(岐山) 기슭에 자리 잡았다. 빈에 있던 공유의 세력들도 기산으로 옮겼다. 이 지역이 곧 주나라의 창건 땅이다.

서쪽의 오랑캐는 주나라의 건국 100여 년 뒤 서백창(西伯昌)의 견이씨(畎夷氏)에 대한 공격, 다시 10여 년 뒤에 주나라 무왕(武王)이 은나라 마지막 왕인 주왕(紂王)을 물리치면서 위기를 맞았다. 무왕은 지금의 하남성 낙양에 수도를 정한 후 섬서성 장안 풍호(酆鄗)에 거처하면서 융이(戎夷)를 경수(涇水)와 낙수(洛水) 이북으로 내쫓았다. 이에 융이는 계절마다 주나라에 조공했다. 그러나 200년 뒤 주나라가 쇠퇴하면서 유목민들의 움직임도 달라졌다. 견융(犬戎)은 주나라 목왕이 자신의 땅에서 네 마리의 흰 늑대와 네 마리의 흰 사슴을 잡아가자 더 이상 주나라에 조공하지 않았다. 주나라는 목왕 이후 200년 뒤 주나라의 마지막 왕인 유왕(幽王)이 애첩 포사(褒姒)에게 빠져 결국 망하고 말았다.

포사와 경국지색

하·은·주 삼대의 멸망 과정에서 등장하는 여자는 하나라 걸왕의 말희(妺嬉), 은나라 주왕의 달기(妲己), 주나라 유왕의 포사다. 사마천도 이러한 사실을 언급하고 있다. 중국사에서는 이러한 사례를 '여화(女禍)', 즉 '여자가 나라를 망하게 하는 화근'이라는 뜻이다. 이는 국가의 멸망과 미인을 연계시켜서 임금을 도덕적으로 경계시키고자하는 의도다. 이런 과정에서 등장한 단어가 '경국지색(傾國之色)'이다. 경국지색의 사례는 삼대 외에도 항우의 우미인, 오나라 부차의 서시, 당나라 현종의 양귀비 등을 들 수 있다. 경국지색은 『한서』의 이연년의 시에 등장한다.

> 북방의 어떤 아름다운 사람이/北方有佳人
> 세상과 떨어져 혼자 서 있네./絶世而獨立
> 한 번 돌아보니 성이 기울고/一顧傾人城
> 두 번 돌아보니 나라가 가우네./再顧傾人國
> 어찌 성을 흔들고 나라 무너뜨리는 것을 알지 못하는가/寧不知傾城與傾國
> 아름다운 사람은 다시 얻기 어렵다네./佳人難再得

세상에서 가장 위험한 사랑놀이

주나라의 유왕은 포사를 만나고부터 사랑놀이에 빠져 국정에 큰 관심을 두지 않았다. 포사는 늘 웃음이 없었다. 유왕은 그런 포사가 어떻게 하면 웃을까를 고민하는 데 시간을 보냈다. 그러나 포사는 유왕의 피나는 노력에도 좀처럼 웃지 않았다. 유왕은 사랑하는 사람의 마음을 얻지 못해 무척 답답했다. 그래서 유왕은 스스로 포사를 웃게 할 방법을 찾지 못해 그녀에게 직접 절실하게 물었다. 포사는 다음과 같이 대답했다.

> "저는 좋아하는 것이 없사옵니다. 다만 비단 찢는 소리를 들으면 기분이 좋을 듯하옵니다."

포사의 대답이 끝나자마자 유왕은 당장 매일 비단을 백 필씩 가져다가 팔 힘이 센 궁녀를 시켜 찢게 했다. 그러나 포사는 웃지 않았다. 다만 뺨 부근이 희미하게 움직였을 뿐이었고 입술이 약간 벌어질 정도였다. 그래도 유왕은 뛸 듯이 기뻤다. 매일 산더미 같은 비단이 찢겨졌다. 궁중의 비단이 모두 없어지자 제후들과 백성들에게 징발해서 계속 찢었다.

포사는 왜 하필 비단 찢는 소리를 듣고 싶었을까. 아마도 이 당시 비단이 가장 귀한 물건이었기 때문일 것이다. 포사는 가장 비싸고 귀한 비단을 찢는 소리를 통해 자신의 허한 마음을 채우고 싶었을 것이고, 그것을 통해 유왕의 마음을 잡고 싶었을 것이다. 그러나 포사의 광기 같은 장난은 여기서 끝나지 않았다. 어느 날, 실수로 봉화대에 봉화가 올라 군사와 마차가 왕궁으로 모였다. 봉화는 외적이 침략할 때 사용하는 비상 신호다. 그러나 거짓 봉화였기 때문에 아무 일도 일어나지 않았다. 이 과정에서 사람과 말이 뒤엉키고, 수레는 서로 부딪히고 앞서 온 군사들이 뒤에 온 군사들에게 고함치고 아수라장이 벌어졌다. 포사는 이러한 광경이 무척 즐거웠다. 그녀는 아주 오랜만에 붉은 입술에 하얀 치아를 드러내면서 크게 웃었다. 유왕은 포사가 즐겁게 웃는 모습을 보자 가슴이 뛰었다. 유왕은 당장 포사를 위해 매일 봉화를 올리게 했다. 군사들이 헐레벌떡 달려왔다. 유왕과 포사는 이 장면을 보면서 즐거운 시간을 보냈다. 유왕과 포사의 사랑 놀이는 매일 이어졌다. 그러나 얼마 후 봉화를 올려도 군사들은 오지 않았다. 그러던 중 견융 족이 쳐들어 왔다.

유왕은 포사를 사랑하면서 부인 신후(申侯)와 태자 의구(宜臼)마저 저버렸다. 신후의 원망은 하늘을 찔렀다. 신후는 견융이 쳐들어오자 함께 손을 잡고 남편 유왕을 여산에서 죽여 버렸다. 포사도 도망가다가 견융에게 잡혔다. 견융의 추장은 포사를 아내로 삼았다. 그러나 포사는 밤중에 도망가서 자결했다.

동주 시대의 유목민족

서융의 침략으로 주나라, 즉 서주(西周)시대가 끝나고 동주(東周)시대가 열렸다. 동주시대는 견융이 섬서성의 위수와 경수를 차지하자, 주나라

평왕(平王)이 동쪽 낙양으로 수도를 옮겼기 때문에 붙여진 것이다. 각 지역의 유목민족들은 주나라의 국력이 쇠퇴하자 기회를 놓치지 않았다. 주나라가 낙양에 온지 65년 뒤에 산융이 연(燕)나라를 넘어와서 제나라를, 44년 후에 산융이 연나라를 공격했다. 제나라와 연나라는 연합해서 산융을 물리쳤다. 다시 20여년 뒤 융적이 낙양을 공격했다. 융적이 낙양에 쳐들어 올 수 있었던 것은 주나라 양왕의 왕후 덕분이었다. 양왕은 정나라를 공격하기 위해 융적의 추장의 딸을 왕후로 맞이했으나 그녀를 멀리하자 왕후가 융적과 내통했던 것이다. 융적은 도성으로 들어와 양왕을 내쫓고 왕후의 아들 자대를 천자로 세웠다. 아울러 융적은 이곳저곳을 다니면서 중국을 노략질했다. 그러나 양왕은 쫓겨난 지 4년 만에 진나라 문공의 도움을 받아 융적을 물리치고 낙양으로 돌아와 천자의 자리에 다시 오를 수 있었다.

춘추시대의 유목민족은 당시 강대국이었던 진(晋)나라와 진(秦)나라에 의해 다시 중국에서 쫓겨났다. 당시 서쪽에는 면저(綿諸), 곤융(緄戎), 적(翟), 원(獂) 등의 융족이, 기산(岐山), 양산(梁山), 경수(涇水), 칠수(漆水) 북쪽에는 의거(義渠), 대려(大荔), 오지(烏氏), 구연(朐衍) 등의 융족이, 진나라 북쪽에는 임호(林湖), 누번(樓煩) 등의 융족이, 연나라 북쪽에는 동호(東胡), 산융(山戎) 등이 있었다. 그들은 각각 떨어져 골짜기에 살고 있었고, 각각 군장이 있었다. 가끔 100여 개의 융족이 합치는 일이 있었지만 통일되지 못했다. 그 이유는 유목민족은 각 부족별로 군사를 조직했기 때문이다. 같은 유목민족일지라도 부족에 따라 이해관계가 달랐던 것이다.

융적은 힘의 열세를 인정하고 100년 뒤 진나라와 화친을 맺고 조회했다. 다시 100년 뒤 조나라 양자(襄子)가 산서성 구주산(句注山)을 넘어 하북성 대(代)를 병합하고, 호(胡), 맥(貊)까지 공격했다. 이로써 융족은 조나라와 마주했다. 진나라 소왕(昭王) 때 의거의 융왕이 소왕의 어머니 선태후(宣

太侯)와 밀통하여 두 아들을 낳았다. 그러나 선태후는 의거의 융왕을 속여 감천(甘泉)에서 그를 죽이고, 이어 군사를 일으켜 의거를 멸망시켰다. 진나라는 농서(隴西), 북지(北地)를 차지하고 장성을 쌓아 유목민을 막았다.

몽염의 자살과 흉노 묵돌의 등장

흉노는 6국을 멸망시킨 진나라의 몽염(蒙恬)이 10만 군대를 이끌고 공격하자 위기를 맞았다. 몽염은 순식간에 하남 땅을 손에 넣고 황하를 이용하여 요새를 만드는 한편, 하수를 따라 44곳에 현성(縣城)을 쌓고, 죄수들로 이루어진 병사를 옮겨다가 이를 지키게 했다. 아울러 내몽고자치구의 구원(九原)에서 섬서성 운양(雲陽)에 이르는 직도(直道)를 개통하고, 산맥, 구릉, 계곡을 따라 보수하고, 감숙성 임조(臨洮)에서 요동까지 만리장성을 쌓았다. 더욱이 황하를 건너가 내몽고자치구 양산(陽山)과 북가(北假) 사이를 점령했다.

당시 흉노의 선우(單于:흉노의 우두머리)는 두만(頭曼)이었다. 그는 진(秦)나라가 만리장성을 쌓자 북쪽으로 옮겨갔다. 그러나 몽염이 진나라 2세 호해에게 핍박을 받아 자살하면서 6국의 귀족들도 진나라를 배반했다. 두만은 이러한 기회를 틈타 황하를 건너 남쪽으로 내려와 마침내 옛날 요새 선에서 중국과 경계를 마주했다. 그러나 두만은 큰 아들 묵돌(冒頓)에게 죽고 말았다. 묵돌이 아버지를 죽인 것은 자신을 당시 강성했던 월지(月氏)에 인질로 보낸 후 공격했기 때문이다.

두만은 부인 알지(閼氏:흉노의 왕비)가 작은 아들을 낳자 큰 아들 묵돌을 폐하고 태자로 삼고자 했다. 묵돌은 아버지의 뜻대로 월지에 인질로 갔으나, 아버지가 월지를 공격하자 도망 왔다. 두목은 어쩔 수 없이 그에게 만 명의 기병 장군으로 임명했다. 묵돌은 쏘면 소리가 나는 명적(鳴鏑)을 만들어서 부하들에게 나누어주고 말 타고 활 쏘는 연습을 시켰다. 그런 후 다음과 같이 명령했다.

"내가 명적을 쏘거든 다 같이 그곳을 쏘아라. 쏘지 않는 자는 죽인다."

묵돌은 자신의 명령을 훈련과정에서 시험했다. 그는 자신의 명령을 듣지 않는 자를 모두 죽였다. 그에게 죽은 자 중에는 묵돌이 사랑하는 말과 아내, 심지어 아버지 두문의 말도 있었다. 묵돌은 마지막으로 아버지를 따라 사냥 나가서 명적을 아버지에게 쏘았다. 그러자 병사들이 모두 두만에게 활을 쏘았다. 두만은 죽고 묵돌이 선우에 올랐다.

묵돌이 선우에 오르자 당시 강성했던 동호(東胡)가 두만의 천리마를 요구했다. 묵돌은 주변의 반대를 무릅쓰고 천리마를 주었다. 묵돌이 동호에게 천리마를 준 까닭은 동호가 이웃하고 있었기 때문이다. 동호가 다시 자신의 정실부인을 요구하자 묵돌은 같은 이유로 정실부인 한 명을 주었다. 동호는 자신의 요구를 거절하지 않고 수용한 묵돌을 얕잡아 보고 공격했다. 흉노와 동호가 두 나라 사이의 황무지에서 만났다. 이 때 묵돌이 주변 사람들에게 어떻게 할지를 물었다. 주변 사람들이 황무지라 동호에게 주어도 좋고 그렇지 않아도 좋다고 했다. 묵돌은 화를 내면서 다음과 같이 말했다.

"땅은 나라의 근본이다. 어떻게 그들에게 줄 수 있겠는가?"

묵돌은 주변 사람 중 땅을 주어도 좋다는 사람을 죽인 후 말에 올라 전국에 명령을 내렸다.

"이번 출전에서 후퇴하는 자는 즉시 죽이겠다."

묵돌은 마침내 동쪽으로 동호를 습격했다. 그러나 묵돌을 업신여긴 동호는 묵돌의 습격에 전혀 대비하지 않았다. 묵돌은 동호의 왕과 백성을 사로잡고 가축을 빼앗는 등 무자비하게 약탈했다. 이처럼 유목민족이 상대를 무자비하게 약탈하는 것은 그들에게는 가장 용감한 행동이고, 재산을 축적할 수 있는 가장 좋은 기회였기 때문이다. 그런 기회를 제공하지 않으면 지도자를 따르지도 않았다. 흉노는 공격이나 싸움을 할 때 적의 목을 베어오는 사람에게 한 잔 술을 하사하고, 노획품은 노획한 자에게 주었다. 사람을 생포하면 잡은 사람의 노비로 삼았다.

묵돌의 행동은 거침이 없었다. 그는 동호를 대파하고 돌아와서 월지를 물리쳤고, 남쪽으로 누번왕, 백양하남왕(白羊河南王) 등의 영지를 빼앗고, 연나라와 대나라를 공격해서 진나라의 몽염에게 빼앗긴 흉노 땅을 전부 찾았다. 묵돌이 이처럼 파죽지세로 영토를 확장할 수 있었던 것은 아직 한나라 유방이 초나라 항우와 다투는 상황이었기 때문이다. 묵돌은 당시 활에 능숙한 군사만 30만 명이었을 만큼 강대국으로 부상했다. 묵돌의 흉노는 흉노의 1,000년 역사상 가장 강성한 나라로 성장했다.

묵돌 선우에 이르러 흉노도 이전의 흉노와 달리 체계적인 통치 조직을 갖출 수 있었다. 유목민족은 이동하기 때문에 특별히 행정 조직을 갖출 필요가 없었다. 그러나 묵돌 선우는 넓은 영토를 통치하기 위해 행정과 군사 조직을 정비했다. 선우는 좌우 현왕(賢王), 좌우 녹려왕(谷蠡王), 좌우 대장(大將), 좌우 대도위(大都尉), 좌우 대당호(大當戶), 좌우 골도후(骨都侯) 등을 설치했다. 태자는 좌도기왕(左屠耆王)이라 불렀다. '도기'는 '현명하다'는 뜻이다. 선우가 조직한 것은 모두 군사 중심이다. 그들은 만 명에서 몇 천 명의 기병을 거느리는 군사 지도자였다. 이들은 모두 24장(長)이었고, 이들을 '만기(萬騎)'라고 불렀다. 여러 대신들은 그 관직을 세습했다. 호연씨(呼衍氏), 난씨(蘭氏), 뒤의 수복씨(須卜氏)까지 세 성이 흉노의 귀족이었다. 모든 좌방(左方)의 왕과 장수들은 동쪽에 살았으며, 예맥(濊貊)과 조선(朝鮮)에 접해 있었다. 우방(右方)의 왕과 장들은 서쪽에 살았으며, 월지와 저(氐), 강(羌)과 접해 있었다. 선우의 왕정은 대군(代郡), 운중군과 마주보고 있었다. 그들은 각각 일정한 영역을 점유하면서 물과 풀을 따라 옮겨 살았다. 좌우 현왕과 좌우 녹려왕의 영역이 가장 크고, 좌우 골도후는 선우의 정치를 보좌했다. 24장들은 각각 천장(千長), 백장(百長), 십장(什長), 비소왕(裨小王), 상봉(相封), 도위(都尉), 당호(當戶), 저거(且渠)등의 벼슬을 두었다.

흉노의 권력구조는 대체로 분권적인 형태를 띠고 있다. 여전히 부족의 방식에서 벗어날 수 없었기 때문이다. 선우는 매년 정월에 왕정에서 모든 장(長)들을 소집한 후 제사를 지냈다. 5월에는 용성(龍城)에서 조상과 천지신명과 귀신들에게 제사 지내는 집회를 열었다. 말이 살찌는 가을에는 대림(蹛林)에서 대회를 열어 백성과 가축의 숫자를 조사했다.

흉노의 법률은 아주 엄했다. 평상시에 칼을 뽑아 사람을 상하게 하거나 일척(一尺)의 상처를 낸 사람은 사형에 처하고, 도둑질한 사람은 그의 가족과 재산을 몰수하고, 경범죄자는 알형(軋刑:죄인의 몸에 수레바퀴가 지나가는 형벌)에 처하고, 중죄를 범한 사람은 사형에 처했다. 따라서 옥에 있는 자는 아주 드물었다.

선우의 평상시 일상은 아침에 영(營)을 나와 막 떠오르는 해에 절을 하면서 시작해서 저녁에 달을 보고 절을 하는 것으로 끝났다. 앉는 자리는 왼쪽이 윗자리였으며, 북쪽을 향해서 앉았다. 이는 북쪽을 등지고 남쪽을 향하는 중국의 황제 혹은 우리나라의 임금과 다른 점이다. 무일(戊日)과 기일(己日)을 좋은 날로 여겼다. 장례 풍속은 시체를 관곽(棺槨)에 넣고, 그 속에 금은과 가죽옷들을 넣었다. 그러나 무덤에 봉분을 하거나 나무를 심지는 않았고, 상복제도도 없었다. 중국의 경우 봉분과 나무는 신분을 나타낸다. 특히 나무로 신분을 표시한 것은 주나라 때부터 시작되었다. 주나라에서는 천자의 무덤에 소나무[松], 제후의 무덤에 측백나무[柏], 사의 무덤에 회화나무[槐]를 심었다. 백성의 무덤에는 버드나무[楊·柳]를 심었다. 중국의 이러한 제도는 지금까지도 중국과 우리나라의 역사 유적지에서 확인할 수 있다.

흉노에는 순장 풍습이 있었다. 그래서 선우가 죽으면 신하나 애첩들을 순장했다. 순장의 숫자는 많을 때 몇 십 명에서 백여 명에 달했다. 흉노는 전쟁할 때 항상 별과 달의 모양을 관찰한 후 결정했다. 달이 커져서 둥글면 공격하고, 작아지면 후퇴했다. 달이 크면 밝아서 공격할 수 있고, 작아지면 어두워서 공격할 수 없기 때문이다. 중국의 경우 상나라 때 갑골문자도 전쟁할 때 점을 친 내용이다.

한의 건국과 흉노

유방이 항우를 물리치고 즉위한 사람이 고조다. 흉노는 아직 국가 조직을 정비하지 못한 한나라를 계속 괴롭혔다. 그러나 한나라는 바로 흉노를 정벌할 여력이 없었다. 그래서 한나라는 부득이 흉노와 화친으로 국정을 안정시킬 수밖에 없었다. 고조가 죽자 흉노의 오만함은 극에 달해 묵돌은 여태후에게 "당신도 나도 홀로 되었으니 함께 만나 즐겨보자"는 망언의 편지를 보냈다. 여태후는 격노한 나머지 묵돌을 치려고 했지만 여러 장군들의 만류로 포기하고 여전히 흉노와 화친을 유지했다. 무제의 할아버지 문제에 이르러서도 흉노와의 화친은 계속되었다. 물론 문제가 즉위한 3년 뒤 5월에 흉노의 우현왕(右賢王)이 하남 땅으로 침입하는 터에 양국 간에 전쟁이 있었다. 그러나 양국 간의 전쟁은 곧 끝났다. 이와 관련해서 흉노 선우가 문제에게 다음과 같은 편지를 보냈다.

"하늘이 세우신 흉노 대선우는 삼가 황제에게 안부를 물으니, 그간 무탈하신지요? 앞서 황제께서 화친에 관한 말을 해왔을 때 서한의 취지가 합당하여 쌍방이 크게 기뻐했소. 그런데 한나라 변경의 관리들이 우리 우현왕을 모멸해 침범했고, 우리 우현왕도 선우에게 상의하지도 않고 휘하의 후의(後義), 노후(盧侯), 난지(難氏) 등의 계책을 받아들여 한나라 관리들과 다투어 두 나라 임금 간의 약속을 깨트리고 형제의 우애를 이간시키고 말았소. 황제가 보낸 책망의 편지가 두 번이나 도착한지라 이쪽에서도 사신을 보내 황제께 글로 회답했지만 그 사신은 아직 돌아오지 않았고, 한나라의 사신도 돌아오지 않았소. 이리하여 한나라도 우리와 화친을 꾀하지 않고, 우리도 한나라와 친할 수가 없었던 것이요. 지금 작은 관리들이 약속을 깨뜨렸기 때문에 그 죄를 물어 이번에 우현왕에게 그 벌로써 서쪽으로 월지를 토벌하게 했소. 다행히 하늘의 보살핌으로 단련된 정예 병사와 강건한 말로써 월지를 쳐부수어 이를 모조리 죽이거나 항복시키고 누란(樓蘭), 오손(烏孫), 호게(呼揭) 및 그 인접 26개국을 평정하여 이들을 모두 흉노에 병합했소. 이리하여 각 유목민족은 합하여 한집안이 되었고, 북쪽 지방은 이미 안정을 찾았소. 선우는 가능하면 전쟁을 멈추고 병사를 쉬게 하며 말을 길러서 이전의 오해를 잊고 본래의 약속을 찾아서 변경의 백성들을 편안하게 하고, 당초의 친선관계로 돌아가 나이 어린 것들이 건강하게 성장하고 늙은이들이 안정된 생활을 보낼 수 있게 하여 대대로 태평을 노래하게끔 만들길 바라오. 그러나 황제의 의향이 어떤지 알 수 없는지라 낭중(郎中) 계우천(係雩淺)을 사신으로 이 글을 받들어 올리게 하고, **낙타 한 마리와 기마 두 필, 수레를 끄는 말 두 사(駟:4마리의 말)**를 드리는 바이오. 황제께서 만일 한나라 변방 요새 지대에 우리가 접근하는 것을 바라지 않는다면 수비대와 주민들에게 영을 내려 변방에서 멀리 떨어져 살게 해주길 바라오. 아울러 사신이 도착하면 즉시 무사히 돌려보내주길 바라오."

문제는 흉노 선우에게 다음과 같은 글을 보냈다.

"황제가 삼가 흉노의 대선우에게 안부를 묻소. 그런데 낭중인 계우천을 통해서 짐에게 보낸 글에 이르기를 '우현왕은 선우에게 의논도 하지 않고 후의, 노후, 난지 등의 계책을 받아들여 두 나라 임금의 약속을 깨트리고 형제의 우애를 벌어지게 해버렸다. 그로 인해서 한나라는 우리와 화친을 하지 않고 우리도 한나라와 친할 수 없었다. 지금 작은 관리들이 약속을 깨트린 죄를 물어 이번에 우현왕에게 그 벌로 서쪽으로 월지를 치게 하여 모조리 이를 평정시켰다. 가능하면 전쟁을 중지하고 병사들을 쉬게 하며 말을 길러 앞서의 일들을 잊고 본래의 약속을 되찾아, 이로써 변경의 백성들을 편안하게 하고 나이 어린 것들을 건강하게 성장할 수 있게 하며, 늙은이에게도 안정된 삶을 보내게 하여 대대로 태평하게끔 하고 싶다.'라고 했습니다. 짐은 심히 이를 가상히 여기는 바요. 이것이야말로 옛 성왕의 뜻이오. 한나라는 흉노와 형제가 되는 약속을 맺었으므로 선우에게 매우 후한 선물을 보내주고 있었으나 약속을 배반하고 형제 간 사랑하는 정을 벌어지게 한 것은 언제나 흉노 쪽이었소. 그러나 우현왕의 일은 이미 이번 대사면령을 내리기 이전의 일이었으니 선우는 그를 너무 책하지 마시오. 만일 선우가 이쪽 편지의 뜻에 찬동하여 귀국의 모든 관원들에게 약속을 배반하는 일 없이 신용을 지키게끔 분명히 알린다면 짐도 삼가 귀하가 보낸 글의 내용과 같이 하겠소. 사신의 말에 의하면 선우께서는 몸소 장군이 되어 여러 나라를 쳐서 공을 세우고 싸움으로 고생이 많았다 하니 특별이 대례복(大禮服)인 **수겁기의(繡袷綺衣), 수겁장유(繡袷長襦), 금겁포(錦袷袍) 각각 한 벌, 비여(比余:금으로 장식한 빗 종류) 1개, 황금 식구대(飾具帶:허리띠)와 서비(胥紕:허리때 고리) 1개, 수놓은 비단 10필, 비단 30필, 붉은 비단과 푸른 비단 각각 40필**을 중대부(中大夫) 의(意)와 알자령(謁者令) 견(肩)을 시켜 선우에게 보내는 바이오."

위의 글은 고대사회에서 국가 간에 어떤 형식으로 편지를 주고받는지를 보여준다. 두 편지는 일조의 외교문서다. 한나라의 편지에서 주목할 것은 흉노에게 준 선물이다. 여기서 선물의 품목에 주목할 필요가 있다. 선물의 종류는 당시의 사회 및 경제 상황을 이해할 수 있는 중요한 정보이기 때문이다. 우선 흉노에서 한나라에 보낸 선물은 낙타 1마리와 기마 2필, 수레 끄는 말 8필이다. 반면 한나라에서 흉노에게 준 선물은 비단으로 만든 옷과 비단, 그리고 장식품 등이었다. 양국의 선물은 각각 최고품이다. 흉노에서 낙타와 말은 가장 소중한 재산이고, 중국에서 비단도 최고의 가치를 지니고 있기 때문이다. 특히 유목민의 지도자는 비단을 아주 좋아했다. 유목민들이 생산할 수 없었던 중국의 명품 브랜드 비단은 추위를 견디고 권위를 높이는 데 아주 좋은 선물이었던 것이다. 중국에서도 유목민들이 비단을 좋아한다는 것을 잘 알고 있었다. 유목민족이 차와 함께 비단을 좋아한 사례는 송나라와 요나라 간에 맺은 '전연(澶淵)의 맹(盟)'이라는 조약에서 요나라가 송나라에 요구한 세폐 중 차 5만 근과 함께 비단 20만 필이 들어 있다.

묵돌 선우의 죽음과 노상 선우의 즉위

흉노의 묵돌 선우의 죽음은 강성한 흉노의 앞날을 무척 어둡게 만들었지만, 한나라 입장에서는 암적 존재였던 흉노를 물리칠 수 있는 절호의 기회였다. 묵돌이 죽은 후 그의 아들 계육(稽粥)이 노상선우(老上單于)에 올랐다. 계육이 즉위하자 한나라 문제는 곧장 종실의 딸을 공주라 속이고 선우의 정실부인으로 보냈다. 아울러 연나라 출신인 환관 중항열(中行說)을 함께 보내 공주를 보좌토록 했다. 열은 흉노에 가는 것을 원하지 않았다. 그러나 조정에서 강압적으로 그를 보내자, 다음과 같이 말했다.

"내가 가면 반드시 한나라에 화가 될 것이다."

중항열은 흉노 땅에 도착하자마자 선우에게 투항해서 그의 총애를 받았다. 그는 흉노가 한나라의 비단, 무명, 음식 등을 매우 좋아하자 선우에게 다음과 같이 진언했다.

> "흉노의 인구는 한나라의 하나의 군(郡)에도 미치지 못합니다. 그런데 흉노가 강한 것은 입고 먹는 것이 한나라와 다르기 때문이며 그것을 한나라에 의존하는 일이 없기 때문입니다. 지금 선우께서 풍습을 바꾸어 한나라 물자를 좋아하시게 되면 한나라에서 소비하는 물자의 10분의 2를 흉노에게 채 소비시키기도 전에 흉노는 모두 한나라에 귀속되고 말 것입니다. 한나라의 비단과 무명을 손에 넣으시게 되거든 그것을 입으시고 풀과 가시밭 사이를 헤치고 돌아다니십시오. 옷과 바지가 모두 찢어져 못 쓰게 될 것입니다. 그리하여 비단과 무명이 털로 짠 옷이나 가죽옷만큼 튼튼하고 좋은 점을 따르지 못한다는 것을 보여주십시오. 또 한나라의 음식을 얻게 되시거든 이를 모두 버리십시오. 그리고 그것들이 젖과 유제품의 편리하고 맛있는 것을 따를 수 없다는 것을 보여주십시오."

중항열의 지적은 한나라의 의중을 정확하게 짚고 있다. 그는 나아가 노상선우에게 선우 주변 사람들에게 인구와 가축을 기록하는 방법을 알려주었다. 아울러 한나라 방식으로 외교 문서를 작성하는 방법도 알려주었다. 어느 날 한나라 사신이 와서 "흉노의 풍습에서는 노인을 천대하고 있다."고 비판하자 중항열은 한나라 사신에게 다음과 같이 말했다.

> "당신들 한나라 풍속에도 누군가가 주둔군의 수비를 위해서 군대로 떠나게 될 때에는, 그 늙은 양친이 자기들의 두껍고 따뜻한 옷을 벗어주고 살찌고 맛있는 음식을 군대에 나가는 사람에게 주지 않는가?"한나라 사신이 "그렇소."라고 대답했다. 중항열이 또 "흉노는 싸움을 큰 일로 알고 있다. 늙고 약한 사람은 싸울 수가 없다. 그러기에 자기들이 먹을 살찌고 맛있는 음식은 건강한 사람들에게 먹이는 것이다. 이는 스스로를 보호하

기 위한 것이다. 이리하여 아버지와 자식이 오랫동안에 몸을 보존할 수 가 있는 것이다. 그것을 가지고 어떻게 흉노가 노인을 가볍게 여긴다고 할 수 있겠는가?"라고 말하자, 한나라 사신이 또 "흉노는 부자(父子)가 같은 천막 속에 살며, 아버지가 죽으면 자식이 그 계모를 아내로 삼고, 형제가 죽으면 남아 있는 형이나 동생이 그의 아내를 맞아 자기 아내로 삼는다. 옷, 관, 허리띠도 없고, 조정에서의 의식과 예절도 없다."라고 했다. 이에 중항열이 또 "흉노의 풍습에 사람은 가축의 고기를 먹고 그 젖을 마시며, 그 털가죽으로 옷을 만든다. 가축은 풀을 먹고 물을 마시며 철따라 이동한다. 그러므로 싸울 때에는 사람들이 말을 타고 활 쏘는 법을 익히고, 평상시에는 일 없는 것을 즐긴다. 그들의 약속은 간편하여 실행하기가 쉽다. 임금과 신하의 관계는 간단하고 쉬워서 한 나라의 정치는 흡사 한 집안의 일과도 같다. 부자형제가 죽으면 남은 사람이 그의 아내를 맞아 자기 아내로 삼는 것은 대가 끊어지는 것을 두려워하기 때문이다. 그러므로 흉노는 어지럽기는 하지만 종족만은 그대로 유지하는 것이다. 그런데 중국의 경우 외면상으로 아버지나 형의 아내와 장가드는 일이 없지만, 친족관계가 멀어지면 서로 죽이기까지 한다. 혁명이 일어나 제왕의 성이 바뀌는 것도 모두 그런 예이다. 예의를 말하더라도 충성이나 믿음의 마음도 없이 예의를 강요하기 때문에 위아래가 서로 원한으로 맺어져 있고, 궁실의 아름다움만을 추구하기 때문에 노력을 그곳에 다 써버리고 만다. 대개 밭갈이하고 누에를 길러 먹고 입는 것을 구하고 성을 쌓아 방비하기 때문에 한나라 백성들은 전시에는 싸움을 익히지 못하고 평상시에는 생업에 지치고 만다. 슬프다. 흙집에 살고 있는 한나라 사람이여! 겉만 화려하고 실속은 없는데, 관을 써보았자 무슨 수가 있는 것도 아니지 않는가?"라고 했다."

중항열의 지적은 유목민족의 풍습에 대한 높은 이해와 중국 문화의 이면을 보여준다. 아울러 중항열의 흉노 풍습에 대한 이해는 낯선 문화에 대한 인식 문제를 제기한다. 중항열은 중국의 오랑캐 의식이 갖고 있는 문제점을 적나라하게 까발리고 있는 셈이다.

한나라는 가기 싫어하던 중항열을 흉노에 보낸 대가를 톡톡히 치러야만 했다. 문제 14년 흉노 선우는 기병 14만 명을 이끌고 조나(朝那), 소관(蕭關)에 쳐들어가 북지(北地) 도위(都尉) 앙(卬)을 죽이고 다수의 주민과 가축들을 잡았다. 게다가 팽양(彭陽)까지 진출해서 돌격부대를 풀어 한나라의 회중궁(回中宮)을 불태우고, 척후(斥候)의 기병대는 함양 북서쪽의 옹(雍)에 있는 감천궁(甘泉宮)에 이르러 한나라 황제를 위협했다. 흉노의 도전은 날이 갈수록 거칠었다. 이에 문제는 사신을 보내 흉노와 화친을 요구했다. 흉노 선우도 이에 응했다. 두 나라는 가까스로 평화를 유지했다.

경제의 즉위와 평화의 유지

기원전 160년 흉노의 노상선우가 죽고 그의 아들 군신이 선우의 자리에 올랐다. 한나라는 군신선우와도 화친을 유지했다. 중항열도 군신선우를 그대로 모셨다. 그러나 군신선우는 즉위 4년 만에 한나라와의 화친을 끊었다. 양국 간에 전쟁이 일어났다. 흉노의 기병이 감천(甘泉), 장안까지 위협했지만 얼마 후 돌아갔다.

한나라에서는 문제가 죽고 기원전 157년 경제가 즉위했다. 이 때 조왕(趙王) 수(遂)가 몰래 사신을 흉노로 보내 내통했다. 흉노는 오(吳), 초(楚) 7국(七國)의 난이 일어났을 때 조나라와 짜고 변경으로 침입할 계획이었다. 그러나 한나라가 조나라를 포위하는 터에 실행하지 못했다. 한나라 경제는 다시 흉노와 화친을 확인한 후 약속대로 관문에서 교역 하며, 흉노에게 물자를 보내고, 공주도 시집보냈다. 이에 따라 흉노와 경제시대에는 전쟁이 없었다.

무제의 등장과 흉노의 위기

기원전 141년 경제의 아들 무제가 즉위했다. 무제의 즉위는 흉노에게는 흉노 역사에서 가장 불길한 징조였다. 무제의 흉노에 대한 정책은 선조들과는 전혀 달랐기 때문이다. 무제는 선조들이 실시한 방어 중심의 흉노 정책에서 공격 중심의 흉노 정책을 실행했다. 그래서 무제는 먼저 흉노를 공격하기 시작했다.

무제의 흉노 정벌은 기원전 127년 장군 위청(衛靑)의 상곡군에서 출격해서 용성에 이르러 흉노의 우두머리와 포로 700명을 얻었다. 그러나 위청을 제외한 공손하(公孫賀)와 이광(李廣)은 흉노에 패했다. 특히 이광은 흉노에게 패했을 뿐 아니라 포로가 되었다. 이광은 나중에 도망해서 돌아왔지만, 공손오와 함께 옥에 갇혔다. 그러나 두 사람은 돈으로 속죄했다. 한나라에서는 죄를 지으면 돈으로 속죄할 수 있었던 것이다.

위청의 흉노 정벌은 이후에도 큰 성과를 거두었다. 위청은 기원전 124년에도 기병 3만을 이끌고 흉노를 정벌했다. 기원전 121년에는 곽거병(霍去病)이 두 차례에 걸쳐 흉노를 정벌했으며, 기원전 119년에는 위청과 곽거병이 함께 흉노를 크게 무찔렀다. 반면 흉노는 군신선우가 죽은 후 그의 아우인 좌녹려왕(左谷蠡王) 이지타(伊稚斜)가 선우에 올랐다. 이지타선우는 즉위 후 한나라를 여러 차례 공격해서 큰 성과를 거두었다. 그러나 한나라 군대의 공격으로 점차 전력이 떨어졌다. 이지타선우도 13년 만에 죽었다. 그의 아들인 오유(烏維)가 기원전 114년 선우에 올랐다.

한나라는 흉노의 세력이 약해지자 남으로 복건과 광동, 그리고 남월까지 정복했다. 아울러 기원전 111년에는 태복(太僕)을 지낸 공손하가 기병 1만 5천 명을 거느리고 구원(九原)에서 2,000여 리나 진출, 부저정(浮苴井)까지 갔다가 돌아왔다. 그러나 그곳에 흉노는 한 사람도 없었다. 한나라는 동시에 월남북부까지 점령했다. 다음 해 한나라는 황제가 18만 명의 기병을 이끌고 변경을 순행해서 삭방(朔方)에 이르렀다. 무제의 이러한 군사 활동은 대외적으로 위엄을 떨치기 위한 전략의 일환이었다. 아울러 무제는 곽길(郭吉)을 선우에게 보내는 여유까지 보였다. 곽길이 선우를 뵙고 다음과 같이 말했다.

> "남월왕의 머리는 이미 한나라 황궁 북문에 달려 있습니다. 지금 선우께서는 가능하면 나아가 한나라와 싸워주십시오. 한나라 천자는 친히 군사를 거느리고 변경에서 기다리고 있습니다. 그것이 불가능하다면 항복하고 한나라의 신하가 되어야 합니다. 어찌하여 공연히 멀리 달아나 사막 북쪽의 춥고 고통스러움을 참고 물도 풀도 없는 땅에 숨어서 살고 있습니까? 그러한 일을 해서는 안 될 줄 압니다."

곽길의 말은 참으로 오만방자했다. 무제 이전까지는 상상도 할 수 없는 태도였다. 곽길의 태도는 그만큼 흉노의 세력이 약하다는 것을 증명하는 것이다. 그러나 곽길의 말이 끝나자 선우는 격노했다. 그는 바로 곽길을 만나게 한 주객의 목을 베고, 곽길은 북해(北海) 근처에 감금했다. 그러나 선우는 한나라 변경으로 쳐들어가지 못하고 오히려 한나라에 화친을 요청했다. 양국 간에는 몇 차례 화친 관계를 논의했다. 그러나 흉노의 힘이 줄어든 상황에서 진정한 화친은 불가능했다. 흉노의 오유선우가 재위 10년 만에 죽자 흉노의 세력은 한층 빠르게 약화되었다. 흉노는 오유선우의 아들 오사려(烏師廬)가 뒤를 이었지만 아직 나이가 어려 아선우(兒單于)라고 불렀다.

한나라는 아선우가 즉위하자 흉노를 이간질하는 정책을 펼쳤다. 그러나 흉노가 이 사실을 알고 사신을 감금하는 사태가 벌어졌다. 한나라도 흉노의 사신을 억류했다. 이처럼 양국 간에는 계속 긴장관계가 이어졌다. 그러다가 선우가 직접 내몽고의 수항성(受降城)을 공격하다가 그만 수항성에 도착하기도 전에 병이 나서 즉위 3년 만에 죽었다. 선우의 아들이 어려서 오유선우의 동생인 우현왕 구리호(呴犁湖)가 기원전 102년에 선우 자리에 올랐다. 한나라는 광록(光祿) 서자위(徐自爲)에게 오원새(五原塞)에서 수백리, 멀게는 천여 리까지 진출해서 성채와 망루를 쌓고 여구산(廬朐山)까지 연결시키게 했다. 아울러 유격장군(遊擊將軍) 한열(韓說)과 장평후(長平侯) 위항(衛伉)을 그 근처에 주둔시키고 강노도위(彊弩都尉) 노박덕(路博德)에게 거연택(居延澤) 근처에 요새를 쌓게 했다. 그러나 흉노는 광록이 쌓은 성채와 망루마저 파괴했다. 흉노는 수항성까지 공격했으나 선우가 다시 즉위 1년 만에 병으로 죽었다. 구리선유의 동생 좌대도위 저제후(且諸侯)가 선우로 되었다.

저제후선우는 즉위하자 중국과 화친을 추구했지만 얼마 후 오만한 태도를 보였다. 이에 한나라는 이광리가 기병 3만 명을 거느리고 주천군을 나가 천산(天山)의 우현왕을 공격했다. 그러나 이광리는 흉노의 우두머리와 포로 만여 명을 얻어 돌아오던 도중에 흉노에게 포위를 당해 거의 벗어날 수 없는 지경에 빠졌다. 이 과정에서 한나라 군대는 10명 중 7명이 전사했다. 한나라는 기도위(騎都尉) 이릉(李陵)이 보병과 기병 5천 명을 거느리고 거연 북쪽 1,000여 리까지 가서 공격했다. 이 때 이릉은 선우를 만나 1만여 명의 적을 죽였으나 군사와 식량이 거의 바닥나서 돌아와야 했다. 그러나 이릉은 흉노에 포위되어 마침내 흉노에 항복했고, 그의 군사는 거의 죽고, 한나라로 살아 돌아온 자는 겨우 400명뿐이었다. 선우는 이릉을 귀하게 대우하고 그의 딸을 이릉의 아내로 주었다. 한나라는 이광리와 이릉마저 흉노에게 대패하자 군사를 총출동시켜 흉노를 공격했다. 그러나 성과는 거의 없었다.

사마천은 흉노열전의 마지막을 흉노의 승리로 마무리했다. 그러나 한나라 무제의 흉노에 대한 물량작전과 인해전술은 흉노에게 치명타를 안겼다. 물론 이 과정에서 한나라의 피해도 엄청났다. 무제의 총공격으로 흉노는 이미 고비사막으로 도망간 상태였기 때문에 더 이상 중국 내지를 위협할 수 없었다. 특히 무제가 죽은 지 27년 뒤, 즉 기원전 60년에 흉노는 질지선우(郅支單于)와 호한야선우(呼韓邪單于) 간에 선우의 계승문제로 내분이 발생하면서 결정적인 위기를 맞았다. 호한야선우는 계승 싸움에서 밀리자 한나라에 항복하면서 구원을 요청했다. 한나라는 이 틈을 타서 질지선우를 공격했다. 질지는 몽고고원에서 이리천 유역, 다시 타라스천으로 도망하다가 결국 한나라 원정군에게 살해되었다. 한편 호한야선우는 몽고의 흉노를 통일한 후 한나라 신하로 복속했다. 기원전 51년 한나라는 호한야를 제후왕으로 극진하게 대우했다. 마침내 한나라와 흉노 간의 길고 긴 싸움이 끝났다. 흉노의 잔재 세력들은 서쪽으로 이동해서 게르만족을 남하시켰다. 게르만족은 서로마를 멸망시켰다. 중국을 중심으로 한 동아시아의 질서가 바뀌면서 유럽의 역사도 바뀌기 시작했다.

흉노 정벌의 후유증

한나라 무제는 흉노를 정벌하는 데 모든 힘을 쏟았다. 그 덕분에 흉노가 더 이상 중국의 영토를 침략하지 못하도록 하는 기초를 세웠다. 더욱이 무제는 흉노만이 아니라 동서남북 주변국가들 마저 정복하여 중국 역사상 그 누구도 하지 못했던 대외정복사업을 성공적으로 마무리했다. 그는 즉위 후 중국 최초로 연호제도를 만들었을 뿐 아니라 이후 처음으로 유가를 국가이념으로 만들었다. 특히 무제의 대외정복사업으로 비단길이 제대로 열렸다.

무제의 대외정복사업은 빛이 강했던 만큼 그림자도 짙었다. 무제의 정복사업은 엄청난 재원과 인력이 필요했다. 그 희생은 고스란히 백성의 몫이었다. 무제는 대외정복사업으로 생긴 재정 부족 문제를 전매제도로 돌파했다. 무제 때 처음 실시한 소금·철의 전매는 북송시대의 차 전매와 더불어 중국의 국가재정에서 매우 중요한 비중을 차지했다. 그러나 막강한 권력자가 죽자 혹리의 등장, 그리고 외척의 전횡 등으로 한나라는 쇠퇴의 길로 들어서기 시작했다.

2. 조선열전

조선의 왕 만과 조선의 위치

조선(朝鮮)의 왕 만(滿), 즉 위만(衛滿)은 연(燕)나라 사람이었다. 연나라는 발해와 인접해 있다. '연'은 중국 북경을 의미하는 단어이기도 하다. 명나라 주원장의 아들 영락제도 연왕이었다. 연왕이 북경으로 천도하면서 지금까지 중국의 수도다. 북경의 이전 이름 중 하나는 연경(燕京)이다. 조선시대에는 연경이라 불렀다. 그래서 연경에 다녀온 기록을 모은 것이 『연경록(燕京錄)』이다.

연나라는 전성기 때 진번(眞番)과 조선을 공격해서 그곳에 관리를 설치하고 요새에 성을 쌓았다. 그러나 진나라의 공격을 받아 요동(遼東) 바깥 경계로 쫓겨났다. 연나라는 진나라가 망하고 한나라가 들어서자 다시 요동의 옛 요새를 정비하고 패수(浿水)에 이르러 경계를 정했다. 사마천이 언급한 패수는 지금의 지금 북한의 평양시 청천강(淸川江)을 의미한다. 중국 담기양(譚其驤, 1911-1992)의 중국의 연나라 지도에도 사마천의 기록대로 표시하고 있다. 그러나 패수의 위치에 대해서는 몇 가지 설이 존재한다. 그 중 하나가 청천강 아래의 대동강(大同江)이고, 다른 하나는 청천강 위쪽의 압록강이다. 『수서(隋書)·고려전(高麗傳)』에는 패수를 대동강으로 표기했으며, 김부식의 『삼국사기』에는 예성강 혹은 임진강으로 이해했다.

위만의 왕검성 도읍

한나라의 건국은 이처럼 주변 국가들에게 큰 변화를 주었다. 위만은 연왕(燕王) 노관(蘆綰)이 흉노에 들어가자 1천여 명의 무리를 모아 추결(魋結:상투머리)하고 오랑캐의 복장으로 동쪽에 가서 요새를 나와 패수를 건너서 진나라의 옛 땅에 살면서 성을 오르내렸다. 위만은 점차 진번과 조선의 만이와 옛 연과 제(齊)나라의 망명자들을 복속시켜 왕이 되었다. 위만은 왕검(王儉)에 도읍했다. 왕검은 왕검성이다. 왕검성의 위치도 지금의 평양설과 요동설 등 학자들 간에 의견이 분분하다.

위만이 왕검에 도읍할 당시 중국은 한나라 혜제(惠帝, 재위 기원전 195-기원전 188) 시기다. 위만은 당시 중국의 요동 태수와 다음과 같이 약속했다.

> "외신(外臣)으로 오랑캐를 보호하고 변경을 침범하는 일이 없도록 하라. 여러 오랑캐의 군장(君長)이 들어와 황제를 뵙고자 하거든 금하지 말라."

위만은 중국 신하의 예를 갖추면서 점차 자신의 세력을 키워갔다. 위만은 중국에서 군사와 재물을 얻어서 주변의 작은 나라를 항복시켰다. 한나라가 위만에게 군사와 재물을 준 것은 위만을 통해 주변 국가의 위협을 방어하기 위해서였다. 한나라의 이러한 외교 정책은 중국의 전형적인 외교정책인 '이이제이(以夷制夷)'였다. '이이제이'는 '오랑캐로 오랑캐를 제압한다'는 뜻이다. 이 정책은 중국이 직접 군사 활동을 하지 않고 간접적으로 영토를 지키는 전략이다. 위만은 한나라의 이러한 정책을 적절하게 이용하면서 자신의 세력을 확장했던 것이다. 그 결과 위만은 진번과 임둔(臨屯)을 복속시켜 통치 영역이 사방 수천리에 이르렀다.

위만의 죽음과 조선의 위기

위만의 죽음은 조선에 큰 위기였다. 그가 죽은 뒤 아들과 손자가 왕위를 이었지만, 한나라와의 관계가 뒤틀리면서 사태는 심각하게 전개되었다. 조선은 한나라 황제를 찾아가 인사조차 하지 않았다. 주변 국가들이 중국의 황제에게 인사조차 하지 않는다는 것은 결국 힘으로 대결하자는 뜻과 같았다. 한나라와 주변국가 간에는 '조공(朝貢)제도'를 통해 평화를 유지했다. 조공제도는 중국 중심의 동아시아 주변 국가의 정치, 경제, 문화 등의 교류를 의미한다. 중국이 조공제도를 통해 주변 국가를 관리할 수 있었던 가장 큰 이유는 군사력 때문이었다. 그러나 조공제도에 기초한 동아시아의 국제질서는 중국이 주변 국가에 대해 군사력 우위를 유지하지 못할 경우에 언제든지 위기에 놓일 수 있었다. 중국은 조공제도에 기초한 국제질서를 1840년 아편전쟁 전까지 주도했다.

조선이 중국 한나라 황제를 알현하지 않았다는 것은 곧 중국의 신하에서 벗어나서 독자적인 세력을 유지하겠다는 선포였다. 한나라 황제 무제는 기원전 109년 섭하(涉何)를 보내 조선의 왕인 우거에게 점잖게 타일렀지만 그는 무제에게 고개를 숙이지 않았다. 섭하는 중국으로 돌아오는 길에 자신을 전송하던 위만의 비왕(裨王:지역을 다스리는 지도자)의 장(長)을 죽이고 바로 패수를 건너가서 요새로 들어갔다. 무제는 섭하의 보고를 받고 그를 요동의 동부도위(東部都尉)에 임명했다. 조선은 군사를 일으켜 섭하를 죽여 버렸다. 이 사건은 조선이 섭하의 전략에 말려든 것이었다.

무제는 섭하가 죽자 죄인들을 모아 조선을 공격했다. 이 때 수군(水軍)의 누선장군(樓船將軍) 양복(楊僕)이 군사 5만을 이끌고 제나라 땅을 출발해서 발해(渤海)를 건넜다. 그는 좌장군(左將軍) 순체(荀彘)에게 요동을 나와 우거를 치도록 했다. 한편 우거는 군사를 일으켜 험난한 곳에 의지해서 대항했다. 좌장군이 요동의 군사를 거느리고 우거의 군대를 공격했으나 실패하고 돌아가 참형되었다. 우거는 이 기회를 틈타 누선의 군대를 공격하니, 누선의 군사들이 도망갔다. 장군 양복도 결국 산으로 도망갔다. 양복은 10여 일을 숨어 있다가 흩어진 군사들을 찾아 모은 후 다시 좌장군으로 하여금 조선의 패수 서쪽 군사를 공격하게 했다. 그러나 그는 성과를 거두지 못했다.

한나라 무제는 예상보다 조선의 군대를 물리치는 것이 쉽지 않다는 것을 깨닫고 전략을 바꿔 위산(衛山)으로 하여금 우거를 타이르게 했다. 우거가 무제의 사신을 보고 다음과 같이 말했다.

> "항복하기를 원했으나 두 장군이 속여 죽이려고 할 것이 두려웠소. 이제 진짜 부절(符節)을 보았으니 항복하기를 청합니다."

우거가 이처럼 갑자기 태도를 바꾼 것은 한나라와 정면 충돌할 경우 장기적으로 결코 이길 수 없다는 것을 잘 알고 있었기 때문이다. 그래서 무제의 부절을 가진 사신을 보고 항복하기로 작정했던 것이다. 그러나 그가 진심으로 항복할 뜻이 있었던 것은 아니다. 우거는 겉으로 적을 교란하기 위해 항복하면서 기회를 엿보고 싶었던 것이다.

조선의 내분과 멸망

한나라와 조선 간에는 섭하 이후 여전히 불신이 남아 있었다. 조선에서는 한나라에게 사죄하기 위해 태자와 함께 말 5,000필 및 군량까지 보내기로 했다. 그래서 태자는 1만여 명과 더불어 무기를 가지고 패수에 이르렀다. 그러나 한나라의 사자 및 좌장군은 조선의 태자 일행이 변란을 일으킬까 의심했다. 그래서 그는 태자 일행에게 무기를 지니지 않도록 명했다. 그러나 태자도 사자와 좌장군이 자신을 죽일까 의심해서 패수를 건너지 않고 다시 돌아왔다. 무제는 이 사실을 보고 받고 책임자 위산을 죽여 버렸다.

좌장군은 조선의 태자 일행이 돌아가자 패수 언덕 위의 군사들을 물리치고 앞으로 나아가 성 아래에 이르러 서북쪽을 포위했다. 누선도 군사를 모아 성의 남쪽에 머물렀다. 그러나 우거는 성을 굳게 지켰다. 한나라 군대는 몇 달 동안 조선의 성을 함락시키지 못했다. 이처럼 한나라 군대가 조선을 함락시키지 못한 것은 단순히 군사의 수나 전략의 문제만이 아니라 군사 지도자들 간의 알력 때문이었다.

좌장군은 평소 황궁에서 황제를 받들면서 총애를 받았다. 그러나 그가 이끈 연나라와 대(代)나라의 군졸들은 과거의 승리에 도취해 대부분 교만했다. 반면 누선장군은 제나라 군사들을 이끌고 바다에 들어가 여러 차례 패했다. 좌장군과 누선은 조선을 공격하는 과정에서 의견이 맞지 않았다. 조선도 두 사람 간의 갈등을 이용하면서 한나라에 항복하지 않았다. 좌장군은 마음속으로 누선이 전에 군사를 잃은 죄가 있고, 지금은 조선과 더불어 사사로이 친하며, 조선도 항복하지 않으니 그가 혹 반란을 일으키지 않을까 의심했다.

한나라 무제는 두 사람 간의 갈등을 알고 조선문제를 해결하기 위해 산동성 제남(濟南)의 태수 공손수(公孫遂)를 보내 일을 처리하도록 했다. 특히 무제는 일의 중요성을 감안해서 공손수에게 전권을 부여했다. 공손수는 먼저 좌장군을 만났다. 좌장군은 공손수를 만나자 지금까지 조선을 함락시키지 못한 데는 누선장군의 잘못이 크다는 점을 강조하면서 다음과 같이 대안을 제시했다.

> "이제 누선을 잡지 않는다면 아마도 큰 해가 될 것이며, 누선장군 혼자뿐만 아니라 점차 조선과 함께 우리 군대를 무찌를 것입니다."

좌장군은 누선장군을 거의 역적으로 몰았다. 공손수는 좌장군의 말을 전적으로 믿고 바로 좌장군 부하를 통해 누선장군을 사로잡고 그의 군대를 병합했다. 공손수는 이러한 결과를 무제에게 보고했다, 그러나 무제는 독단으로 군의 지휘체계를 농단한 공손수를 죽여 버렸다. 한편 누선장군의 군사를 흡수한 좌장군은 조선을 공격했다. 한나라 군대의 공격을 받은 조선의 재상 노인(路人)과 한음(韓陰), 조선의 작은 나라였던 이계(尼谿)의 재상 삼(參)과 장군 왕협(王峽)이 다음과 같이 모의했다.

> "처음에 누선에게 항복하려고 했으나 누선은 지금 붙잡혀 있고, 홀로 좌장군이 두 군대를 병합해서 거느리고 있기 때문에 상황이 아주 급하다. 아마 그들을 상대로 싸울 수 없을 것이지만, 우리의 왕도 항복하지 않을 것이다."

조선의 재상 노인과 한음, 그리고 이계의 장군 왕협은 한나라에 항복하기 위해 도망갔다. 그러나 노인은 도망 중에 죽었다. 조선의 재상과 함께 도망가지 않았던 이계의 재상 삼은 기원전 78년 조선의 왕 우거를 죽이고 한나라에 항복했다.

왕을 잃은 조선은 절체절명의 위기를 맞았다. 그러나 왕검성은 쉽게 함락되지 않았다. 이 때 우거의 대신(大臣) 성사(成巳)가 반란을 일으켰다. 그러나 성사는 우거의 아들 장항(長降)과 재상 노인의 아들 최(最)에 의해 죽고, 한나라는 조선 땅에 사군을 설치했다.

한나라는 사군을 설치한 후, 조선을 멸망시키는데 큰 공을 세운 이계의 재상 삼을 산동의 획청후에, 한음을 발해의 적저후(狄苴侯에, 왕협을 낙랑의 평주후(平州侯)에, 장항을 하동의 기후(幾侯)에, 최는 온양후(溫陽侯)에 봉했다. 그러나 좌장군은 누선장군과의 알력을 문제 삼아 기시(棄市:죄인의 시체를 길거리에 버림)의 형벌을 받았다. 누선장군은 돈으로 면죄 받아 평민이 되었다.

맺음말

맺음말

사마천의 『사기』는 중국 최초의 통사다. 『사기』는 한족의 시조 황제부터 한나라 무제까지의 역사를 담고 있다. 역사서에는 통사 외에 시대사가 있다. 반고가 쓴 『한서』가 대표적인 시대사다. 또 다른 종류의 역사서에는 경제사, 정치사, 문화사 등과 같은 분류사 혹은 주제사가 있다. 『사기』처럼 통사는 역사 공부의 기본서다. 그래서 『사기』는 중국사 최초의 통사면서 중국사를 이해하는 데 가장 기본적인 작품이다. 그런데 『사기』를 중국 최초의 통사라고 부르지만 과연 최초의 통사가 지닌 의미가 무엇인지를 이해할 필요가 있다. 역사학자의 입장에서 사마천의 『사기』를 한마디로 평가하면 지금까지 인류사에서 사마천처럼 위대한 역사가가 아직 나타나지 않았다는 말로 대신할 수 있다.

『사기』와 같은 통사는 역사학자들의 꿈이지만 꿈을 이룬 역사학자는 매우 드물다. 지금까지 우리나라 역사학계에서 통사를 저술한 사람은 극히 드물다. 혹 통사를 저술했더라도 사마천의 기전체처럼 자신만의 연구방법론으로 저술한 사례는 거의 찾아볼 수 없다. 우리나라의 통사는 대부분 기존의 연구사를 정리한데 불과하다. 따라서 사마천의 『사기』는 보통의 인간이 할 수 있는 수준을 훨씬 넘은 단계의 작품이다. 더욱이 놀라운 것은 현대의 역사가들은 대부분 학문에만 전념하면서 작품을 만들지만 사마천은 현대의 전문가처럼 전문 학자가 아니라 관직 생활까지 겸하면서 『사기』를 편찬했다는 사실이다. 『사기』에 대한 놀라움은 여기서 끝나지 않는다. 사실 지금의 역사가들조차도 통사를 정리하는 것만으로도 혼자서 감당하기가 어렵다. 그러나 사마천은 혼자의 힘으로 그 동안 그 누구도 시도하지 않았던 방법으로 『사기』를 만들었던 것이다. 내가 『사기』를 높이 평가하는 또 다른 이유는 기원전 91년, 즉 지금부터 2천 년 전에 탄생했다는 사실 때문이다. 사마천이 살았던 시대는 종이조차 없었다. 지금은 종이도 있고, 컴퓨터도 있다. 그런데도 현대의 역사학자들은 사마천의 업적을 흉내조차 내지 못한다. 더욱이 지금은 세계 연구자들의 업적을 아무 불편 없이 참고할 수 있는 데도 사마천처럼 업적을 만들지 못한다.

『사기』의 「열전」은 사마천이 가장 심혈을 기울인 작품이다. 그 이유는 자신의 이야기를 담을 수 있는 장르였기 때문이다. 어떤 작가든 모든 내용은 자신의 얘기를 담고 있다. 작가의 소명은 자신의 얘기를 다양한 방법으로 서술하는 것이다. 그래서 「열전」은 다양한 사람들의 다양한 얘기를 담고 있다. 그러나 그 중에서도 가장 중요한 것은 사마천 자신에 대한 얘기다. 나는 2007년에 나무의 삶에서 죽음까지를 다룬 『나무열전』을 출판했다. 인간이 아닌 식물의 삶을 열전으로 출판한 첫 사례였다.

사마천의 「열전」은 사마천의 삶에서 매우 중요하다. 그러나 우리에게 중요한 것은 자신의 삶이다. 사마천이 위대한 작품을 만들 수 있었던 것은 결코 좋은 조건을 갖추고 있었기 때문이 아니다. 오히려 사마천이 『사기』를 만들 수 있었던 것은 악조건이었다. 위대한 사람은 결코 조건을 탓하지 않는 법이다. 조건을 탓하는 순간 에너지를 낭비한다. 사마천은 자신의 조건을 탓하지 않고 주어진 조건에서 최선을 다했다. 『사기』는 사마천의 인생 전부였다. 그래서 그는 모든 것을 『사기』 편찬에 집중했다.

모든 인간의 삶은 각자의 열전을 준비하는 과정이다. 사마천의 작품이 아무리 위대하더라도 자신의 삶만큼 소중할 수는 없다. 그래서 『사기』 「열전」의 가치는 읽는 사람들이 직접 열전을 준비하는 데 있다. 열전을 준비하는 데 가장 중요한 작업은 기록이다. 사마천이 걸작을 만들 수 있었던 것도 기존의 사료와 자신의 기록 덕분이었다. 그러나 대부분의 역사가들은 자신의 삶조차 기록하지 않는다. 열전을 만들기 위해서는 가장 먼저 자신의 삶부터 꼼꼼하게 기록해야 한다. 중국사의 위대성은 바로 기록의 역사에서 출발한다는 사실도 기억해야 한다.

사마천의 『사기』는 처음부터 사용한 역사서의 이름이 아니다. 『사기』 「주본기(周本紀)」 등에서 등장하는 '사기'라는 글자는 춘추 · 전국시대 각국의 '사관의 기록'혹은 한나라의 문장학(文章學)을 의미한다. 사마천이 부른 『사기』의 이름은 「태사공자서(太史公自序)」에서 알 수 있듯이 '태사공서'또는 '태사공기(太史公記)'다. 『사기』는 '태사공기(太史公記)'의 줄임이다. 『사기』는 위(魏)나라 건안(建安, 196-219) 연간에 지은 순열(荀悅)의 『한기(漢紀)』 권30 '태사공사마천사기(太史公司馬遷史記)'에 처음 등장한다. 따라서 지금 사용하고 있는 사마천의 『사기』는 그가 세상을 떠난 지 대략 300년 정도의 시간이 흐른 뒤부터 사용한 이름이다. '태사공기'와 『사기』의 차이는 무엇일까. '태사공기'는 사마천의 이름을 담고 있지만, 『사기』는 사마천의 이름을 담고 있지 않다. 사마천이 『사기』를 편찬한 의도를 생각하면 '태사공기'로 불러야 하지만, 이제 원래의 이름으로 돌아갈 수는 없다. '태사공기'에서 『사기』로 바뀐 것도 역사적 사실이기 때문이다.

해설

해 설

1. 사마천의 삶과 열전의 역사적 의미

모든 생명체의 삶은 아름답다. 그래서 사마천의 삶도 아름답다. 모든 생명체의 삶이 아름다운 것은 그 자체로 위대하기 때문이다. 그래서 사마천의 삶은 다른 사람과 비교할 필요가 없다. 사마천의 구체적인 삶은 연보에서 정리했다. 여기서는 그가 어떻게 살았는지에 대한 철학을 중심으로 삶을 이해하고자 한다. 나는 특히 사마천의 업적과 관련해서 그의 창조정신이 궁금했다. 그는 어떻게 기존에 존재하지 않았던 방법을 창조할 수 있었을까.

나는 인생을 바꾸는 중요한 요인으로 삶의 태도에 주목한다. 그래서 나는 사마천이 남긴 위대한 업적도 삶의 태도에서 그 원인을 찾고 싶다. 그런데 한 인간이 지닌 삶의 태도는 일정 부분 부모에게 영향을 받는다. 부모의 삶도 그 조상의 영향을 받을 수밖에 없다. 따라서 한 인간의 삶은 단순히 부모만이 아니라 그 시대의 영향에서 벗어날 수 없다. 사마천이 역사가로서 이름을 떨칠 수 있었던 것은 아버지의 영향이 아주 컸다. 사마천의 아버지 사마담은 천체 관련 기록을 관리하는 태사령, 즉 사관이었다. 사마천은 이른 나이에 아버지의 직책에 상당한 관심을 가지고 있었다. 그 결과 그는 10대에 고문서에 통달했다.

사마천의 역사인식 및 역사서술과 관련해서 강조할 것은 현장 체험이다. 사마천은 20대에 전국 각지의 주요 사적지를 직접 답사하여 각지의 전승과 풍속, 중요 인물들의 체험담을 채록했다. 내가 20대에 사마천이 경험한 현장 답사를 특별히 강조하는 것은 역사인식과 역사서술에서 매우 중요하기 때문이다. 역사학자에게 현장 답사는 역사를 이해하는 데 필수지만, 현대 역사학자의 답사와 사마천의 답사는 차이가 있다. 현재 역사학자들은 대부분 현장 답사를 통해 역사를 이해하는데 그치는 반면 사마천은 현장 답사를 통해 역사를 서술했다는 점이다. 따라서 사마천의 현장답사는 역사를 생산하는 과정이었지만 현대 역사학자들의 현장 답사는 역사를 소비하는 과정에 불과하다.

사마천의 저술은 아버지의 죽음으로 본격적으로 시작되었다. 그는 아버지의 유언에 따라 역사서를 저술하기 위해 자료를 수집하기 시작했다. 사마천이 수집한 책은 궁중에 남아 있던 각종 서적, 상소문, 국가 포고문을 비롯하여 이전시대의 자료인 시경, 서경, 전국책, 춘추 등이었다. 그러나 역사서는 많은 자료를 수집한다고 해서 완성되지 않는다. 역사서는 이른바 역사학자의 사관이 매우 중요하다. 그러나 지금까지 우리나라의 중국 역사학자 중에서 자신만의 사관을 가지고 통사를 집필한 경우는 아직 한 사람도 없다. 그만큼 역사학자에게 사관은 중요하다. 사마천은 『춘추』를 자신의 사관으로 삼았다. 『춘추』는 공자가 편찬한 노나라의 역사서다. 사마천이 공자의 작품을 자신의 사관으로 삼은 데는 나름의 이유가 있었다. 『춘추』는 중국 최초의 편년체 역사서다. 역사 서술 방법 중 편년체는 날짜 별로 기록하는 방법을 말한다. 공자가 사용한 이러한 방식의 역사서술은 하·은·주를 비롯해 위(魏)나라 양왕(襄王:재위 기원전 334~기원전 319)까지 엮은 작가 미상의 『죽서기년』이 있다. 사마천이 『춘추』의 서술 방식을 모방한 것은 그의 스승인 동중서의 영향이었다. 한나라 무제 때 각종 정책을 입안한 동중서는 공양학파였다. 공양학파는 『춘추공양전』에 기초해서 공자의 『춘추』를 연구한 경우를 말한다.

공자가 『춘추』를 저술한 것은 춘추시대 말 무너진 천하를 바로잡기 위해서였다. 공자는 사건을 기록하는 기사(記事), 직분을 바로잡는 정명(正名), 칭찬과 비난을 엄격히 하는 포폄(褒貶)의 원칙 등 세 가지 원칙을 세워 오직 객관적인 사실에 입각하여 자신의 판단에 따라 집필했다. 공자의 이러한 서술을 이른바 '춘추필법(春秋筆法)'이라 부른다. 동중서를 비롯한 공양학파는 공자의 이러한 역사서술 방식을 추종했다. 사마천도 사기를 편찬하면서 이 같은 원칙을 따랐다. 그러나 사마천은 공자와 스승의 방법론을 따르면서도 자기만의 역사서술체계인 기전체를 창조했다.

사마천이 만든 기전체는 중국의 왕조사 편찬과 우리나라의 삼국사기 및 왕조사 편찬에 영향을 주었다. 나는 사마천의 이러한 업적이 그의 관찰력과 통찰력에서 비롯되었다고 생각한다. 편년체와 기전체와 더불어 중국의 또 하나의 역사 서술 방법인 '기사본말체'는 남송 때 원추가 『자치통감』을 활용해서 만든 『통감기사본말』에 이르러 등장했다. 기사본말체는 원인과 발단, 전개과정, 후에 미친 영향까지 서술하는 방법이다. 근대 이후 역사학자들의 역사 연구 방법론은 대부분 기사본말체다.

사마천이 아버지의 유언으로 시작한 『사기』는 길게 잡으면 20여 년, 짧게 잡으면 14년 만에 완성했다. 20년의 세월은 결코 짧지 않지만 결코 누구나 쉽게 완성할 수 있는 것은 아니었다. 특히 사마천은 뜻하지 않은 '엄청난 사건'을 겪은 뒤에야 『사기』를 완성할 수 있었다. 『사기』를 완성하는 과정에서 겪은 엄청난 사건은 사마천이 친구 이릉을 변호하는 과정에서 발생했다. 이릉은 이광리가 흉노를 쳤을 때 출정하여 돌아오는 길에 무기와 식량이 떨어져 8만의 흉노 군에게 포위되어 항복했다. 한나라의 황제 무제는 이 소식을 듣고 이릉의 어머니와 처자식을 죽이려 했다. 이 때 그 누구도 이릉을 변호하지 않았다. 그러나 사마천은 이릉의 부득이한 사정을 변호했다.

무제는 사마천에게 남자의 구실을 할 수 없도록 만드는 '궁형'을 내렸다. 사마천은 2년여 동안 누에가 사는 잠실에 갇혀 살았다. 그러나 무제의 형벌은 사마천의 역사서 편찬에 대한 의지를 꺾을 수 없었다. 그는 감옥인 잠실에서도 집필을 게을리하지 않았다. 그는 2년여의 옥중생활을 마치고 다시 세상에 나왔을 때, 그는 이미 예전의 그가 아니었다. 그런 그에게 또 다시 예기치 않은 일이 닥쳤다. 그가 무제의 신임을 회복하여 환관의 최고직인 중서령에 오른 것이다. 중서령은 황제의 곁에서 문서를 다루는 직책이었다.

사마천과 무제의 이러한 관계는 운명이다. 무제는 사마천에게 가장 치욕적인 경험을 안겨주었지만, 사마천은 무제를 통해서 세상에 이름을 날렸기 때문이다. 사마천이 3천 년을 관통하는 통사를 기획하면서 무제 시대의 사상과 철학에 대한 성찰과 비판을 주저하지 않았다. 무제의 독단적인 사고와 행동은 사마천의 창의성을 가로막는 주범이었다. 아울러 무제 시대 대부분의 학자들도 무제의 사유방식에 동조할 뿐이었다. 『사기』 권15 「육국연표」 서문은 사마천의 시대정신을 잘 보여준다.

> 학자들은 자신들이 보고 들은 것에 매여서 진나라가 오래 존족하지 못한 현상만 본다. 그들은 처음과 끝을 검토하지 못한 채 모두 비웃으며 감히 칭찬 같은 것은 엄두도 못 내지 있다. 이것이야 말로 '귀로 음식을 먹으려는 것'과 무엇이 다르겠는가. 슬프도다!

사마천은 무제 시대의 주류 학자였던 동중서의 영향을 받았지만 「유림열전(儒林列傳)」에서 보듯이 그들의 수구적인 허구성을 폭로했다. 사마천은 학자들의 곡학아세, 즉 '배운 바로 세상에 아부하는 것'을 비난했다. 사마천의 당대 유학자들에 대한 비판 의식은 학문의 정치 종속화에 대한 일종의 경고다. 사마천이 어려운 삶에 처한 것도 크게 보면 학문이 시대를 비판하는 기능을 상실했기 때문이다. 그래서 사마천은 자신만이라도 학문의 본래 정신을 철저하게 실천함으로써 자존의 삶을 살아가고 싶었던 것이다.

「열전」의 역사적 의미는 다양한 인물을 통해 시대상을 잘 보여주고 있는 점만이 아니라 분석력을 꼽지 않을 수 없다. 역사적 사실에 대한 정리는 결코 어렵지 않다. 그러나 내용에 대한 자신만의 평가는 무척 어렵다. 『사기』 전체를 관통하는 사마천의 평가는 역사적 사실에 대한 옳고 그름을 떠나 그 자체로 위대하다. 아울러 「열전」은 그가 얼마나 위대한 문장가였는지를 잘 보여준다. 역사는 기본적으로 '이야기'다. 「열전」을 통해 수많은 사람들의 삶이 드러났다. 그런데 사마천은 그들의 삶을 아름다운 문장으로 표현했다. 그래서 사마천은 역사가면서 문학가다. 만약 사마천이 위대한 문학가가 아니었다면 「열전」의 가치는 지금보다 훨씬 떨어졌을 것이다.

「열전」이 탄생할 수 있었던 또 다른 요인은 사마천의 삶에 대한 성찰과 관찰력이다. 「열전」에 등장하는 다양한 사람들의 삶은 사마천의 마음을 그대로 반영한다. 사마천의 눈에 그런 사람들의 삶이 보였다는 것은 평소에 그런 사람들의 삶을 마음에 새기고 있었다는 뜻이다. 그렇지 않고서는 그런 사람들의 삶을 구체적으로 알 수 없기 때문이다. 그러나 그런 마음만으로는 글을 완성할 수 없다. 평소에 그들의 삶을 구체적으로 살피고, 관련 자료를 수집해야 한다. 그런데 역사가의 자료 수집은 필요성에 따라 좌우된다. 역사가는 자신이 필요하지 않는 자료는 수집하지 않기 때문이다. 따라서 「열전」에 등장하는 인물은 사마천이 어떤 자세로 역사를 서술했는지를 보여주는 증인들이다.

나는 사기열전을 읽으면서 사마천의 인간에 대해 어떻게 생각했는지를 깊이 생각했다. 사마천은 인간에 대한 존중이 그 누구보다도 높았다. 열전에 등장하는 다양한 사람들에 대한 서술은 인간에 대해 존중하는 마음이 없으면 불가능하다. 예수와 석가와 공자가 지금까지 위대한 인물로 평가받는 것도 기본적으로 인간 자체를 존중했기 때문이다. 지금까지 사마천의 사기를 읽어야하는 이유도 바로 여기에 있다. 인간에 대한 존중은 곧 생명체에 대한 올바른 이해에서 출발한다. 그래서 생명체를 존중하는 가치를 담고 있는 작품이야말로 가장 위대하다.

2. 사마천 연보

연보는 한 존재의 삶을 가장 간단하게 보여줄 수 있는 방법이다. 그러나 연보는 자신이 직접 정리하지 않으면 결코 쉽게 만들 수 없다. 사마천의 연보도 직접 만들지 않았기 때문에 정리가 쉽지 않다. 게다가 연보는 다양한 방식으로 만들 수 있다. 한 사람의 삶을 시대 상황과 함께 보여주는 방법도 있고, 아주 간단히 주인공의 삶만 보여주는 방법도 있다. 전자는 한 사람의 삶을 유기적으로 이해하는 데 장점이 있지만, 지나치면 번잡한 느낌을 준다. 후자는 한 사람의 삶을 간단명료하게 이해하는데 장점이 있지만, 유기적으로 이해할 수 없는 단점이 있다. 나는 후자를 선택했다. 그 이유는 사마천과 관련한 여러 가지 사건과 상황을 정리하는 것이 무척 어렵기도 하지만, 굳이 이곳에서 정리하지 않아도 요즘에는 쉽게 찾아볼 수 있는 수단이 아주 많기 때문이다.

1세(기원전 145) 경제 중원 5년

- 좌풍익 하양현에서 태어나다.

4세(기원전 142년) 경제 후원 2년

- 아버지 사마담에게 글자를 배우다.

7세(기원전 139년) 무제 건원 2년

- 고문을 배우기 시작하다.
- 아버지 사마담이 무릉 축조에 가담하다. 사마담이 논문 「논육가요지」를 쓰다.

8세(기원전 138년) 무제 건원 3년

- 아버지 사마담이 태사령으로 승진해서 무릉에서 장안으로 와 정부 기록과 천문 및 역법을 주관하다.

10세(기원전 136년) 무제 건원 5년

- 고향에서 농사짓고 목축하다.

13세(기원전 133년) 무제 원광 2년

- 아버지 사마담이 옛날 제후들의 기록을 수집하고 잠시 고향에 돌아오다. 사마천은 아버지를 따라 황하와 위수 지역을 다니면서 자료를 수집하다.

14세(기원전 132년) 무제 원광 3년

- 고향에서 농사짓고 목축하다.

19세(기원전 127년) 무제 원삭 2년

- 무제가 주언보의 건의에 따라 전국의 지방 호걸과 재산 3백만 전 이상의 부호를 무릉으로 옮기는 조치를 취하자, 사마천도 장안의 외곽 무릉으로 거처를 옮기다. 이 때 유명한 유협 곽해도 무릉으로 옮겼다. 그러나 곽해는 유가의 박해를 받아 가족이 전부 몰상당했다. 사마천의 유협열전은 이런 목격을 통해 구상되었다.

20세(기원전 126년) 무제 원삭 3년

- 학업을 잠시 중단하고 아버지의 권유로 천하를 답사하기 시작하다.

21세(기원전 125년) 무제 원삭 4년

- 약 2년 간의 답사를 마치고 돌아와 자료를 정리하고 학업에 열중하다.

· 아버지 사마담이 무제를 수행해서 감천에 가다.

22세(기원전 124년) 무제 원삭 5년

· 동중서에게 『춘추』를 배우고, 공안국에게 『상서』를 배우다.

23세(기원전 123년) 무제 원삭 6년

· 본격적으로 학문에 몰두하다.

24세(기원전 122년) 무제 원수 원년

· 아버지 사마담과 함께 무제를 수행하여 옹 땅으로 가 오치(五畤)에서 제사를 지내다.

25세(기원전 121년) 무제 원수 2년

· 학업에 전념하다.

28세(기원전 118년) 무제 원수 5년

· 재능을 인정받아 녹봉 300석의 낭중이 되어 첫 벼슬길에 나가다.

33세(기원전 113년) 무제 원정 4년

· 아버지 사마담과 함께 본격적으로 지방 순시에 나선 무제를 수행해서 각지의 민정과 풍속을 살피다.

· 사마천 부자는 무제가 하양을 지난 것을 기념하기 위해 현 사마천 사당 근처에 협려궁을 세우다.

34세(기원전 112년) 무제 원정 5년

· 무제를 수행해서 감숙성 평량현 서쪽 공동산 등 서쪽 지방에 대한 정보를 수집하다.

35세(기원전 111년) 무제 원정 6년

· 무제의 명에 따라 서남의 문물을 관찰하다.

36세(기원전 110년) 무제 원봉 원년

· 서남이에서 임무를 마치고 돌아오던 중 삭방 순시 중인 무제와 합류, 교산 황제릉에 함께 제사지내다 돌아오는 길에 아버지 사마담이 위

독하다는 소식을 듣다.

- 낙양으로 가서 아버지의 임종을 지키고, 아버지 장례를 치르고 산동 태산에 가서 무제와 합류해서 봉선에 참여하다.

37세(기원전 109년) 무제 원봉 2년

- 무제의 '호자가(瓠子歌)'에 감명 받다. 호자가는 무제가 태산에 제사하고 하남성 복양현 남쪽 호자의 강물을 막는 공사 현장을 방문한 후 지었다.

38세(기원전 108년) 무제 원봉 3년

- 아버지가 떠난 뒤 3년 만에 아버지의 뒤를 이어 태사령이 되다.
- 태사령이 관장하던 한나라 이전 시대의 기록을 이어받다.
- 은자 지준과 편지를 주고받으면서 교류하다.

39세(기원전 107년) 무제 원봉 4년

- 무제의 순시에 빠지지 않고 수행하다. 무제를 수행해서 고향 하양에서 황하를 건너 하동에 이르고 토지신인 후토에 제사지내다.

42세(기원전 104년) 태초 원년

- 공손경, 호수와 함께 종래 사용하던 달력인 전욱력을 개정해서 하나라 달력에 기초한 태초력을 완성하다.
- 역법 개정을 계기로 『사기』 저술에 착수하다.

43세(기원전 103년) 태초 2년

- 『사기』 집필을 본격적으로 시작하다.
- 무제를 수행해서 고향 하양에서 황하를 건너 후토에 제사를 지내다.

44세(기원전 102년) 태초 3년

- 무제를 수행해서 동으로 바다에 이르고 돌아오는 갈에 태산에 봉선하다.

45세(기원전 101년) 태초 4년

· 무제를 수행해서 겨울에 회중에 이르다.

47세(기원전 99년) 천한 2년

· 무제를 수행해서 동해에 이르러 돌아오는 길에 회중에 들리다.

· 흉노와 싸우다 군대가 부족해서 항복한 이릉을 변호하다 무제의 심기를 건드리다가 이른바 '이릉의 화'를 당하다.

48세(기원전 98년) 천한 3년

· '이릉의 화'로 태사령에서 파직되고 옥에 갇혀 '황제무고'죄로 사형에 처하다.

49세(기원전 97년) 천한 4년

· 궁형을 자처하고 죽음을 면하다. 이 해에 사형수가 50만전을 내면 사형에 면한다는 정부의 조치가 있었다. 사마천은 돈이 없어서 궁형을 받았다.

50세(기원전 96년) 태시 원년

· 사면 후 중서령 직을 받다.

· 『사기』 집필에 몰두하다.

51세(기원전 95년) 태시 2년

· 무제를 수행해서 회중에 이르다.

53세(기원전 93년) 태시 4년

· 무제를 수행해서 태산 · 불기 · 옹 · 안정 · 복지를 순시하다.

54세(기원전 92년) 정화 원년

· 무제를 수행해서 건장궁으로 돌아오다.

55세(기원전 91년) 정화 2년

· 친구이자 익주자사 임안이 태자와 관련된 무고사건으로 옥에 갇히자, '보임소경서'혹은 '보임안서'라는 편지를 쓰다. 그러나 임안은 사형 당했다.

· 42세부터 시작한 『사기』를 14년 만에 완성하다. 사기는 42세부터 시작해서 궁형을 받기 전까지 약 7년, 궁형을 받은 후 석방까지 약 7년이 걸렸다.

56세(기원전 90년) 정화 3년

· 임안에게 보낸 편지에서 무제의 심기를 건드려 옥에 갇혀 죽은 것으로 보인다.

· 사마천의 사당과 무덤은 섬서성 한성시 남쪽 10킬로 미터 지천진의 동남 높은 산등성이에 위치한다.

· 부인 유천낭은 남편의 무덤 앞에 측백나무와 영춘화를 심었다.

· 아들 둘, 딸 하나를 두다.

기원전 87년 무제 후원 2년

· 무제가 70세의 나이로 죽다.

기원전 74년 선제 평원 원년

· 사마천의 외손자 양운이 황제의 허락을 받아 「태사공서」를 공개했다. 그러나 여전히 지배층은 「태사공서」를 '방서(謗書)', 즉 '황실과 국가를 비방하는 책'으로 취급했다.

310년 서진 영가 4년

· 한양태수 은제가 사마천의 사당을 지었다.

1125년 북송 선화 7년

· 한성의 현령 윤양이 사마천의 소상을 만들었다.

1275년 원 지원 12년

· 원나라에서 사마천의 묘를 기존의 돌무덤에서 벽돌로 둥글게 팔괘묘를 만들었다.

1438년 명 영종 정통 3년

· 사마천 사당 태사사를 1차 수리했다.

1606년 명 만력 34년

• 태사사를 2차 수리했다.

1936년

• 양호성 장군이 태사사 앞에 다리, 즉 지양교를 준공했다.

3. 열전구성과 내용 요약

「열전」은 『사기』 130권 중 권61부터 시작한다. 그러나 분량이 아주 많아서 한 권의 책에서 모두 다룰 수가 없었다. 사마천은 아주 친절하게도 「태사공자서(太史公自書)」에서 각 열전을 편찬한 이유를 밝혔다. 「열전」 전체의 내용은 내가 따로 해설하지 않아도 사마천의 정리만으로도 충분하다. 아울러 사마천의 아래 해석은 그가 각 열전을 왜 서술했는지를 밝힌 내용이라는 점에서 큰 의미를 지닌다.

권61 백이열전(伯夷列傳)

말세에는 모두가 권력과 이해를 다투었으나, 백이와 숙제만은 인의를 추구하여 서로 나라를 양보하고 나중에는 수양산에 들어가 굶어 죽었으니, 천하가 이들의 미덕을 칭송했다.

권62 관안열전(管晏列傳)

안자는 검소하고 관중은 사치했다. 그러나 제나라 환공은 관중의 보좌로 패업을 이룰 수 있었고, 경공은 안자의 보좌에 의해서 나라를 잘 다스릴 수 있었다.

권63 노자한비열전(老子韓非列傳)

노자는 인위적인 조작을 하지 않고도 백성들을 자연스럽게 선으로 이끌고, 청정하며 욕심을 버림으로써 백성들을 올바른 길로 인도할 것을 주장했다. 한비는 사물의 이치를 헤아리고, 시세가 움직이는 이법에 따랐다.

권64 사마양저열전(司馬穰苴列傳)

고대 제왕 때부터 사마법이 있었다. 양저는 이를 충분히 부연하고 명확히 했다.

권65 손자오기열전(孫子吳起列傳)

신(信), 염(廉), 인(仁), 용(勇)이 아니면 병법을 전수하고 검술을 논할 때 그 병법과 검술이 도(道)와 부합하여 안으로는 몸을 닦고 밖으로는 임기응변을 취할 수 없다. 군자는 이러함을 더욱 중시하고 동시에 이를 덕으로 삼았다.

권66 오자서열전(伍子胥列傳)

초나라 평왕의 태자 건(建)이 참언을 당하자, 그 화가 마침내 오사(伍奢)에게 미쳤고, 오상(伍尙)은 부친을 구하려다 잡혔다. 오원(伍員)은 오나라로 망명했다.

권67 중니제자열전(仲尼弟子列傳)

공자가 문화를 전수하고 도덕을 강론한 뒤, 제자들은 그것을 번창시켜 모두 스승이 되어 사람들에게 인을 숭상하고 의를 실천했다.

권68 상군열전(商君列傳)

상앙은 위나라에서 진나라로 가서, 능히 학술을 천명하여 진나라를 부강하게 하고, 효공으로 하여금 서쪽 변방의 오랑캐를 제패하게 했다. 후세에 모두 그가 세운 법도를 따랐다.

권69 소진열전(蘇秦列傳)

천하가 경계한 것은 진나라의 연횡책과 그칠 줄 모르는 욕심이었다. 그러나 소진은 제후국들을 수호하고 합종을 맹약하여 탐욕스러운 강대국인 진나라를 억제했다.

권70 장의열전(張儀列傳)

6국은 합종의 맹약을 하고 서로 친했으나, 장의는 자신의 주장을 밝히고 합종한 제후국들을 다시 해산시켰다.

권71 저리자감무열전(樗里子甘茂列傳)

진나라가 동쪽의 여러 나라를 쳐부수고 제후국들의 우두머리가 될 수 있었던 것은 저리자와 감무가 바친 훌륭한 책략이 있었기 때문이다.

권72 양후열전(穰侯列傳)

산하를 휩쓸고 대량을 포위하여, 제후들로 하여금 순순히 진나라를 섬기게 한 것은 위염의 공로였다.

권73 백기왕전열전(白起王翦列傳)

진나라가 남으로는 초나라의 언영(호북성 의성현)을 공격하고, 북쪽으로는 조나라를 장평에서 무찌르며, 계속해서 한단을 포위한 것은 무안군 백기의 지휘 하에서 이루어진 것이었다. 또한 초나라를 대파하고 조나라를 멸망시킨 것은 왕전의 계책이었다.

권74 맹자순경열전(孟子荀卿列傳)

맹자는 유가와 묵가가 남긴 문헌을 섭렵하고 예의의 기강을 천명했으며, 양혜왕의 이익 본위의 마음가짐을 근절시키고 지난날의 흥망성쇠를 진술했다.

권75 맹상군열전(孟嘗君列傳)

맹상군은 문객과 선비를 좋아하여, 많은 선비들이 설땅에 모여들었다. 이로써 그는 제나라를 위해서 초나라와 위나라의 침략을 저지할 수 있었다.

권76 평원군우경열전(平原君虞卿列傳)

평원군은 한나라 상당의 태수 풍정과 권모술수를 가지고 서로 다투었으며, 초나라에 가서는 구원병을 일으켜 포위를 당한 한단을 구했다. 또 군주로 하여금 다시 제후들 가운데 군림하게 했다.

권77 위공자열전(魏公子列傳)

부귀한 신분으로 빈천한 자들을 존중했고, 현능하면서도 불초한 자들에게 몸을 숙였으니, 이는 오직 신릉군만이 해낼 수 있었던 것이다.

권78 춘신군열전(春申君列傳)

군주를 위해서 희생을 감수함으로써 마침내 강포한 진나라에서 고열왕을 탈출시키고, 유세하는 선비들을 남쪽 초나라로 오게 한 것은 황헐의 의기(義氣)에 의해서였다.

권79 범수채택열전(范雎蔡澤列傳)

범수는 위제에게 당한 모욕을 능히 참아내고, 강한 진나라에서 위세를 떨치고 고관의 지위에 올랐다. 이러한 범수와 채택 두 사람은 서로 상대의 현능함을 추천하여 자리를 양보하는 미덕을 지니고 있었다.

권80 악의열전(樂毅列傳)

악의는 사령관으로서 자신의 계략을 펼쳐, 다섯 나라의 군대를 연합해서 이끌고 약소한 연나라를 위해서 강력한 제나라를 쳐서 원수를 갚음으로써 연나라 선군의 치욕을 씻어주었다.

권81 염파인상여열전(廉頗藺相如列傳)

인상여는 강대한 진나라에 대하여 자신의 뜻을 능히 표출할 수 있었다. 또한 염파에게는 자신을 낮추고 겸허하며 그 군주에게 충성을 다하여, 두 사람은 모두 제후들에게 중시 받는 존재가 되었다.

권82 전단열전(田單列傳)

제나라 민왕은 이미 임치(臨淄)를 잃고 거(莒)로 도주했다. 오직 전단만이 즉묵을 굳게 지키고 연나라의 장군 기겁을 패주시키어 제나라의 사직을 보존했다.

권83 노중련추양열전(魯仲連鄒陽列傳)

노중련은 교묘한 언사로 진나라에 포위된 성을 구하고, 작위와 봉록을 경시하고 그 뜻을 다함을 즐거움으로 삼았다.

권84 굴원가생열전(屈原賈生列傳)

굴원은 시부 문장을 창작하여 정치를 비판하고, 비유를 들어 정의를 강조했다. 「이소」는 이러한 방면의 특색을 그대로 지니고 있다.

권85 여불위열전(呂不韋列傳)

여불위는 자초와 우호관계를 맺고, 제후들로 하여금 다투어 진나라로 들어가 이를 섬기도록 했다.

권86 자객열전(刺客列傳)

조자는 비수로써 제나라 환공을 위협하여 노나라로 하여금 잃었던 땅을 회복하게 하고, 동시에 제나라는 맹약에 거짓이 없다는 것을 밝히게 했다. 예양의 의로움은 군주를 섬기는 데 결코 두 마음을 품지 않았다는 것이다.

권87 이사열전(李斯列傳)

명확한 계책을 확립하고 시기를 가려가며 진나라에서 그 뜻을 실천함으로써, 진나라로 하여금 천하를 주도할 수 있게 한 사람이 있었다. 이사는 바로 그러한 참모진의 우두머리였다.

권88 몽염열전(蒙恬列傳)

몽염은 진나라를 위해서 영토를 개척하고 인구를 증가시켰으며, 북방의 흉노를 쳐부수고 황하를 거점으로 삼아 요새를 구축했다. 또한 산악지형을 토대로 방어를 더욱 강화하기 위해서 유중을 건설했다.

권89 장이진여열전(張耳陳餘列傳)

장이와 진여는 조나라를 지키고 상산(常山)을 확보하며, 하내에 세력을 확장하고 초나라의 권력을 약화시켜 한왕의 신의를 천하에 명시했다.

권90 위표팽월열전(魏豹彭越列傳)

위표는 서하와 상당의 병사들을 수중에 넣고, 한왕을 따라 항우를 공격하여 팽성에까지 이르렀다. 팽월은 양을 침략하여 항우를 괴롭혔다.

권91 경포열전(鯨布列傳)

경포는 회남의 땅을 가지고서 초나라를 배반하여 한나라에 귀속했으며, 한나라는 그를 이용하여 대사마 주은을 얻고, 마침내 해하에서 항우를 물리쳤다.

권92 회음후열전(淮陰侯列傳)

초나라 군이 한나라 군을 경과 삭 사이에서 압박했으나, 한신은 위와 조 두 나라를 공략하고 연과 제 두 나라를 평정했다. 이로써 천하를 삼분할 때 그 둘을 한나라가 지배하게 되어 항우를 멸망시킬 수 있었다.

권93 한신노관열전(韓信盧綰列傳)

초와 한 나라가 공과 낙양에서 서로 대치하고 있을 때, 한왕 신은 한나라를 위해서 영천을 진압하고, 노관은 항우 군대의 식량 노선을 차단했다.

권94 전담열전(田儋列傳)

제후들이 초왕 항우를 배반했을 때 오직 제왕만이 성양에서 항우를 견제했다. 한왕은 그 틈을 타서 팽성으로 진입할 수 있었다.

권95 번역등관열전(樊酈滕灌列傳)

성을 공략하거나 야전에 임해서 공을 세우고 돌아와 보고하는 데에는 번쾌와 역상이 가장 큰 힘을 발휘했다. 그들은 다만 한왕을 위해서 채찍을 잡고 말을 달렸을 뿐 아니라, 한왕과 함께 위기를 벗어나기도 했다.

권96 장승상열전(張丞相列傳)

한나라가 초기에는 안정을 이루었으나 문치의 조리는 아직 명확하지 못했다. 이에 장창은 주제를 담당하여 도량형을 정비하고 율력(律曆)을 개편했다.

권97 역생육고열전(酈生陸賈列傳)

역생과 육고는 사자로서 유세를 통해서 제후들과의 관계를 결속했다. 제후들은 모두 한나라에 대해서 친근감을 가지고 한나라로 귀속하여 번속(藩屬)이나 보신(輔臣)이 되었다.

권98 부근괴성열전(傅靳蒯成列傳)

진나라 말기와 한과 초나라 사이의 전쟁 시기에 발생한 사건을 자세히 알고자 한다면, 오직 주설만이 항시 고조를 따라 제후들을 평정했기 때문에 그를 통해서 이러한 상황을 알 수 있다.

권99 유경숙손통열전(劉敬叔孫通列傳)

유경숙과 손통은 강한 호족들을 이주시키고 관중에 도읍하여 흉노와 친교를 맺을 것을 건의했으며, 조정의 의례를 밝혀 종묘의 의법(儀法)을 제정했다.

권100 계포난포열전(季布欒布列傳)

계포는 그 강직한 성격을 유순하게 바꾸고, 마침내 한 왕조의 신하가 되었다. 난공은 고조의 위세에 위협을 받으면서도 죽은 팽월을 배신하지 않았다.

권101 원앙조조열전(袁盎晁錯列傳)

원앙과 조조는 감히 군주의 싫어하는 안색에도 개의치 않고 간했다. 이는 자신의 안위를 돌보지 않고 오직 국가를 위해서 장기적인 계책을 수립했다.

권102 장석지풍당열전(張釋之馮唐列傳)

장석지와 풍당은 법을 지켜 대의를 잃지 않고, 고대 현인의 덕을 말함으로써 군주로 하여금 현명함을 더하게 했다.

권103 만석장숙열전(萬石張叔列傳)

만석과 장숙은 성격이 너그러우며 자애롭고 효성이 지극했다. 또한 이들은 말을 신중하게 했고, 행동을 민첩하게 했으며, 몸을 굽혀 남을 존중할 줄 아는 군자와 장자의 면모를 갖추려고 노력했다.

권104 전숙열전(田叔列傳)

전숙은 절개가 굳고 신실하고 강직했다. 그의 의기(義氣)는 청렴하다고 칭송받았으며, 행실은 세상의 현인들의 격려를 받을만했다. 요직에 임명된 후 결코 무리한 요구를 받아들이지 않았다.

권105 편작창공열전(扁鵲倉公列傳)

편작은 의료를 논하여 의술가들이 신봉하는 사람이 되었다. 그의 의술은 매우 정교하고 명확하여, 후세 사람들은 그 치료법을 따랐으며 이를 바꾸지 않았다. 그리고 창공은 편작에 가까운 명의였다.

권106 오왕비열전(五王濞列傳)

유중은 벼슬과 재산을 빼앗겼으나, 그의 아들 유비는 오나라의 왕이 되었다. 그는 한나라가 기초를 다지는 시기에 이르러 남방의 양자강과 회수 사이를 평정했다.

권107 위기무안후열전(魏其武安侯列傳)

오초 7국이 반란을 일으키자, 황실의 종속 중에는 오직 두영만이 현능하여 선비들을 좋아했다. 선비들도 역시 그에게로 마음을 기울였다. 그는 군사를 이끌고 산동 형양에서 7국의 반란군과 항전했다.

권108 한장유열전(韓長孺列傳)

한장유의 지모는 근세의 변화에 족히 대응했고, 관대함은 인재를 얻기에 충분했다.

권109 이장군열전(李將軍列傳)

이광은 적을 만나면 용감했고, 사졸들에게는 인자했으며, 호령은 간략하고 번거로움이 없었으므로 장졸들은 모두 그에게 심복했다.

권110 흉노열전(匈奴列傳)

하, 은, 주 3대 이래로 흉노는 항시 중국에 환란과 재해를 끼치는 근원이었다. 이에 한 황실에서도 흉노의 강약의 시기를 알고 군비를 갖추어 그들을 정벌하고자 했다.

권111 위장군표기열전(衛將軍驃騎列傳)

위청과 곽거병은 구불구불한 변새를 넓히고 하남의 땅을 확장했다. 또한 기련산에서 적을 격파하여 서역의 길을 트고 북방의 흉노를 무찔렀다.

권112 평진후주보열전(平津侯主父列傳)

대신과 황족들이 서로 다투어 사치를 일삼았으나, 오로지 공손홍만은 의복과 음식을 절약하여 크고 작은 관리들의 모범이 되었다.

권113 남월열전(南越列傳)

한나라가 이미 중원을 평정했을 때 조타는 양월을 안정시키고 속국을 보호해서 그들로 하여금 한나라에 공물을 바치게 했다.

권114 동월여전(東越列傳)

오가 반란을 일으키자, 동구사람들은 오왕의 비를 죽이고 봉우산을 고수하여 한나라의 속국이 되었다.

권115 조선열전(朝鮮列傳)

연나라 태자 단의 군사가 진나라에 패하여 요동으로 달아났을 때 위만은 도망가는 백성을 거두어 해동에 집결시키고, 진번을 병합하고 변방을 방위하여 한나라의 외신(外臣)이 되었다.

권116 서남이열전(西南夷列傳)

당몽은 사자로서는 처음으로 야랑과의 통로를 열었다. 그리고 공, 작의 족장들은 한나라의 내신(內臣)이 되고자 청해 조정에서 파견한 관리의 통치를 받았다.

권117 사마상여열전(司馬相如列傳)

「자허부」「대인부」의 내용은 언사가 미려하고 과장된 부분이 많으나, 그것이 지적하는 바는 정치를 풍자하여 무위로 돌아가기를 주장하는 철학 사상이었다.

권118 회남형산열전(淮南衡山列傳)

경포가 반역을 하자, 한나라 고조의 아들 유장이 그 나라의 군주가 되어 양자강과 회수의 남쪽에 군대를 주둔시켰고, 유안은 초의 백성을 쳐서 그 곳을 차지했다.

권119 순리열전(循吏列傳)

법률만을 준수하고 도리에 따라 일을 처리하는 관리들은 그들 자신들도 스스로의 공로를 부정하지 않았고, 스스로의 재능을 자랑하지 않았으며, 백성들도 그들을 찬양하지 않았다. 그러나 그들은 또한 어떠한 과실을 범하는 일도 없었다.

권120 급정열전(汲鄭列傳)

의관을 단정히 하고 조정에 서면, 군신들이 이를 보고 두려움을 느끼어 감히 헛소리를 꺼내지 못하게 하는 사람이 있었는데, 바로 장유의 강직하고 엄중함이 이러했다. 인물을 추천하기 좋아하여 장자라고 칭송된 것은 정장에게 그러한 기개가 있었기 때문이다.

권121 유림열전(儒林列傳)

공자가 죽은 후, 집정자들은 아무도 학교 교육을 중시하지 않았다. 다만 건원, 원수 연간만은 학문이 찬란하게 빛났다.

권122 혹리열전(酷吏列傳)

백성들이 본업을 저버리고 재주를 부리며, 간교함을 일삼아 죄를 범하고 법률을 우롱하니, 선인(善人)은 그들을 교화할 수 없었다. 오직 일체를 엄형으로 다스림으로써 비로소 그들을 규제할 수 있었다.

권123 대원열전(大宛列傳)

한나라에서 사신을 대하에 파견하여 교통을 트게 한 후, 서쪽 끝의 먼 지역에 있던 오랑캐들도 모두 안쪽으로 목을 늘이고 중원을 보고 싶어 했다.

권124 유협열전(遊俠列傳)

곤경에 처한 사람을 구하고 빈곤한 사람을 구제하는 것은 인의 측면에서 찬탄 받을 처사이다. 또한 신용을 잃지 않고 언약을 저버리지 않는 것은 의라는 측면에서 취할 만한 것이다.

권125 영행열전(佞幸列傳)

군주를 모시며 군주의 이목을 즐겁게 할 수 있고, 안색을 기쁘게 할 수 있으며, 동시에 군주의 친근함을 얻을 수 있는 사람들이 있다. 그들은 단지 미색으로 총애를 받은 것이 아니라 그들의 재능이 각기 뛰어난 바가 있었기 때문이다.

권126 골계열전(骨稽列傳)

어느 한 부류의 사람들은 세속에 흐르지 않았고, 권력과 이익을 다투지도 않았으며, 상하 막힘이 없이 아무도 그들에게 해를 주지도 않았다. 이는 그들이 임기응변의 도를 제대로 운용했기 때문이다.

권127 일자열전(日者列傳)

제, 초, 진, 조의 점복가들은 각기 풍속에 따라 점을 치는 방법에도 차이가 있었다.

권128 귀책열전(龜策列傳)

하, 은, 주, 삼대에는 귀갑으로 점치는 법이 달랐으며, 사방의 오랑캐들도 각기 다른 방법으로 점을 쳤다. 어쨌든 각각 이로써 길흉화복을 판단했던 것이다.

권129 화식열전(貨殖列傳)

벼슬이 없는 평민들은 정치를 방해하지 않고, 백성들의 생활에 해를 주지 않는 상황에서 때를 맞추어 거래하여 재산을 증식했다. 이러한 점은 지자들도 얻을 바가 있는 것이다.

권130 태사공자서(太史公自書)

우리 한나라는 오제의 뒤를 이으며 삼대의 위엄을 계승하고 있다. 주나라의 도가 실추된 후, 진나라는 고문을 제거하고『시』·『서』를 불살랐다. 그러므로 조정이나 왕실도서관의 석실과 금궤에 소장된 옥관의 도적이 산란되었다. 그래서 한나라가 흥기한 뒤에 소하가 법률을 수정하고, 한신은 군법을 저술하고, 장창은 규장제도를 창립하고, 숙손통은 예의를 제정하여, 인품과 학식을 겸비한 학자들이 점차 등용되었으며,『시』·『서』도 왕왕 곳곳에서 출현했다. 조삼이 갑공을 추천한 이래로 황제와 노자의 학문을 강론했고, 가의와 조조는 신불해와 상앙의 법술을 밝혔으며, 공손홍은 유학에 뛰어났다. 이리하여 100년 동안에 천하에 남아있던 서적이나 고문서가 태사공에게 수집되지 않은 바가 없었다. 태사공의 관직은 부자가 서로 계승해서 맡게 되었다. 태사공은 말하기를 "아아! 나의 선조는 일찍이 이 일을 주관하여 당우 때 이미 이름이 났고, 주대에 이르러서도 그 직무를 수행했다. 그래서 사마씨는 대대로 천문의 관직을 맡아왔고, 그것이 나에게까지 이르지 않았던가! 마음속에 신중히 새겨두자! 마음속에 신중히 새겨두자!"라고 했다. 산일(散逸)된 천하의 구문(舊聞)들을 수집 망라하여 왕들의 사적의 흥기(興起)에 대해서 그 시말을 탐구하고 그 성쇠를 관찰했다, 그 다음 그 사실 진행에 근거하여 논술 고정(考訂)하여 간략히 삼대의 사실을 추구하고 진한의 사실을 기록함으로써, 위로는 헌원에서 시작하여 아래로는 현재에 이르기까지 기록하여 12본기(本紀)를 서술하여 모두 조례를 나누어 설명했다. 그런데 그 사적에는 시대가 같은 것도 있고 다른 것도 있어서 연대의 차이가 분명하지 않으므로 10표(表)를 만들었다. 또 시대에 따른 예악의 증감, 율력의 개역(改易), 병권, 산천, 귀신, 천인(天人)의 관계 등에 대해서는 폐단을 들고 변화에 통하는 내용으로 8서(書)를 지었다. 또 18수(宿)가 북극성을 중심으로 돌고 있고, 30개의 윤폭(輪輻)이 모두 하나의 속 바퀴에 집중되어 있어 그 운행이 무궁한 것처럼, 보필하는 신하들을 여기에 비기어 그들이 충신의 도를 행함으로써 천자를 받드는 모습을 내용으로 30세가(世家)를 지었다. 그리고 정의롭게 행동하고 기개가 있어 남에게 억눌리지 않으며, 세상에 처하여 기회를 놓치지 않고 공명을 천하에 세운 사람들의 일들을 내용으로 70열전을 지었다. 전체 130편, 52만 6,500자로 이를 『태사공서』라고 이름 붙인다. 「태사공자소」의 대략적인 내용은 흩어져 있는 것을 모으고 육경을 보충하여 일가언(一家言)을 이룬 것이다. 결국 육경에 대한 상이한 견해들을 모아서 취사한 후, 백가의 잡어(雜語)를 정제한 것이다. 정본(正本)은 명산에 소장하고, 부본(副本)은 수도에 두어 후세 성인군자들의 관람을 기대하기로 했다.

참고문헌

참고문헌

- 司馬遷, 『史記』, 中華書局, 1970.
- 김득신, 『柏谷集』, 民族文化推進會, 1993.
- 정재서 역주, 『산해경』, 민음사, 2001.
- 상앙 지음, 우재호 옮김, 『상군서』, 소명출판, 2005.
- 도미야 이타루 지음, 임병덕 옮김, 『목간과 죽간으로 본 중국고대문화사』, 사계절판, 2005.
- 순자 · 이운구 옮김, 『순자1』, 한길사, 2006.
- 순자 · 이운구 옮김, 『순자2』, 한길사, 2006.
- 김영수 지음, 『역사의 등불 사마천, 피로 쓴 사기』, 창해, 2006.
- 조엽 지음 · 김영식 옮김, 『오월춘추』, 지식을만드는지식, 2011.
- 김필수 · 고대혁 · 장승구 · 신창호 함께 옮김, 『관자』, 소나무, 2012.
- 한비 지음, 김원중 옮김, 『한비자』, 글항아리, 2012.
- 유흠(갈홍 엮음), 김장환, 『서경잡기』, 지식을만드는지식, 2012.
- 리카이저우 지음, 박영인 옮김, 『공자는 가난하지 않았다』, 에쎄, 2012.
- 여불위 지음, 김근 옮김, 『여씨춘추』, 글항아리, 2014.
- 이수광, 『공부에 미친 16인의 조선 선비들』, 해냄, 2014.
- 굴원 · 송옥 외 지음, 권용호 옮김, 『초사』, 글항아리, 2015.
- 사마천 지음 · 신동춘 옮김, 『사기본기』, 위즈덤하우스, 2015.